思想會
MIND TALK

青年创新基金
SSAP YOUTH INNOVATION FUND

怀柔远人

马嘎尔尼使华的中英礼仪冲突

Qing Guest Ritual and the Macartney Embassy of 1793

〔美〕何伟亚

(James L. Hevia)

著

邓常春 译　刘明 校

CHERISHING MEN FROM AFAR

社会科学文献出版社
SOCIAL SCIENCES ACADEMIC PRESS (CHINA)

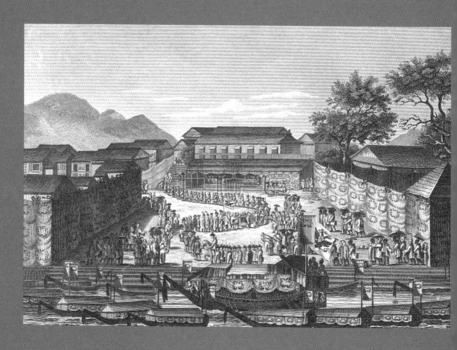

英国使团抵达中国

英国使团准备出行

By William Alexander，from *The Costume of China*，London,1805.

英国特使马嘎尔尼在北京的居所

By William Alexander, from *The Costume of China*, London,1805.

英国特使马嘎尔尼觐见乾隆

乾隆皇帝接见英国使团 现藏大英图书馆

身着伯爵服的马嘎尔尼

乾隆皇帝朝服像　现藏北京故宫博物院

皇室扈从人员

By William Alexander，from *The Costume of China*，London,1805.

一处军事哨所

By William Alexander，from *The Costume of China*，London,1805.

目 录

译 序*

罗志田

中国有句古话："其作始也简，其将毕也巨。"胡适曾据此提出一种历史观：许多足以开新局面的事物，"当其初起时，谁也不注意。以后越走越远，回视作始之时，几同隔世！"① 1793年英国马嘎尔尼使团访华或许就是这样一类事件。这一在当事人（至少是清朝当事人）看来并非特别重要的偶然事件，后来却引起西方史家的密切关注，产生各种诠释。但是各家比较一致的是，都将此事件与半个世纪后的中英鸦片战争以及再以后众多的中外冲突和不平等条约联系起来考察。从后来的结局反观"作始之时"，的确有"几同隔世"的感觉。

具体到对马嘎尔尼使团的诠释，占主流也比较不那么牵强的看法是：一个为贸易所驱动的扩张之英国（帝国主义）与

---

* 本序据《后现代主义与中国研究：〈怀柔远人〉的史学启示》（原载《历史研究》1999年第1期）一文改写，观念和文字基本依旧，但对段落次序做了较大调整，并分成若干小节，希望能有利于读者。原文参考了毕可思（Robert A. Bickers）、周启荣，柯娇燕（Pamela K. Crossley）、邓尔麟（Jerry Dennerline）、李若善（John Lee）、朴兰诗（Nancy Park）、司马富（Richard J. Smith）等人在英文学刊上的书评，特此说明并致谢。本书所有"*"注释均为译者注。

① 胡适：《胡适的日记（手稿本）》，1927年1月25日（原书无页码），台北远流出版公司，1991。

一个傲慢且自视为世界中心的中华帝国相遇，并（因文化误解而）发生冲突；（顽固的）清廷与英使在是否按常规朝贡礼仪行三跪九叩礼这一问题上发生争执，最后使团以失败告终。此事折射出中国对外部世界的漠视和无知，最终导致了对中国极为不利的后果。

与西方学界对此事的关注相比（除通俗读物外至少已有好几本专著进行研究），中国学者对此似乎更多取存而少论的态度：文章不多，且以泛论即"评价"为主；第一本（似乎也是唯一一本）研究性专著是朱雍的《不愿打开的中国大门》。朱雍的著作是在参考大量中英文原始资料的基础上写成的，结论是：马嘎尔尼使团虽以失败告终，却是"一次颇有收获的失败"。他修正了过去认为清朝对外政策"闭关自守"的观念，而提出"限关自守"的新见解（因为毕竟广州关一直是开放的），并指出这一政策在早期尚无不可尝试之处。

但朱雍也指出，到1793年马嘎尔尼访华时，乾隆帝仍"以限关自守的政策，狂妄自大地拒绝一切外交要求，尤其是合理的要求，就显得相当幼稚，相当顽固，相当可笑"。由于乾隆帝"拒绝同英国特使进行认真的谈判，结果问题还是问题，最后竟然由鸦片战争来解决。这不能不说是乾隆的限关自守政策的可悲结局"。言外之意，似乎乾隆帝的限关自守政策应为后来的鸦片战争负主要责任。这正是许多西方学者的看法，也是苏联学者的基本观点（苏联的中国史和国际关系史著作以及我们受其影响的相关著作中，有关马嘎尔尼使团的内容都出现在19世纪的"鸦片战争"一节，而不是其本应所在的18世纪末期）。

　　对于前述观点，朱雍是将其提高到理论高度认识的。他认为乾隆帝的政策"在思想原则上背离民族利益和时代潮流。乾隆时期中英两国的冲突不是单纯的国务纠纷，而是两种时代（资本主义时代与封建主义时代）、两类文明（西方文明与东方文明）的冲突，其中尽管带有民族冲突的因素，但不是主要的。因为当时英国的战略意图主要不是军事侵略，而是用和平手段扩大经济利益"。乾隆帝在此时不能及时"对外开放"，而仍"抱残守缺"，结果"不仅违背了中华民族要求生存、发展和强大的根本愿望，而且脱离了世界经济发展的大势，给中国社会种下了日后沦为半殖民地的祸因"。这样的规律性认识当然依靠的是史家特有的后见之明，朱雍在书中多次明确提出，他正是以"现代眼光"来审视这一历史事件的。

　　美国学者何伟亚（James L. Hevia）的《怀柔远人：马嘎尔尼使华的中英礼仪冲突》，却对上述各种诠释提出挑战。该著于1995年出版后，在欧美学界引起褒贬不一的反应，以赞同者为多。对何著评价的歧异主要在于书中所运用的后现代主义方法（详后），但在文字上也出现了截然相反的认知：有人说何著文笔优美，有人又说其文字晦涩难读。这大概仍与其研究取向有关：对熟悉后现代语汇和表述方式的人来说，何著的文笔或已近于优美；但对不甚熟悉之人，则其文字也真的接近晦涩难读的程度了。①

---

① 英文中大量后现代主义的基本概念虽然都是常见词语，却均有特定的指谓，很难依习见译成汉语。书中拙译必有不准确之处，先请见谅。为免误导读者，凡概念性的词汇均附英文原词。

有一点是清楚的，何著在西方世界（北美和西欧）引起了相当广泛的关注。一本关于清代中国的著作短期内便有十余篇不同领域的书评，实不多见。即使对何著持有不同看法的评论人，也基本承认何著颇有创新之处，是相关领域里一本必读的参考书。《怀柔远人》终在 1997 年获美国亚洲研究协会的最佳著作奖"列文森奖"，表明学界对该书基本持肯定的态度①。下面就对这本书的内容和方法进行简单的介绍和评论。

全书的简单评介

《怀柔远人》全书分十章，第一章阐述作者偏重后现代主义的研究取向及其思想资源，并对既存（主要是美国的）关于清代对外关系的研究提出了批评。最后一章通过讨论马嘎尔尼使团在不同时期（主要是西方）的史学及非史学的表述中的演变进程，指出从马嘎尔尼时代开始的"现代主义"观念，在当时就影响了对马嘎尔尼使团的认知和诠释（因而带有偏见），并且至今仍在影响整个中国史学研究领域。针对

---

①　应该说明的是，加州大学（圣地亚哥分校）的周锡瑞（Joseph W. Esherick）此后不久即在香港杂志上对评奖提出异议并驳斥何著，这又引起加大系统（洛杉矶分校）的艾尔曼（Benjamin Elman）和胡志德（Theodore Huters）提出反批评。不久加大系统（河滨分校）的张隆溪和复旦大学的葛剑雄及我本人先后参加了进一步的讨论。参见周锡瑞：《后现代式研究：望文生义，方为妥善》，艾尔曼、胡志德：《马嘎尔尼使团、后现代主义与近代中国史：评周锡瑞对何伟亚著作的批评》；张隆溪：《什么是怀柔远人？正名、考证与后现代式史学》；葛剑雄：《就事论事与不就事论事——我看〈怀柔远人〉之争》；罗志田：《夷夏之辨与"怀柔远人"的字义》。上述各篇分别刊于《二十一世纪》1997 年 12 月号，1998 年 2 月号、4 月号、10 月号。

这一点，作者最后提出了矫正此类受现代主义影响的后现代主义史观。

具体探讨史事的是全书第二至九章。第二章将18世纪的清王朝建构为一个文化、政治和种族都呈多元化的广阔帝国，并探讨其对国内不同族群及对外国的政策。作者认为这一政策的基础是清代的"宾礼"，并在第五章中进行了详细的剖析。第三章转向英国，从学术思想等层面构建18世纪英国的文化和政治语境，并从当时马嘎尔尼所属的英国"知识贵族"对世界、中国及国际关系的认知切入，谈探马嘎尔尼使团的筹备。第四章接着从英方记录考察直到马嘎尔尼觐见乾隆帝为止的使华过程，而第六至七章则从中方记录考察这一过程。第八章结合中英双方记录考察马嘎尔尼使团觐见后的余波。以"宾礼与外交"为主旨的第九章其实是全书的结论，将双方对同一事件颇不相同的因应的记载，上升到两种几乎截然不同的观念体系，即英国的"主权平等"（sovereign equality）外交观与清朝的"差序包容"（hierarchical inclusion）天下观的碰撞。

何伟亚认为，今日存在的以国际法为基础的国际关系，是16世纪以来欧洲全球扩张的产物，并已成为一种"自然化了的霸权话语"（a naturalized hegemonic discourse）。这里"自然化"指国家间应相互来往这一准则已成为普遍接受的常识（其实一个国家或应有选择不与某些或所有其他国家交往的自由），而"霸权"则意味着没有此类交往传统的国家不得不按照他国制定的规则参与国际交往。（英文版第27页，下同。）同样，像过去那样在研究方法上"把西方客观主义的理论，特别是社会科学的模式运用于非西方材料的研究"，恐怕也有些"自然化了的霸权话语"的意味。

何伟亚特别针对结构—功能体系理论、"对礼仪的社会学研究方法"以及华夏中心主义观三项与中国研究相关的西方流行理论进行批判性反思。集三者之大成的是以费正清为代表的用"朝贡体制"来解释"中国之世界秩序"的系统观念，由于这一观念隐含"西方先进/优越"而"中国落后/低劣"的先入之见，最后的逻辑结论自然是"清政府既要为它自己的崩溃负责，也要为西方的炮舰外交负责"。（应该指出，这样简单概括费正清等人的观念是不全面的。）何伟亚提出两个新的认识途径：一是他所谓的"以满清皇室为最高君主的多主制"（multitude of lords），而不是什么"朝贡体制"，才符合清朝对其帝国的想象（imagining of empire）；二是其著作的核心观念，即应更多注重清代的"宾礼"。

由于西人对异域的观察一向有萨义德（Edward W. Said）所谓的"东方主义"印记①，就解读马嘎尔尼使团而言，"清代史料对这一主题的叙述是无足轻重的，所有的史料都可以轻而易举地被译解成观察者的话语规则，从而产生非常明显的声称优于历史上的中国当事人的知识，因为这些人物处于表象与幻象的影响之下"（第19~20页）。这就是说，此前的学者常常把他们的"话语"（discourse）强加于清代材料，而何伟亚则拟"依据其自身的语汇来重建"清帝国的"领土间"关系（注意他使用"interdomainal relations"以区别于通常使用的"international relations"）的"特殊性"，并据此提出一种与此前不同的"理解

---

① 详见 Edward W. Said, *Orientalism*, New York：Vintage Books，1979。

（清）帝国礼仪"的新方式（第28页）。

在过去，西方"对礼仪作用的功能—工具性解释"中，礼仪是"古代或前近代社会的典型特征"，"缺乏充分自觉的理性"，这就使礼仪在惯常的传统与现代之分中居于"传统"一边，实际带有"落后"的贬义（在这里，"礼仪/传统"与"理性/现代"是两分而对立的）。据何伟亚的理解，"宾礼"中的等级差序产生于并包含在天人关系的准则之中（即人是整合并扩展天道的执行者），礼仪控制着居上位者与居下位者的互动关系，是按天意行动的人去形成及完善天下秩序这一程序的一个部分。仪式上的表现（行为）囊括了广及宏观的宇宙（或天道）和具体到微观的个人观念态度。在此程序中，某人/某国的地位高下及其对他人/他国的意向，是通过礼仪中的方位和动作来体现的。因而一方观察另一方的态度和意向，即是否具有"诚意"，也通过其在礼仪中的表现来传达①。

即使对何伟亚持严厉批评态度的周锡瑞，也承认何伟亚在礼仪方面的研究成果："为加深我们对清廷礼仪的理解，介绍了非常有益的概念和词汇。"② 何伟亚认为，"礼仪的实施本身就会产生权力关系"（第21页）。正因为礼仪体现了权力关系的互动性调适（negotiation），清朝的宾礼虽然有固定的方位和动作安排，却不是完全依据已成定制、一成不变的生硬演示程

---

① 笔者的复述适当简化了一些自己也不十分有把握的关于"discourse of agency"等术语的评论。在这里，似乎天道的执行者（agent）在执行过程中又有相当自主性。参阅第19、131～132、216页。

② 周锡瑞：《后现代式研究：望文生义，方为妥善》，《二十一世纪》1997年12月号，第113页。按：周锡瑞实际上并不欣赏何伟亚诠释清朝礼仪的一些后现代"概念和词汇"。

序，而是在不同场合"可变而不拘泥的"（open-ended）。

依据乾隆帝上谕中多次出现的"丰俭适中"一语，何伟亚得出"沿中线而行"（channeling along a centering path①）的概念，并以此作为第六章的标题。这一对译当然是不准确的，周锡瑞对此提出了严厉的指责，并挖苦说这充分体现了何伟亚的"后现代想象力"。不过，周与何在这里都有"幸而言中"的意味。虽然何伟亚所表达的中文词语的语义要有限得多，但他对"适中"的感觉（sense）大致是不错的，这证明了他确有其所提倡的"心通意会"（empathy）的能力。何伟亚将"适中"理解为一个包括导向性规范行为的过程，"这一导向行为包含在适中的进程之中，使行动避免走向极端"。"宽严相济"的确是乾隆朝各项基本政策所追求的一个重要原则，颇足以说明"适中"的结果正是朝廷在马嘎尔尼使团事件上追求的目标②。

具体到礼仪之上，"沿中线而行"意味着对礼仪参与者的行为安排非常注重"枢纽性的中心和多数参与者的能动作用"。何伟亚因而提出，清廷的"宾礼""未必涉及赤裸裸的夷夏之辨"，而是一个"通过确定中心，将一切纳入清帝国的统治之内"的过程。这一"适中过程允许差异——也将他人之

---

① "a centering path"似乎意味着"中心"本身也是动态的，甚至可能是有意识的动作中轴。如果何伟亚确实这样看，则有些问题。在这里，目标和手段的着力位置是不同的："适中"虽然是追求的目标，但作用力则在宽和严或丰和俭的两端。这与上古"举四方以定中央"的典型中国传统思维是一致的（传统中国绘画中的"烘云托月"技法亦然，意在彼而迹在此）。一言以蔽之，力的作用点在两端而不在中心。

② 参阅戴逸《乾隆初政和"宽严相济"的统治方针》，《上海社会科学院学术季刊》1986年第1期。朱雍引用了此文并已将此观念运用于表述马嘎尔尼使团的考察行为。

权力以一种理想化的等级上/下（superior/inferior）关系纳入皇帝的统治之中"。这样，"宾礼"不仅是清廷处理对外关系的原则和方式，而且体现了更广阔的整合"天下"秩序的构想（这里反复出现的"统治"二字还需要加以界定，详后）。

何伟亚多次强调了清代"宾礼"在不同场合的"可变"性，而这一灵活性正掌握在皇帝手中。皇帝当然基本不欲违反体制（何伟亚曾猜测清代文献中"体制"一词的含义有时可能还包括皇帝本人的意志，说明他对皇帝的作用甚为了解），但当他愿意灵活处理时，对绝大多数官员而言，上谕的分量恐怕超过礼仪文献。实际上，何著中重建的史实表明乾隆帝自始至终全面深入地卷入并具体指导了使团接待的几乎每一步骤（乾隆帝实际上可以随时修改礼仪的具体步骤这一点，提示了"宾礼"规范政治行为的程度相当有限）。在一个以"人治"而非"法治"为特征的国度里，典籍中的"礼"到底在多大程度上起作用？具体到马嘎尔尼使团之上，是皇帝还是"宾礼"更起作用呢？

在"法家"思想长期居于边缘且"法律"主要指谓刑法律例的古代中国，礼仪与实际政治的关联是整个中国古代史研究中一直不受重视今后却大有可为的研究领域。但清代"礼学"的兴起（其影响一直延续到清季民初，如廖平经学研究的一个核心概念即"礼"）在多大程度上可以从权势关系与权力运作的角度去考察，"宾礼"或相关钦定文献在后来 19 世纪清廷对外关系中的影响与作用等，还值得我们去仔细思考和深入探索。若深入考察清代"五礼"修典者当时的言论心态，或能反映修典是否真以"用"为目的。盖修典这一行动本身乃盛朝应有之"盛事"，初不必问是否真的要指导"政治"，到后来则或真能起到这样的作用；但其本身是否具此功能以及在多大程度上起到此作用，都还可考。

以前西方学界（在批判帝国主义侵略的同时）多认为西方的扩张客观上推动了世界各地向"现代"的转化（即类似"现代化"的播种机），近年则越来越以一种多面相的发展视角来观察全世界的"现代化"进程。何伟亚的研究在突破旧模式方面与上述趋势有相通或传承之处，但他对"现代"和"现代化"都颇有保留——他的后现代主义立场非常明确。这一立场以及他在研究中运用的后现代主义方法，引起了褒贬不一的辩论和争议。今日中国大陆谈论"后学"的已较多，但后现代主义研究方法其实尚未真正进入史学领域，以下即简单介绍《怀柔远人》的史学取向和方法（请注意下面的"现代"二字皆是从后现代立场使用的）。

后现代史学

何伟亚以为，既存的中西史家所从事的不过是试图将虚设成分剔除于史事之外，即一种消极的辨伪（falsification），以此来净化历史事件及史学编撰。他要构思的则是"另一种形式的史学"，即"不那么关注辨伪，而是更关注经过多重陈述的事件"。他将此称为"介入往昔"（to engage the past），大致意谓史学研究本身也是一个史家参与或卷入其中的历史过程。"在某种意义上，介入往昔乃成为一个不断发展的混杂进程之一部分"。

这种新型史学关注的是"各种参差多相的力量之间的关

系网络，而不是据简单的因果概念组织起来的互无联系的离散单位"。这样，"重构过去不仅仅是简单地发掘新证据、运用新方法，或揭露以前的偏见。它也意味着主动介入所有学术研究都要卷入的知识的产生与传布（distribution）的政治之中。故问题不在于怎样使叙述更少偏见或更少带有意识形态色彩，而是如何在多重诠释立场与我们日常应对的权力结构的关联之中确定我们自己的史学研究的位置"。

首先需要的就是"解构史学重构"（deconstructing historical reconstructions），即对相关题目的既存史学成果进行批判的评估。既然史学研究涉及权力结构，则对史料的解释中也就隐含着权力运作。史料本身可能是含有偏见的，史家在史学研究中有意无意利用了这些偏见而强化与某些主流政治主张（正统）相接近或吻合的解释，排除那些与正统歧异的解释。① 何伟亚因而提出要"动摇史料（事实）与解释之间的那种通常以为众皆认可（the taken-for-granted）的关系"。

他要动摇或挑战的正是既存的产生史学知识的常规方式或常规进程："他们按照界限清晰的时空实体来安排其叙述；将文明与民族自然化为恒定的历史分析单位；据线性的因果关系组织事件；明确以宗教、政治、经济与文化等类别来界定社会成分（the social）；并将历史发展分割成黑白分明的各个阶段。在不论是国家、民族或是真理的某种抽象概念的影响下，学者

---

① 在过去的历史学家利用了史料所含偏见一点上，我个人以为无意者居绝大多数，因为大部分史家或努力客观，或努力接近真实，或努力做到"科学"，总之他们在做他们认为是"正确"的或理当如此的事。当然，无意为之与有意为之所造成的结果可能是同样的。

们倾向于将所有这些类型作为实用性学术探索的必要因素。这些词语、短语以及类型为研究程序提供了基础。"

而这些词语、短语以及类型又都是完全现代的。"现代主义试图把世界划分为互无联系的离散本体与完全可知的部分。但混杂物不仅从未消失，而且还在扩散；当混杂物生成时，跨越界限的泄漏已同时发生。"实际上，历史现象或者更多是"混杂的"而非"纯净的"，而且是处在一个不断混杂的过程之中（恐怕也未必都是可知的）。关键在于，"如果我们确实都是这样、那样的混杂物，则过去与现在、'我们'与'他们'之间那种假定的断裂可能不过是一种现代主义虚设（modernist fiction）的特定类型而已。它并非这里所讨论的（真正）时空断裂，不过是一个我们必须跨越的、想象出的间隔"。

这种超越既存界限的取向意味着更为开放的思维，"跨越界限的回报在于我们可能会把握到（无论多么短暂）其他行事的方式、其他存在于世界的方式。我们也可认识到还有其他类型的强制因素、其他的限制、其他形式的权势在形成与我们自己迥然不同的主体性。倘能不将过去转化为与现在一致或相反，若不先确立我们自己比前人更优越的信念，这种允许歧异的介入意味着其他形式的批评，即比迄今为止依据启蒙理性而构想出的批评具有更广阔的人文精神之批评存在的可能"。这最终"有可能使我们再次体会到规律，而如今不过仅仅看到进步的出现与隐去"。

何伟亚要"动摇史料与解释之间的那种通常以为众皆认可的关系"这一提法使一些传统史学家感到惊异。艾尔曼和胡志德对此解释说，这是因为中国和美国的史学"都是一个长期任不可一世的现代话语机制纵情践踏历史原貌的学术园地"，历史学家的事业应该是"揭开面具，并追问论者为何要排斥其他研究视角，而被排斥的是否应该得到公正的审视"。何伟亚等人要做的，不是要"建立"任何模式，而是"在这样一个园地中重建一点多元性的内容"，并在此基础上"寻求一个更贴近历史而不受现代民族国家的种种政治性计划约束的学术和思考空间"①。

实际上，现代主义史家同样希望能"更贴近历史"，他们与后现代主义者的分歧在于怎样才能达到这一目的。比如，后之治史者是否"比前人更优越"，就是双方的一个大分歧。周锡瑞断言："历史的事后认识加上来自近代历史和社会科学的累积性知识，使我们完全有理由相信，我们拥有优于18世纪清廷的知识。"② 但这恰是后现代主义者所欲"解构"的："近代历史和社会科学的累积性知识"正是历史被"现代化"的理论渊源，而"事后认识"的优越是否能抵消今人与前人的时代隔阂，这一不足也的确值得怀疑。

在某种意义上，"今人"与"前人"其实也和"我们"与"他们"相类似，其间的"断裂"虽可能是一种现代主义的虚设，但"间隔"仍是存在的。何伟亚从根本上认为："生在某一国并说那一国的语言并不意味着对当地之过去有着特许的（先天）接近能力。"生于斯、长于斯的人要理解当地之过去

---

① 艾尔曼、胡志德：《马嘎尔尼使团、后现代主义与近代中国史：评周锡瑞对何伟亚著作的批评》，《二十一世纪》1997年12月号，第127~128页。

② 周锡瑞：《后现代式研究：望文生义，方为妥善》，《二十一世纪》1997年12月号，第113页。

"仍需转译和诠释，而两者都要求心通意会与想象力"。换言之，"切近历史"不仅主要不靠事后认识和现代知识，反而需要有意抑制这些影响，以更能与昔人心通意会。

这样一种"更贴近历史"的方式比较明显地体现在何伟亚的文化观上。对他而言，文化不应限于基本的信念和观念领域，也不是什么"系统"，而应该比过去所认知的更呈物质性、更多样化及更复杂多元、更侧重具体人与事的个性及歧异性，同时又更易于识别（legibility）并具有可整合性（constructedness），还应超越既存学术类别（如经济学、政治学等）①。如柯娇燕在其书评中所言：欧美的中国史学在后现代主义的影响下产生的一项显著成就即在于"重新确认文化的中心地位"。具体到史学研究上，就是将人类个体或群体的言行置于其当时发生的直接语境之中。

正是在对"文化"的这种界定的基础上，何伟亚反对那种把近代中外关系视为"文化误解"的既定解释。他针对的主要是西方的既存观念、思维和表述模式。西人讲到西方与非西方之间的"文化误解"时通常隐含了西方文化优越的预设（不过，清代读书人视外国人为"夷狄"，其实也是类似"东方主义"的"西方主义"眼光）②，这是何伟亚反对"文化误解"说的

---

① 关于何伟亚对"文化"在史学中的应用及可能的作用，可参阅 Judith B. Farquhar & James L. Hevia, "Culture and Postwar American Historiography of China", *Positions*, I: 2 (fall 1993), pp. 486 – 525, 缩略中译本刊在《文史哲》1996 年第 6 期。

② 许多中国学者的确隐受西方影响，但以"文化误解"诠释中外关系这一模式虽然存在，其实并未生根。从 1950 年起的三十多年中，经济利益以及资本主义与封建主义之间的政治、经济冲突，似乎是占主流地位的解释。

出发点。问题在于，如果去除歧视性的偏见，文化误解是否真存在呢？

自葛兰西之后，文化早已充满权势意味，文化竞争即权势之争。就这个意义（以及一般意义的文化）而言，近代中西文化竞争的存在及其严重性是无法忽视的。何伟亚不说"文化误解"，却处处在表现文化，他实际上是以未明言的"文化冲突"观来取代"文化误解"模式。例如，他特别注意到，马嘎尔尼带去的被认为不受欣赏的大炮即被英国人视为象征，英军在火烧圆明园时将其找出并运回英国献给女王。这或者可以看作一种"礼仪"竞争的武装发展（从这一事件看，马嘎尔尼使团与19世纪的英国及其他帝国主义侵华战争确有思想上的逻辑联系），同时也是隐含在武力表述中的典型文化竞争。

中国一些受福柯（Foucault）①影响要写"另一种历史"的学人，在读了何伟亚对"另一种形式的史学"的定义后，也许会发现他们意想中的"另一种历史"与此有多么大的距离，甚至恐怕是本质的不同，因为他们提倡的"另一种历史"基本仍是"现代"的。中国那些自诩为"后学家"的学术评论人（他们较少从事实际的研究）读了何伟亚的论述后更当知他们口中的"后学"其实充满了"现代话语"，他们根本尚未脱出"现代"思维模式。

在西方，"后学家"与受"后学"影响的学人之间一个显

①　对于 Foucault 的译名，我个人倾向于采用海外多用的"傅柯"，因其继承了从中国姓氏中确定谐音的近代翻译传统；而"福柯"则未见任何优越之处（若完全据音译，似乎"甫蔻"更近）。

著的差距，即对前者而言，"现代"已成一个明确的贬义词，对后者则不一定。然而，也许因为自清季以来中国久处"落后"和"发展中"地位，在多数中国"后学家"及受"后学"影响的学人心目中，"现代"仍是一个充满褒义（至少以褒义为主）的词语（在这里"现代"与"西方"仍是近义词，反对文化霸权的解构者仍处在西方文化霸权的无意识影响之下，真是耐人寻味）！

在许多方面，特别是在强调对历史"人物"本身的侧重（将人事"自然化"的现代主义似更侧重通过理性推论产生出的"规律"），并将其言行置于历史发生当时的直接语境之中考察这两点上，何伟亚表述出的后现代史学路径与我个人的研究取向相当接近。其实，类似的观念在中国传统史学中可以找到①，在现代西方未完全被理性控制的时空（借用一下后现代术语）中产生的史学著作中也能看到，或者这些方法本身并不完全与所谓现代性对立。

上面这段话发表后曾引起了不少误解，香港城市大学的张隆溪教授据此证明我是"后现代史学的同道"②，清华大学的葛兆光教授也认为我"相当赞许何伟亚'动摇史料与解释之间的那种通常以为众皆认可的关系'"。其实我原则上并不"相当赞许"这一主张，何伟亚的论述当然不能仅从这句话的

---

① 参见罗志田《立足于中国传统的跨世纪开放型新史学》，《四川大学学报》1996 年第 2 期。

② 参见张隆溪《走出文化的封闭圈》，香港商务印书馆，2000，第 168～172 页；葛兆光：《中国思想史》第 2 卷，复旦大学出版社，2000，第 50、52 页。我对张教授的答复见拙文《"现代误读"的继续》，《二十一世纪》2001 年 4 月号。

文字表面理解，这里所包括的对（主要是西方的）"现代"史学的一些批评确实非常有力，但他及一些观点相近的学者似乎太过强调"现代民族国家"对史学的"制约"，至少中国的情形与曾为殖民地的印度相当不同。这不是简单可以说得清楚的。无论如何，就一般人关注的字面意义言，我认为史学诠释必须以史料为基础。

今日"后现代"已有脱离其实际含义而成为象征的趋势，反对者、赞成者都渐趋极端。对不少人来说，被视为"后现代"是荣耀；对另外一些人来说，指为"后现代"或其"同道"便自然成为"鸣鼓而攻之"的对象。我愿意借此说明我对"后现代史学"的基本态度：许多后现代理论我尚读不甚懂，但后现代主义对既存史学观念提出了强有力的挑战，值得认真面对。"后现代史学"本身不仅不是没有差异的铁板一块，而且充满歧异，其中一些治史取向并非近年才创造出来，不过得到倾向于"后现代"的史家之强调而已。不管怎么说，学术领域不必是一统天下。作为治史的一种取向，"后现代史学"完全可以也应该和包括"现代史学"在内的其他取向并存而竞争。

现代观念无疑对推动史学研究做出了相当大的贡献，但我同意，现代性对史学（也许包括人文和社会科学领域的其他学科）的负面影响同样不小，应该引起史家的充分注意。我不认为凡是被现代性"污染"（何伟亚语）过的"话语"都必须从史学言说中剔除，当然，对某些现代术语和概念进行适当的"排污"处理是必要的（在这一点上"解构"方法最有用武之地）。比如，去除歧视的"文化误解"在我看来就仍是解释中外关系中存在的许多问题的有效工具。马嘎尔尼使团事件中不少问题真正来源于"文化误解"，且误解也不仅仅在出问题的一面，具体时空内的具体中外各方对另一方均有一些非常正面的迷思（如伏尔泰对中国的想象性表述，19世纪末以来中国人特别多见或抽象或具体的"西方"之长处，其中许多都有非常明显的想象成分）。

从我外行的眼光看，后现代主义具有与现代主义同样强烈的"破字当头"倾向：后现代主义者对"现代"多持程度不同却明显的贬斥态度，与现代主义者对"传统"的态度实甚相类。他们在意识层面努力不像现代主义者那样认为"我们比前人更优越"，但其不得不在大致仍处现代的社会里打天下这一实际处境，使得他们对各种现代观念不能不取攻击的态度（而具体仍多采贬斥的手段），无意识中还是依稀透露出"我们比前人更优越"的味道。

正如周锡瑞已注意到的，"何伟亚要破的很清楚，而他要立的则没那么清楚"[①]。依我的陋见，一种研究方式或研究取向总以建设为主方能持久。后现代主义者特别强调的解构意识也许使他们较难跨越从破到立这一阶段，但何伟亚提倡的"允许歧异的介入"和"更为开放的思维"又提示着这一转化的可能。到后现代主义者真能从破字当头转向立字为主时，也许他们对史学研究会做出更大的建设性贡献。我衷心希望能看到这一天。

---

① 周锡瑞：《后现代式研究：望文生义，方为妥善》，《二十一世纪》1997年12月号，第115页。

具体回到马嘎尔尼使华事件之上，正因为何伟亚的视角与前大不相同，他所提倡的新观察角度所及之处多为过去所忽略者，故这些新领域其实仍需要大量的史实重建工作。何伟亚的贡献也许更多在提出了数量不少的应该注意的面相和问题，而不一定已完成了对这些面相的考察和解决了这些问题，对这些过去相对忽视的面相进行更深入的史实重建，必将进一步丰富马嘎尔尼使团的时代形象和历史意义。下面分专题稍微深入地讨论本书的两个重点。

"多主制"与"宾礼"

在西方既存研究的基础上，何伟亚整合并强调了清王朝在从西藏到蒙古这一广大地域的特殊政策，特别指出了黄教①在其中的重要作用及清王朝对其有意识的运用（这一点尤为众多西方学者所赞赏）。他强调，清王朝并不仅仅自视为中国之主，而有着欲为其势力所及的各种政治文化体系的王中之王的野心。故"以满清皇室为最高君主的多主制"才是清朝对其帝国的想象。

但他接着暗示，在乾隆帝及其臣属的心目中，蒙古各部与不列颠同类，则是一个严重的误读。据清代政治体制，蒙古各部在理藩院（民国时的蒙藏委员会是其机构上的逻辑发展）治下，而英国等的"朝贡"则属礼部主客司管辖。虽然理藩

---

① 许多非藏人将其称为黄教，甚至笼统地称为喇嘛教，其实严格的称谓应为藏传佛教格鲁派，且这仅是所谓喇嘛教中的一派而非全体，这一点承四川大学历史系冉光荣师指教。

院到咸同时期曾一度参与处理西洋方面的"夷务"，但在乾隆时则不然。何伟亚也许因为乾隆帝在通常接见蒙古王公的热河接见马嘎尔尼而产生这样的联想，但这仅仅是个巧合（乾隆帝先已到热河）而非特意安排（本应在北京觐见的缅甸使节也与马嘎尔尼同时到热河觐见乾隆帝，且何伟亚自己也注意到南掌国的使节就曾因乾隆帝先已在热河而前往觐见，这两国都属主客司的接待范围）。

更重要的是，何伟亚特别重视的"宾礼"所涉及的对象就是主客司所接待者。周锡瑞已指出何伟亚对"宾礼"中"国家声教既讫四夷，来宾徼外山海诸国，典之礼部"一句断句有误，所以理解有问题。但"典之礼部"在这里的重要之处还不仅是周所说的礼部一直在收集记录涉外事件的材料，而是界定礼部主客司职责及"宾礼"本身所涉的范围，即清《皇朝通典》（卷60）"宾礼"所说"徼外山海诸国来朝入贡属于礼部职掌者"。所谓"徼外"，即今日所说的境外。而徼外诸国又进一步分为真正"朝贡"之国和"通市"之国。《大清会典·礼部·主客清吏司》（卷39）具体指明：属于"四裔朝贡之国"的只有朝鲜、琉球、越南、南掌（老挝）、苏禄、缅甸，"余国则互通市焉"（与此相呼应，这两类"徼外"国家也都列入清《皇朝通典》之《边防典》）。

这一层级内外的区别是极为重要的，因为它正标志着何伟亚所关心的"满清对其帝国的想象"之实际意谓：与历代中国皇朝一样，清朝统治者（及"宾礼"等典章的编撰者）虽然把来贸易者名义上视为"朝贡"，而又都视这些来"朝贡"的各国为名义上的"属臣"，心里却十分明白哪些是实际的教化和政治管辖所及的区域，哪些是"声教"波及之区，哪些是"声教"不及之区。不论文字上有多少想象性的上下等级区分和"包容"，天朝对其实际的"统治"，显然有着清晰而务实的认识，即对"徼外"诸国只寻求象征性的"统"而不期望实际的"治"（或可说是"inclusion without ruling"）①。

故何著中反复出现的"统治"（rulership）二字实需要有所界定：传统的华夏皇帝并不一定要真正"统治"天下所有的区域；如朱雍注意到的，明太祖对日本人已说得非常清楚，"如臣，奉表来庭；不臣，则修兵自固，永安境土"（日本在清《会典》中未列入"朝贡国"）②。如果清朝真想实际"统治"天下，则是一个可以增强何伟亚欲区别特定的"满清"与一般意义上的"中国"这一重要论点的时代转变。但观乾隆帝在敕谕中对欲派大使驻北京的英王说："若云仰慕天朝，欲其规习教化，则天朝自有天朝礼法，与尔国各不相同。尔国所留之人即能习学，尔国自有风俗制度，亦断不能效法中国，即学会亦属无用。"这就清楚表明清廷同样并不想要真正"统治"天下所有的区域（何伟亚已注意到清廷的"差序包容"有较大的想象成分，但"统治"二字实容易使人产生误解）。

从蒙古到西藏这一广泛区域全部成为教化所及之区，基本是清代才出现的新局面。如清《皇朝通典·边防典》序文

① 本段及以下数段的讨论，参见罗志田《先秦的五服制与古代的天下中国观》，《学人》1996年第10辑；《夷夏之辨的开放与封闭》，《中国文化》1996年第14期。

② 朱雍：《不愿打开的中国大门》，第280页。

（卷97）所说：唐代杜佑《通典·边防典》所记范围，皆声教不通的"荒外之国"，"名曰边防，实即列史之《四裔传》"。到了本朝，则"汉唐以来所谓极边之地"在今日皆成"休养生息渐仁摩义之众"了。实际上，清人对其所面临的新现实也有一个逐步认识的过程。针对蒙藏这一特殊区域，清政府新设理藩院以处理其事务。故清《皇朝通志·礼略·宾礼》（卷46）特别标明：各札萨克（蒙古）、青海、西藏及西域回部外藩朝贡仪节，载于《会典·理藩院》编，不包括在"宾礼"的范围之内。

蒙藏区域已不属"宾礼"（及其执行机构礼部主客司）的范围是乾隆朝修典各方的共识，但其在典籍里究竟应归属何处，在一段时间里所有修典人员尚都不十分清楚。前引清《皇朝通典》在界定"宾礼"所涉的范围时指出，由于本朝声威超越历代，"凡蒙古之族，无不隶于臣仆。其内附之事，并详具《边防典》中"，已不再属于"徼外山海诸国"了。然而《边防典》（清《通典》卷100）则说：内札萨克（蒙古）各部"自本朝龙兴之初"已"久为臣仆"，而外蒙喀尔喀各部也在康熙帝北征后"受职归化"，故"皆不得以'边'目之"，自然也不在记述范围之内。在涉及蒙藏区域时之所以出现（并需要做出）这样纷杂的解释，正体现了清廷逐步适应与前不同之管辖范围的进程。

唯这一区域在清代虽已渐成直接的教化所及之区，该区域内的"教化"实已不全是传统意义上的华夏之教，而是掺和了甚或更多是蒙藏回等特定的"教"。或可以说，清朝广阔统治区域中的"教化"，其实有着模糊而带多重性的认同

（identity/identities）。值得注意的是，这一传统"教化"在实际层面的区域性异化并未在理论性的文字典籍中得到强调。作为征服者的满洲贵族在入关前和入关初期可能需要联合一些非华夏的族类以增强其实际或象征性的地位，这些民族有的与满人有宗教上的相近处（如何伟亚注意到的黄教在满、蒙、藏之间的作用），但其在宗教与生活习俗等方面也相当不一致，其一致之处毋宁在于均非华夏之教。

清廷其实非常清楚其整个统治区域中何者是最主要的，他们既要明确又并不特别强调其征服者的地位。象征着满洲人特权的满汉区别虽在实践层面得到贯彻（也有一个逐渐淡化的过程），"满汉一家"却是长期标举的口号。随着清朝统治的巩固和自信的增强，清廷越来越有意识地转变其形象，从征服者转化为"天命所归"的君主。① 这可以从蒙古各族与清政府的特殊关系之演变过程看出：内蒙古各部早就与入关前的满族有类似政治军事联盟性质的联合，故其在清初相当长的时期内享有几乎与满人相等的特权（何伟亚已注意到蒙古各部在清代是特殊集团）。但随着满汉之别的逐渐淡化，蒙古王公在有清一代的特殊地位显然呈现出越来越模糊的趋势。

前引明、清两朝对日本和英国态度的相近说明，清朝对其实际"统治"的层级内外性认识基本仍是中国传统天下观及夷夏之辨观念那具有伸缩波动性的典型表述，并不十分需要清

---

① 这个问题牵涉甚宽，可参看罗志田《夷夏之辨与道治之分》，《学人》1997年第11辑。

代特殊的"多主制"来协助达成。理藩院和礼部主客司既然有各自不同的管辖范围，何伟亚在清廷对蒙藏等政策举措上的渲染实无大助于理解乾隆帝对英国的态度。从典籍内容看，他最注重的"宾礼"可以说几乎完全是传统华夏文化的产物。故其再三致意的具体时空的"满清"与一般意义上的"中国"之别在这里不仅没有太大的参考意义，反有可能产生喧宾夺主的后果。

"宾礼"所关涉的正是费正清讨论的"朝贡体制"①，而不是何伟亚所关注的（主要体现在蒙、藏、回等广大区域）"以满清皇室为最高君主的多主制"。这意味着何伟亚的两大核心观念及其论述统系，即"多主制"和宾礼之间虽有不可否认的关联，但其关联毋宁更多是在清代以前，到清代出现他所谓的"多主制"后反缺乏足够的逻辑联系，且在很大程度上相互疏离。结论似乎只有一个：要强调清代特殊的"多主制"及其隐喻的非华夏倾向，便当在与"理藩院"而不是"礼部主客司"相关的文献典籍中寻找理论资源；如果要强调"宾礼"的重要性，就只能多关注具体的"满清"与一般意义上的"中国"之"同"，而不是"异"。

前引何伟亚所说"宾礼"不仅是清廷处理对外关系的原则和方式，而且体现了远更广阔的整合"天下"秩序的构想，其实也与费正清的"朝贡体系"取向相类，即通过一个枝节的部分引申

---

① 费正清意义上的"朝贡体制"又正是何伟亚所欲挑战者，何伟亚在这方面的贡献在于将"朝贡体制"从"结构—功能"解释中解放出来，而置于更贴近原状的时空语境和动态进程之中。

到中国（或清朝）的全局观念①。如果把传统中国的政治观念（或文化）视为一个有机整体，任何一个部分当然都反映着整体的精神。但政教不能及的"天下（世界）秩序"确非清朝关注的重心，"外国"更可以说是清人政治观念中最不受重视的部分之一。"宾礼"不过是涉及"天下"秩序的众多清代相关钦定制度之一，是一个应对不甚受重视的特殊而非普遍群体的制度，在清代"五礼"中也居于相对次要的地位（以前"宾礼"在"五礼"中居于"军礼"之前，在尚武的清代则移至"军礼"之后），其可以推广的程度是有限的②。

---

① 这本是西方"汉学"的传统强项，傅斯年已注意到："我们中国人多是不会解决史籍上的四裔问题的。……凡中国人所忽略，如匈奴、鲜卑、突厥、回纥、契丹、女真、蒙古、满洲等问题，在欧洲人却施格外的注意。"（傅斯年：《历史语言研究所工作之旨趣》，见《史料论略及其他》，辽宁教育出版社，1997，第49页）不过如章太炎所指出的，"审边塞而遗内治"这一"外国人读中国史"的取向早已流入中国，成为民国新史学的一个特征。他说："中国之史，自为中国作，非泛为大地作。域外诸国，与吾有和战之事，则详记之；偶通朝贡，则略记之；其他固不记也。今言汉史者喜说条支安息，言元史者喜详鄂罗斯印度。此皆往日所通，而今日所不能致。且观其政治风教，虽往日亦隔绝焉。以余暇考此固无害，若徒审其踪迹所至，而不察其内政军谋何以致此，此外国之人读中国史，非中国人之自读其史也。"参见章太炎《救学弊论》，《华国月刊》1卷12期，1924年8月15日，第11～12页（文页）。这方面进一步的讨论可参见罗志田《史料的尽量扩充与不看〈二十四史〉——民国新史学的一个诡论现象》，《历史研究》2000年4期；桑兵《四裔偏向与本土回应》，收入其《国学与汉学——近代中外学界交往录》，浙江人民出版社，1999，第1～30页。

② 打个比方，美国政府对印第安人或波多黎各的政策虽然也会反映美国政治精神的基本原则，甚至可能反映出一些美国《宪法》等基本文献中忽略的内容，但要探讨美国政治的基本原则，去考察《宪法》或比考察这些政策更能说明问题吧。

中英两大"帝国构建"的碰撞

何伟亚的一个研究取向，就是尽可能将历史现象或事件放到当下所在的时空语境中进行考察。因此，他强调18世纪的大英帝国和清朝与一般意义上或一般认知中的"英国"和"中国"有相当的不同。他受美国社会学家斯考切波（Theda Skocpol）将国家带回社会史分析的影响，将"帝国"带回历史诠释之中。故他不认为马嘎尔尼使团是两个文明或文化的遭遇，而是两个建立在"差不多水火不容"的政治准则之上的"帝国构建"之间的碰撞；双方都是版图宽广且在扩张中的"帝国构建"，都统治着不同种族与文化的子民；双方都各有其政治中心，也都有等级不同的属国或殖民地，而双方也都自认为比对方优越。

对中国读者来说，何伟亚通过马嘎尔尼所属的伦敦"文学俱乐部"简单构建的18世纪英国"公共领域"虽稍嫌简略，当有启发。该俱乐部成员包括我们熟悉的"保守"思想家伯克、经济学家亚当·斯密和史学家吉本，这些"知识贵族"时常聚会，进行吉本所说的"男人式的交谈"（除了有近人注意的性别歧视外，其意谓约略近于孔子所说的"言谈及义"）。他们的讨论都围绕着探索掌握自然及人类社会的规律，即发现真理。而发现真理的唯一途径是理性，它又和道德密不可分。这些"知识贵族"似乎都是理想化的资产阶级式绅士，他们忠于英国王室，同时又超越于腐败。与此同时，18世纪英国的实际政治却相当腐败：国会议席可以买卖，官位要靠权势影响获取，得以晋升的关键途径是上面有政治庇护人。

马嘎尔尼正是以这样的方式在仕途中得志，而他又以上述"公共领域文化价值观"来观察和记录中国情形，一面对中国人"说公共领域"（speaking the public sphere），一面有意无意将英国政治的腐败投射到中国之上①。在这样的思想武装下，马嘎尔尼发现中国人一直以"不变的法则"作为"抵御理性和推理的盾牌"。正是从这一思路逐渐引申出后来广泛流行的观念：与中国人打交道必须"坚定而有理性"，这样仍不行则诉诸武力，迫使其放弃"非理性"的态度和做法（注意理性与道德的紧密关联）。这一观念后来成为19世纪鸦片战争及帝国主义对华侵略战争的重要思想武器。②

何伟亚指出：这一带有特定含义的"主权平等"外交话语恰是欧洲帝国主义扩张的历史产物，并随欧洲扩张的进程抵达中国。其实，于马嘎尔尼访华前，关于主权平等国家互通外交的观念本身在欧洲也不过刚刚兴起，且尚未完全成形。据英国著名外交家和外交学家尼科尔森（Harold Nicolson）的研究，直到马嘎尔尼访华后的1796年，与马嘎尔尼同属"文学俱乐

---

① 马嘎尔尼笔下对中国的观察直接（并通过后来的诠释者间接）参与了"进步"和"文化冲突"这类何伟亚所反对的"现代"观念的形成。但应该指出，马嘎尔尼访华时正值和珅当权，官场腐败的确显而易见，故他不一定就是将英国政治的腐败投射到中国之上；不过，其在同样腐败的英国官场的经历应能有助于他对中国类似现象的把握。

② 对不遵从"理性"（即不道德）者即可以诉诸武力这一"自然主义"思路，与一些西方传教士认为中国人不遵从上帝爱邻如己（即不开放）的准则即可用武这一宗教性思路异曲同工，仍是一种对"非我"即可不依我之价值观处理的自我心安方式，无意中都为帝国主义侵略提供了思想武器。关于传教士的思路，参见罗志田《传教士与近代中西文化竞争》，《历史研究》1996年第6期。

部"的思想家伯克才成为英国第一个用"外交"这一词语来指谓"管理或处理国际关系"事宜之人。[①] 故严格地说，与"差序包容天下观"相对立的"主权平等外交观"在那时仍是一个"发展中"的变量，而非已完全确立的准则。与其说马嘎尔尼将"自然化了的（欧洲）霸权话语"带到中国，毋宁说他的访华本身是完成这一"霸权话语"所象征的欧洲帝国主义扩张的一个环节。

无论如何，是马嘎尔尼使华让后来称为"主权平等外交观"的欧洲扩张行为方式，与同样带有扩张性的、建立在"差序包容"天下观基础上的清帝国对外礼仪相遇。由于"礼仪的实施本身就会产生权力关系"，而并非"古代或前近代社会的典型特征"，礼仪对中西双方都非常重要，同样有象征意义。在18世纪末的欧洲政治理论和外交实践中，相互尊重主权和国与国间的平等正是通过仪式来确认及达成的（第76页）。所以，双方都不想做出太多让步而使对方就范：马嘎尔尼想让中国官员按欧洲外交规矩行事，而中国人却想让马嘎尔尼叩头。

"对满清的统治者来说，高下之分乃是通过复杂的对话来实现的，通过这些对话的持续运作，使对方的权力被包容进皇帝的统治之中。而在英国那种被自然化了而且正在自然化的话语中，高下之分体现了行为者的内在本质，是其本性的外在表现。"这里所谓的"对话"包括上奏通报、进贡、叩拜、赏赐

---

① Harold Nicolson, *Diplomacy*, 3rd ed., New York: Oxford University Press, 1964, pp. 11 - 12.

等一整套程序，马嘎尔尼却一直提出进行欧洲外交常用的谈判（谈判不成则可能意味着动武）。对"谈判"这一新事物，清朝官员始终看不出其必要性何在，在马嘎尔尼看来这正体现出对理性的"抵御"。何伟亚认为，礼仪（包括书写下来的文本和具体实行过程）更多是一种充满权力运作的"政治话语"，而不一定是什么反映"文化"特征的表述。故英国派驻使臣的要求未能获准"并非跨文化间相互误解的问题，而是由于清廷官员未能适当地安排（礼仪）程序而导致的失败"。

在这次中英交往中，乾隆帝给乔治三世的敕谕在西方是广为人知的文献，但几乎一直被误读（程度各有不同）。英国哲学家罗素早在1922年就说过，"只有到这一文献不再被认为荒唐可笑时，（西人）才能理解中国"。研究马嘎尔尼使团最深入的中国学者朱雍在这一点上不幸与多数西人相同，他到20世纪80年代末仍明确地说，"从现代人的眼光来看"，这暗指乾隆帝的敕谕乃"外交上的一桩笑话"①。这正是何伟亚希望纠正的：在"现代眼光"里可笑的敕谕，如果从乾隆时代的眼光来看，或者就不一定可笑了。

何伟亚成功地指出：广为引用的乾隆帝（后来并逐步扩大到此后相当时期里的清政府甚至大多数中国人）对"先进技术"的抵拒，是一种现代（应注意这是后现代主义者眼中的"现代"）式的误读；乾隆帝在说天朝"从不贵奇巧，并无更需尔国制办物"一语时，针对的是"礼物"而不是"生产礼物的技术及知识"（何伟亚甚至认为这一长段语句更多是针

---

①　朱雍：《不愿打开的中国大门》，第306页。

对马嘎尔尼对礼物的夸大）。这是一个非常重要的提示，因为周锡瑞仍在引用此语来证明乾隆帝对"西方科学之先进"的毫无兴趣。卫周安于1993年已撰文指出：关于中国对西方18世纪的技术发展视而不见的观念在工业革命完成之后才产生于西方，并被史家投射回对马嘎尔尼使团的解释之中。[①] 何伟亚进一步阐明了这一长期（虽然更多是无意中）影响中外学者的问题。

应注意的是，马嘎尔尼访华时英国的工业革命不过刚刚起步，鸦片战争后中国人了解到的（对时人特别是后来的史家越来越具有象征意义的）先进西方工艺产品，如轮船、火车、电报及快速连发枪等，对乾隆帝和马嘎尔尼同样都是未知事物。换言之，近代象征西方"先进"或"优越"的"船坚炮利"，那时基本不存在。故当时不仅中英双方国家实力大致相当，即使在技术层面，通常认知中"现代/西方"与"传统/中国"那样的对立性区别也还不明显（只要查一下一般的自然科学年表，即可知马嘎尔尼访华时"西方科学之先进"不过尚在形成之中）。

不过，何伟亚对乾隆帝随后对贸易的明显同样心态似乎太轻描淡写地略过去了。后者证明，天朝"不贵奇巧"实不无四川话所谓"提虚劲"的意思，热河行宫中已藏有数量和精美程度都足以使马嘎尔尼自愧不如的奇巧物件（它们碰巧都非中国所生产），本身就充分说明其实天朝还是欣赏这些礼品

---

① Joanna Waley-Cohen, "China and Western Technology in the Late Eighteenth Century", *American Historical Review*, 98：5（1993），pp. 1525 – 1544.

的。正如朱雍已指出的，天朝物产丰饶，不需外夷货物一类"话语"在整个乾隆朝不断重复出现。① 这样，何伟亚试图表明乾隆帝的敕谕更多是具体针对马嘎尔尼使团而不是阐述一般的外交原则（两者其实不矛盾），似不十分站得住脚。

但何伟亚有一点无疑是正确的，在乾隆帝（以及中国官员）的眼里，对外贸易不只是涉及"交换价值和使用价值"的经济行为，恐怕更多是一种政治、社会或文化行为，按清代粤海关由内务府管辖，这主要是出于经济需要还是政治需要仍需考察，很可能两者皆在清帝考虑之中。乾隆帝给英王敕谕及给中国官员的许多上谕中屡述关于对外贸易可能造成的社会问题，过去都视为一种"落后"或"顽固"的思维，倘不从"现代"眼光而回到当时的眼光平心考察，即可见其顾虑之所在（正如乒乓球也可发挥外交功能一样，"外贸"的含义在今日也不限于经济价值）。

针对过去认为清廷对来访的马嘎尔尼使团态度冷淡的西方认知，何伟亚成功地指出中英两国对使团一事都非常认真（乾隆帝的深切介入即是明证，中国学者朱雍已论及此点），这无疑是一个进步。但双方共同的认真中也有不同，毕竟清廷是被动一方，而且似不存在非要接待使团不可的愿望。故双方对礼节的处理虽同样认真，在整个事件上，显然英方的认真程度要超过中方。若从乾隆帝及其大臣的观念看，也许这一使团不过好像天上下了一场偏东雨，来得快去得也快，原非什么引起持久注意的大事。

---

① 朱雍：《不愿打开的中国大门》，第 80 页。

客观上也许真如何伟亚所说，这是两个带扩张性的"帝国构建"的碰撞；但至少中国官员主观上恐怕没有那样高远的意识与认知，否则不会出现中方关于马嘎尔尼究竟是否行三跪九叩礼的记录不详这一问题。中国官员对礼仪要求的一丝不苟，也许更多是考虑他们怎样向皇帝交差，而不一定是对礼仪本身的特别尊重。也就是说，他们的认真首先是被动的，英人既来之，便须按规矩办；其次，他们在认真处理此事时考虑清朝内部的实际因素或者还超过考虑对外关系的一般准则（两者当然是相互关联的）。

正如有评论者注意到的，何伟亚在谈到马嘎尔尼所在的"英国"时多见其共性而少见其差异（毕可思的书评即注意到他常将不列颠与英格兰混为一谈）。其实，即使不论殖民地，就在大不列颠本土之中也正有许多种族与文化的差异。身为爱尔兰人的马嘎尔尼在英格兰的伦敦谈论"公共领域"，是否会有某种程度的认同危机呢？[①] 如果何伟亚把他讨论清朝内部种族文化歧异的方法运用于英伦三岛（以及英国与欧洲大陆的思想联系与差异），而将其探讨18世纪英国"公共领域"之社会语境和学理语境的取向用于讨论清代考据学中"礼学"的兴起与如何实施"宾礼"等礼仪的关系，相信会有更深入的认识。

从总体而言，如主张"中国中心观"的柯文（Paul A. Cohen）所说，何伟亚"有说服力地提出了一种不仅考察马嘎

---

① 从宗教到生活习俗，爱尔兰人与英格兰人之间都有许多程度不同的差异。崇尚理性的马嘎尔尼能否完全超脱双方的多层面差异，至少需要考证。

尔尼使团，而且全面考察从 18 世纪至今中西互动这一整个课题的全新方式"。的确，何伟亚提出的考察方式不仅新颖，而且眼界远更开阔，尤其他对中英双方的对称性处理，即寻求一种既非"西方中心"也非"中国中心"的取向，值得我们特别关注。同时他在对马嘎尔尼使团的个案研究中也时常触及并探索一些更具通论性质的史学基本问题，这使得此书应为广泛的相关学者所阅读。何著长于分析，其理念的建构胜过史实的重建（这部分或因为有关马嘎尔尼使团的专著已较多，不必重复许多过去已基本清楚的史实）。所以这本书若能与任何一本同一专题但兼重叙事的著作共读（比如与前引朱雍的著作或佩雷菲特那本在中国颇得喝彩的《停滞的帝国》对看），或更能见其长，也更能见其新颖之处。

鸣谢和说明

或许因为我曾为《怀柔远人》写过书评，本书最初由社会科学文献出版社与我联系翻译事宜。我自知中英文俱不足以胜任，乃商请四川大学南亚研究所的邓常春女士担任翻译工作。初稿译出后，我有幸请到四川大学外语学院的王晓路先生出任审校，后王先生事忙无暇全校，在大致审阅初稿之疑难问题后提出了翻译体例方面的系列修订意见，对初稿的修改极有裨益。此后适留学加拿大的刘明先生返回四川大学经济学院任教，我素知刘先生曾译过好几本书并主编过辞典，又特地敦请他出任审校。幸蒙刘先生不弃，对译稿进行了至为详尽的校改，才有今日的模样。书此以记译书之不易，并对三位在教研繁忙中能拨冗从事此嘉惠学林之业深表感激和敬意！

另外，由于何伟亚对中文史料的解读能力曾引起学者（主要是美国学者）的争议，而他对这一事件的诠释当然是依据他所读出的史料之含义；甚至可以说，《怀柔远人》一书的成败在很大程度上实系于作者是否基本读懂了他所处理的清代中文史料（偶有个别错误则是任何人都难免的）。因此，经我与译者商定，本书在翻译过程中对所有被引用的中文史料均按英文原意直译，而以译注的方式抄录被引用的原始中文史料，以使读者能够较方便地观察和判断何伟亚对中文史料解读之正确与否。我要特别说明的是，出版社本来不大认同这种不合"常规"的翻译原则，但仍同意为学术的求真而别具一格，这是应该特别感谢的！如果这一做法有何不妥，自然应由做出提议的我来承担一切责任。

最后我要感谢山东大学的刘天路先生居间联系，请到本书的作者何伟亚为中译本写序；同时也要感谢何伟亚本人的欣然允诺，使中译本增色。从不长的中译本序中可以看出，何伟亚对其著作的后现代倾向并不强调甚至有所淡化，这大约提示出作者对读者的某种希望。的确，本书的长处和不足当然与其所运用的理论和方法相关，但都不仅仅体现在理论和方法上；在关于后现代取向的喧嚣过去之后，本书在学术史上的地位最终取决于它是否推进了我们对1793年马嘎尔尼使团和整个18世纪中外关系的认识和理解。读者可以从任何角度阅读本书，但若能不忘这一点，作者和译校者的辛劳便物有所值了。

罗志田谨记

中文版序

〔美〕何伟亚（James L. Hevia）

　　《怀柔远人》一书中译本的出版，是特别难得的荣耀和殊遇。北京的社会科学文献出版社选择翻译出版该书，使我感到很荣幸。而且，我很乐意借此机会就这本书向中国读者略做说明。这本书由20多年以前开始的一项研究发展而来，它体现了一种原初的努力，旨在重新审视19世纪中国与西方冲突与合作之性质。从其初始阶段起，这项研究就受到中国研究这一领域内外的许多理论和方法进展的有力影响。

　　正如在本书导言中所谈到的，在中国研究这一领域之内，对以前有关19世纪中国的诠释构成主要挑战的是柯文讨论过的"以中国为中心"的新史观；其结果，突出体现在现代化研究中心那个停滞不前的、中国中心主义的晚期中华帝国被一个充满变革的中国所取代。而且，其中的一些研究表明，长久以来，一直得到中国和西方历史学家强调的那个汉化的清王朝模式是该重新评估了。然而有趣的是，"以中国为中心"的历史观并没有对中华帝国对外关系的研究产生重大影响。这可真不妙，因为以中国为中心的取向本身质疑了这样的观念，即中国文化是在遥远的往昔中形成的一系列价值观和信仰；并由此开启了一种可能，即对被费正清构建进其关于中国对外关系之朝贡模式的许多假定——特别是确认中国的对外关系只是中国一成不变的文化态度在外部关系上的投射——进行再分析。

与中国研究领域之内的这些进展差不多同时，对西方帝国主义和殖民主义的史学研究也在经历着重大变化。在这方面，爱德华·萨义德的著作是最明显而适宜的例子；同时也还有许多其他人的研究，这些研究多建立在非洲、亚洲和拉丁美洲学者的研究基础之上。这些分析也从欧洲研究的进展中汲取了灵感，如福柯（Foucault）关于现代性的史学研究、经由雷蒙·威廉斯对经济取向的马克思主义的批评和安东尼奥·葛兰西的霸权观念而实现的文化观念的改写和重构，以及日渐增多的关注殖民地世界对欧洲帝国主义中心之多方面影响的史学论著。除此之外，当代人类学对有关非西方社会中礼仪的那种社会科学式的诠释已产生出许多理论上的挑战。既然费正清的朝贡体系正建立在这些早期理论中的一种，即结构功能主义的基础之上，那么，根据这些新兴的批判性分析来重新审视朝贡体系模式就应该是很重要的。这些发展都对《怀柔远人》产生了影响，它们与清史研究的相关性在本书的各部分中均有所探讨。

我把自己的目标确定为构建一种对马嘎尔尼使团的对称性叙述，这样的叙述将不偏重清廷或英国任何一方对这一事件的记录；在此过程中，这样的叙述将有助于打破类似传统对现代、中国对西方、或中国孤立主义对西方世界主义这样过分简单的两分法。构建一种对称的叙述还意味着探究其他有关礼仪程序的争议性冲突例子（譬如清宫廷与西藏喇嘛），并指出，正是19世纪英国人马嘎尔尼使团的评价和清代以后的中国及欧美学者的史学论著制约了我们对使团的认识。

作为一种陈述该组织的原则，对称性特别体现在我把陈述分开以便彰显其差异的决定。基于以下几个理由，这样做很重要：首先，历史学家已经运用英国人对于事件的叙述来限定整个遣使过程中什么是重要的；第二，此前的研究把清廷方面的资料当作中国孤立主义和错误优越感（中国中心主义）的例证；第三，英国使团已经被中国和西方的历史学家制造成西方现代性的代表。因此，要做到对称实际上意味着把一种修正过的对清帝国礼仪的理解带入对外关系领域，同时也重新评价在英国记载中找到的"事实"，并质疑它们在当时整个事件中的重要性。（譬如，英国的记载和后来西方关于这一使团的历史著述都非常注重马嘎尔尼对磕头要求的拒绝，而清廷的记载却不然。相反，他们似乎更加关心英国礼物的性质以及英国人赋予这些礼物的意义。）

为了实现这种侧重点的转移，我分析了乔治三世和乾隆皇帝的信函，长期以来，后者对那些旨在强调中国孤立主义的人来说一直是个象征性的偶像。我也坚持把使团视为两个扩张帝国之间政治的而非文化的遭遇；考察一个满汉混杂的而非纯粹华夏的帝国的关注所在；探究清廷与英国不同主权观念的竞争；重新审视这次遭遇中仪式于双方的地位和作用。就英国方面而言，这意味着承认马嘎尔尼的关注不止于磕头，而英国派遣这一使团本来兼有意识形态和经济的双重目的。

在讨论礼仪的社会科学诠释时，我批评了那种把礼仪与被认为更"实质"的议题如政治或商业分离开来、并用功能主义的术语方式进行诠释（即作为既存社会秩序或政治秩序的象征性再现或这类秩序的合法化）的倾向，并质疑那种要么把礼仪视为严格死板的规则，要么反过来把礼仪视为独裁领袖精明的操纵技巧的类型性描述。这样的诠释不但忽略了清帝国礼仪在宗教、宇宙和形而上学方面的因素，而且极为过分地简化了清朝皇帝与其他统治者的关系。

本书也探讨了关于这次使团的既存史学论著。从这些讨论中得出的一个结论是：在使团访华的整个过程中涌现出来的争执和迷惑并不是跨文化的误解。我质疑这种诠释的原因有二：第一，批评以文化为中心的观念，即把文化视为一种潜藏在行为之下的信仰或价值观的本质部分；第二，提请注意文化主义的诠释在分析国际争端或冲突时的影响。通过把冲突说得似乎不可避免、跨文化误解这一说法不但试图原谅欧洲人在 19 世纪对中国的侵略性军事活动（由此就使为帝国主义辩护成为可能），而且从历史理解的角度来看，它也使得对诸如马嘎尔尼使团、鸦片战争、义和团运动这样的事件做出区分变得困难。

其次的批评是关于 20 世纪的历史学家对待马嘎尔尼使团、尤其是乾隆皇帝拒绝英国产品这一议题的方式。从马嘎尔尼所携物品的有用性不言自明（它们被设定为最新型的科学设备）这一假定出发，大多数历史学家（包括海峡两岸的中国人）把乾隆皇帝的回应诠释为中国孤立于真实世界的一个主要实例，有些人甚至进而认为中国由此错失了一次现代化的机会。我的感觉是清廷所拒绝的乃是马嘎尔尼描述礼物时所赋予其的优越性。

这里扼要叙述的关于侧重点和诠释的差异也涉及方法上和理论上的议题，它们经常迷失在那些凝注于现代化和现代民族国家之完整性的学者的争论之中。其中之一是贯穿于历史研究中长期聚讼不休的社会科学关怀与人文科学关怀的对立。在社会科学中，抽象的模式提供框架，以对各种被时间和空间隔离开的事物做出普遍的概括，而现象通常作为数据被编织入这些模式中。与此相对照的是，以人文科学为导向的历史学则倾向于把现象看作独特的事例，历史诠释包括对这些事例特别之处的解说，并可能——但并非必然——会引向概括性的结论。我本人处理礼仪的取向也许可以作为一个历史研究中人文学科取向对立于社会科学取向的例子。

第二个议题与历史的宏大叙述尤其是现代性的宏大叙述有关，在此要探讨的不仅是建构何种叙述或需要哪些因素才能把叙述建构起来，而且包括这样的叙述甚至是否可能。到今天，现代时期的宏大叙述，亦即物质的进步和/或政治与个人自由的进步意味着从传统的幻觉走向现代的启蒙，已经在传统与现代性全面对立的基础上建立起来。通过区分传统与现代，现代性的诸多积极面相乃产生于将传统预设为刻板和错误的。最经常的结果就是西方及其启蒙价值观必胜的历史。认识到这一点是一回事，提出改变的选择又是另外一回事；但是，对进步主题的史学挑战至少应包括将欧洲和北美之外的世界按照与必胜的现代性及支持它的社会科学理论不同的方式纳入思考之中。它还包括确认要关注"现代"的紧张、矛盾和失败方面，同时也关注其有益的方面。我的作品就是身处各个帝国在东亚的冲突这一语境之中，来完成这些任务的一项努力。（邓常春 译，罗志田 校）

2001 年 10 月于北卡罗来纳大学

序　言

　　本书的题目源自一个在清廷记载里常常出现的表述——
"怀柔远人"，既是一种描述，又是一种诫令。作为宇宙与尘
世之间的枢纽，皇帝从道义上被赋予了统治世界的责任。明智
的君主应该对那些处在中心统治区以外的人显示怜悯与仁慈，
应该轸念那些长途跋涉来到他的宫廷的人。这些观念是礼仪的
核心，而清廷正是借礼仪来建立与其他强势统治者的关系。本
书要研究的主题正是宾礼与帝国觐见，我所讨论的礼仪是清廷
用以指导对外关系的惯制。我关注的焦点是乔治·马嘎尔尼勋
爵率领的大英帝国使团，它于 1793 年到达乾隆皇帝的宫廷。

　　关于马嘎尔尼使团所受之接待，传统学术界持有三种看
法，本书正是对这些看法的回应。第一种是结构—功能学派的
看法，这一学派源于 20 世纪 70 年代的人类学。它的批判性分
析促进了对古典模式如"中华世界秩序"和"朝贡体系"的
再思考。但随之而来的问题是：如果摒弃"朝贡体系"，那
么，18 世纪晚期以来的中西关系又会是怎样的呢？

　　第二种看法也是由人类学的分析所激发，而与社会学的礼
仪观有关。我确信，正是欧美世俗（非宗教的）学者对礼仪
的特别的看法，才使中西冲突被构建为一种文化误解。我考虑
的问题包括两部分：①形成这种阐释的文化观是什么？②倘若

抛开文化因素，冲突会是什么样的？

第三种与我自己的态度有关。我不赞成中国中心主义和以中国为中心的世界秩序这样的观念，尤其考虑到清的建立者是满人而非汉人。由此引向第三个问题：如果欧洲与亚洲的接触，不是被看作生机勃勃的扩张性的西方与停滞的闭关自守的东方，而是被视为两个扩张性的帝国——大英多民族帝国和满族多民族帝国的相遇，那么，自马嘎尔尼使团之后的清英互动又该是什么样呢？本书和我正在写的第二本书试图阐释这些问题。

本次研究中，我分别考察清与英对遣使事件的叙述，以便强调双方不同的实际操作模式与观念框架。在批判性地评介了其他有关清代外交关系的观点之后，第二章将提供一个对清帝国及其统治状况的全景式的考察，第五章还要谈到这个问题，并主要关注宾礼。第三章讨论18世纪大英帝国国内文化背景，展示在知识贵族中普遍流行的"外交、贸易及对中国的了解"。第四章重新检视马嘎尔尼勋爵对觐见过程前前后后的叙述。第六章和第七章透过清的礼仪和统治权观念来审视清有关这次觐见的记载。第八章把双方的叙述进行对比，合而观之。第九章在对这次清英相遇做出一些总结之后，回顾中西关系史中对使团的研讨。

这本书亦是由1986年在芝加哥大学完成的一篇论文扩展而来。在撰写论文的日子里，我得到了诸多学术上的支持。在芝加哥大学的不同寻常的求学经历中，这些支持对我而言有特别重要的意义。从1980年到1985年，说人文社会科学的研究生们互为人师，这是一种近似玩笑和略带夸张的说法。在校园

的咖啡馆里，每天都有非正式的讨论会，我总是定期参加。在
参加者当中，我印象最深的是罗杰·布拉德肖（Roger
Bradshaw）、杰夫·马尔蒂（Jeff Marti）、拉斐尔·桑切斯
（Rafael Sanchez）、弗雷德·邱（Fred Chiu）、酒井直树（Naoki
Sakai）、约翰·卡拉吉欧（John Calagione）、丹·纽金特（Dan
Nugent）和安娜·阿隆索（Ana Alonso）。他们有时参加讨论会，
有时又去搞实地调查，但他们在场时，总是使我受益匪浅。那
时就像现在一样，还有不少人只是偶尔露面。

在那些年里，我亦有幸认识一位朋友和同事，她的工作对
我有深远的影响。司徒安（Angela Zito）与我大约从 1982 年
起就开始认真地讨论笔记，并惊异地发现，我们不但在社会阶
层、民族和学术背景方面极为相似，而且在中国研究领域里，
尽管各自独立开展研究，却走了一条近似的路线。更重要的
是，安分享给我她对如《大清通礼》这样的礼仪文献的广泛
了解和深入研究，并教会我阅读这些文献。对于她非同一般的
慷慨，我的感激之情难以用言语表达。

虽然我感到在芝加哥大学期间我们是互为人师，但同时亦
有许多教授为我们指点和引导新的饶有趣味的研究领域。进入
大学之前，我曾有幸受教于罗伯特·希默尔（Robert Himmer）和
任以都（E-tu Zen Sun），他们两位都激发了我的求知欲，并为我
开列了长长的书单。在芝加哥大学，迈克尔·多尔比（Michael
Dalby）、钱新祖（Edward Chi'en）、曼素恩（Susan Mann）给予我
支持、鼓励，并与我进行严肃的讨论。罗·因登（Ron Inden）和
巴尼·柯恩（Barney Cohn）总是抽出时间来阅读并评论我正在写
的作品，他们还将继续这样做。我也非常感谢芮效卫（David

Roy）、艾恺（Guy Alitto）、奈地田哲夫（Tetsuo Najita）、哈利·哈如图涅（Harry Harootunian）、让（Jean）和约翰·卡马洛夫（John Comaroff），还有瓦莱里奥·瓦列里（Valerio Valeri），他们都有助于我增长知识。马歇尔·萨林斯（Marshall Sahlins）对这本书亦颇有兴趣，并且一针见血地提出许多富于启发的问题。我亦回忆起与三好将夫（Masao Miyoshi）的一两次使我受益匪浅的交谈，当我开始思考本书主题时，我读到了他关于日本首次遣使入美的著作《如我所见》（*As We Saw Them*）。

我要特别感谢中国人民大学历史系的诸位学者，尤其是叶凤美教授，他们乐意让我于 1990～1991 年以独立学者的身份在那里从事研究。也是在他们的帮助下，我得以在北京第一档案馆查阅资料。这所档案馆的工作人员态度友善，业务熟练，于我甚有帮助，尤其是殷书梅（音），她不止一次提供了档案目录上没有列入的关于马嘎尔尼使团的资料。我也感谢北京图书馆珍藏本书库的工作人员。

印度事务部图书馆、大英博物馆、维多利亚和阿尔伯特博物馆、国家海洋博物馆和剑桥大学图书馆中文收藏部，所有这些地方的工作人员都极为和蔼，熟悉业务，对我帮助很多。奥布里·辛格（Aubley Singer）和吴芳思（Frances Wood）慷慨地送我一本詹姆斯·丁威迪（James Dinwiddy）的论文的复印件。

离开芝加哥大学后，我结识了许多友善的学者，他们给了我建议和支持。其中有格雷格·布鲁（Greg Blue）、柯文、柯娇燕、阿里夫·德里克（Arif Dirlik）、迈克尔·亨特（Michael Hunt）、詹启华（Lionel Jensen）、劳埃德·克拉默尔（Lloyod

Kramer)、韩书瑞（Susan Naquin）、罗友枝（Evelyn Rawski）、罗威廉（William Rowe）、席文（Nathan Sivin）、玛格丽特·威纳（Margaret Wiener）和约翰·威尔斯（John Willis）。我特别感谢费侠莉（Charlotte Furth），他总是在我最需要的时候给我无私的帮助。

陶飞亚和贾环广（音）在翻译方面提供了很大帮助。在论文阶段，亚当·刘（Adam Liu）曾在清代资料方面指点过我。

1990～1991 年，在中国人民大学时，我结识了许多学者，包括斯蒂芬·舒特（Stephen Shutt）、朴兰诗、欧立德（Mark Elliot）、米华健（Jim Millward）和麦柯丽（Mellisa Macauley），他们对本项研究都有帮助，并使我在北京的日子收获良多。

我也要特别感谢陶步思（Bruce Doar）、安·斯图尔特（Ann Stewart）、布拉德·斯特里克兰（Brad Strickland）、卡西·卢茨（Cathy Lutz）、唐纳德·洛佩兹（Donald Lopez）、托莫科·马苏热瓦（Tomoko Masuzawa）、佩尼·泰勒（Penny Taylor）、蒂姆·佩迪约翰（Tim Pettyjohn）和唐·诺尼尼（Don Nonini），他们在不同阶段对本书的不同部分做过评论。

在论文阶段，芝加哥大学人文系提供资助，使我得以在 1983 年访问伦敦。本书的写作得到美国学术团体协会（the American Council of Learned Societies）下属的中国研究联合委员会（the Joint Committee on Chinese Studies）的资助，还得到由蒋经国基金会（Chiang Ching-kuo Foundation）提供资金的社会科学研究理事会（the Social Science Research Council）的资助。我亦得到中美学术交流委员会（the Committee on Scholarly

Communication with China） 提供的中国会议旅行奖津贴 （China Conference Travel Grant）。这笔资助使我能够参加 1993 年 9 月举办的"中英通使 200 周年专题讨论会"。对于那些写 信给有决定权的委员会，并表示支持我获得津贴的人，我深表 感谢。

我也感谢巴雷特（Timothy Barrett）和刘陶陶（音）。1992 年，他们邀请我去伦敦参加在英国举办的中国研究学会年会， 那次会议在东方和非洲研究学院举行。我有幸结识了许多志同 道合的学者，他们都指点了我的著作。他们是彼得·马歇尔 （Peter Marshall）、毕可思、柯律格（Craig Clunas）、戴廷杰 （Pierre-Henri Durand）、罗杰·德娄伯斯（Roger Derrobers）、 西尔维·帕凯（Sylvie Pasquet）、维里提·威尔逊（Verity Wilson）、杜博妮（Bonnie Mcdougoll）、奥布里·辛格、王曾 才和张顺洪。

本书利用了已有的研究成果，对它们或是质疑，或是采 用。如果没有费正清（John Fairbank）、埃文斯·普里查德 （Pritchard）、约翰·威尔斯和 J. L. 克莱默 – 宾（Cranmer- Byng），我的想法将依然不完整，不可能转变成书，我力图赶 超他们几位卓越的学术成就。

白露（Tani Barlow）和唐纳德·洛（Donald Lowe）在知 识、实践、政治、品位诸方面皆堪称良伴。

iv

本书的某些章节经细微改动后曾以不同形式发表过。第三 章略经改动后以《东方的习俗和思想：首次英使入华的计划 和实施》发表（《中国社会科学评论》）；第二、七、九、十章 则分别以下述名称发表：《喇嘛、皇帝和礼仪：清帝国礼仪的政治含义》(《国际佛教研究协会杂志》);《多主制:清廷礼仪与 1793 年的马嘎尔尼使团》(《中华帝国末期》) 和《中西关系史上的马嘎尔尼使团》(由毕可思主编的《礼仪与外交:马嘎尔尼出使中国》)。所有引文请参见文献目录。

最后,冯珠娣(Judith Farquhar)热心且不知疲倦地阅读、评论和指正本书的每一次未定稿。既然"感谢"一词无法真正表达我的谢意,那么把这本书献给她,也许更能表达我的心意。

xv

第一章　导　言

　　乾隆五十八年阴历八月初十（公历 1793 年 9 月 14 日），在清帝热河行宫（位于今承德），乾隆皇帝接受了大英使臣马嘎尔尼勋爵的觐见。皇帝身着平常的礼服，御座设在"避暑山庄"万树园的御幄里。为了表示入乡随俗和对"东方习俗与思想"的尊重，这位英国大使穿着一件"花团锦簇的天鹅绒上衣"，佩戴着"带有领章、钻石徽章和钻石星的巴斯勋章"，头上是一顶饰有长长的白羽毛的礼帽。马嘎尔尼走近御座，并没有如中国宫廷礼仪要求的那样卑顺地屈膝拜倒（这一动作后来被称为磕头），而是单膝下跪，颔首，然后把一个镶饰着宝石的盒子直接交到皇帝手里，盒子里装着大不列颠及爱尔兰和法兰西国王乔治三世（George Ⅲ）的信函。依照常例，乾隆帝赏给马嘎尔尼一柄绿如意。在大使看来，"赏赐之物似乎价值无多"。接下来皇帝询问大使和他的国王的健康状况。这样，至少在马嘎尔尼勋爵心目中，世界上两个最富强的国家的正式交往就开始了。

　　这个关于 1793 年 9 月 14 日觐见的简述，主要取材于马嘎

1   尔尼勋爵的出使日记和使团成员的若干素描①。清廷的记载
里，只有皇帝为这一幕作的一首诗。重新审视中英双方对这次
历史性的会面的不同叙述，正是本书的目的之一。本书还要探
讨一些看上去似乎微不足道，但实际上意义甚大的细节，譬如
乾隆帝询问乔治国王的健康状况，或者马嘎尔尼认为如意
"价值无多"等。最后，本书还要追寻这一事件在过去两百年
里是如何被记忆，如何被阐释的。

毋庸讳言，马嘎尔尼使团已经不是新鲜的研究课题。从
19 世纪 30 年代以来，英美历史学家在大英档案和中国档案资
料基础上已经做了许多研究。更近一些的，北京的清代档案重
新对西方学者开放，加上时值使团访华抵京 200 周年，所有这
些都重新激起学者对这一事件的关注。许多从前的著作都把乾
隆帝与马嘎尔尼勋爵的会面看成现代化初期"传统"与"现
代"文明的相遇（见下文第二节）。

我的看法有所不同。就本篇导言的目的而言，有两点十分
重要。第一点，我力图根据近年来对亚洲帝国主义和殖民主义
的理论研究与实证研究，来重新评价清帝国与英帝国的相遇。
这些研究所提出的重大问题不仅关系到阐释，而且关系到据以
建构介入往昔的道德基础。第二点与近二十年来出现的中国研
究中的新重点有关。特别是，在解释中华帝国晚期②变迁时，
内生因素与外生因素所占比重日益不平衡。在导言的以下部

---

①　《马嘎尔尼日记》，122 – 123。见 1992 年 Singer 和 1992 年 Peyrefitte 的画册。第
　　四章和第七章另有论述。
②　"帝国晚期"一词本身就标志着这种转变。作为中国历史的新的分期法，它指
　　从 14 世纪中叶到 19 世纪末的明清时代。

分，我将探讨这些话题，展现我就此所做的批判性讨论，并表明本书所采用的不同以往的方法。

第一节 帝国主义研究的新模式

自 20 世纪 70 年代以来，对欧洲帝国主义和殖民主义的研究已经发生了重大变化。部分受亚非解放运动、工业化国家中女权运动和种族运动、反越战运动等的影响，研究帝国主义的学者们开始质疑如下观念，即在欧洲向全球扩张的过程中，经济利益是首要的，有时甚至是唯一的考虑。在理论上，是盛行于英法德等国的新马克思主义批判学派激起了这种重新思考。众多历史学家和社会理论家如汤普森（E. P. Thompson）、雷蒙·威廉斯（Raymond Williams）、斯图尔特·霍尔（Stuart Hall）、米歇尔·福柯、路易斯·阿尔都塞（Louis Althusser）、罗兰·巴特（Roland Barthes）、尤尔根·哈贝马斯（Jurgen Habermas）、巴里·海因兹（Barry Hindess）和保罗·赫斯特（Paul Hirst），他们针对严格的经济主义和过分机械的经济基础/上层建筑关系式的阐释，把注意力转向在工业资本主义和帝国主义时代强制性的环境中形成各种社会生活的复杂过程。① 然而，除了霍尔和巴斯的一些著述之外，这些学者极少直接探讨欧洲的殖民统治。但在他们影响之下产生的理论上的

① 这里每位作者的著作都赫赫有名，而且是大部头的。在此我不再赘述，只略举一些以表明它们的学术意义；参见 Brantlinger（1990），Rosenau（1992），G. Turner（1990）和 R. Young（1990）。有关历史与社会学理论的关系的进一步阐述请参见 P. Burke（1992）。

转折，使其他人得以提出一系列新课题。

这些课题包括：殖民地创建过程中的性别结构，殖民地和后殖民世界中知识分子和精英的地位，殖民地当局的惯例与礼仪，幻想小说在形成殖民者主观意识中的作用，在资产阶级文化和意识形成过程中，种族、阶层和性别的相互含义，获取和运用有关殖民地原住民的知识的方式①。许多时候，学者们在跨越各种学科传统界限的同时，也努力在知识的目标和结果上有所求新②。在这方面最有成效的是：转移研究重点的做法使大量来自前殖民世界的批判观点（在此我特别想起"第三世界"女权主义和底层研究）得以进入帝国主义研究领域并极大地丰富了有关研究③。

在这些研究与著述的新方向中，一个关键因素是在北大西洋民族国家的帝国主义扩张中，尤其是在产生有关殖民地其他人的知识中，对表述所起的极其重要的作用十分敏感。为什么表述会成为殖民地研究中一个引人注目的焦点，这个问题的答案不是显而易见的，需要详尽阐释。试想，在现实领域中，有多少常规事务是建立在表述基础上的，从中央到地方，美国的整个政治体系都有赖于表述，并通过表述来运作。司法体系亦是如此。最初关于自由民族国家的神话，就是围绕着有关代表权的事务编织起来的，而其后又在无休无

---

① 参见 Dirks（1992）编辑的资料，Mani（1985、1992），Raphael（1993a，1993b，）还有 Stoler（1989）。

② 这方面的例子参见 Cohn（1987）年的著作，Hobsbawm 和 Ranger 1983 年的文集，亦参见 Hebdige 1988 年对后现代主义的讨论（181 - 207）。

③ 见 Barker 1985 年的文章。Guha 和 Spivak（1988），Mohanty，Russo 和 Torres（1991），Spivak（1987 - 1990）。

止的表述中与经济融为一体。"没有代表，就不纳税。"表述的权利就如同长子继承法一样，是欧美父权制社会的一种典型。在一个长久以来注重个人思想与外在客观世界或确定的现实之间的关系的历史社会构建里，表述同时具有如下功用：既是被观察到的事物，又是向眼睛和大脑提供信息的行为，还是头脑的产物，也就是说，表述是一种清晰的构想、观念或描述。在最后一种意义上，表述完全具有我们所定义的知识的含义，同时也有知识的哲学框架话语，即认识论的含义。[①] 表述可以是图表，可以是数字，也可以是文字——每一种方式对于如何通过所使用的图形数字来代表或针对未呈现在我们眼前的某种现实，都有其各自理论上的解释。作为个体，如果我们要在我们所继承的社会秩序里生存，就必须善于建构、辨认、从事并置身于关于我们自己、他者和世界的表述。表述的逻辑已完全控制了我们自己的世界，更不必说繁复的他者的世界。如果有某种事物是无法表述的，那么它不仅是无形的，更是不真实的。

正是由于认识到一种特定文化在逻辑和实践中对表述的依附所构成的某种霸权，才促成了帝国主义和殖民主义研究的革命性变化。女权主义、文学评论、文化人类学和历史学等领域的研究都开始注重细微地观察和审视其他地方、其他民族及其人工制品，并在著作或图画（先是绘画，后是照片）里予以表述，这是据以产生有关欧洲帝国之内殖民地居民的知识的基

4

---

① 见 Judovitz（1988）有关表述的历史和哲学评论，Lloyd（1984），Lynch 和 Woolgar（1990），Rorty（1979：390）以及 Stevart（1994）。

本途径。也有些学者并不时时处处皆以上述方式获取知识，他们认为，殖民地知识的产生模式是一种历史的特定的实践形式，它在使事物变成已知或可知方面，更注重把本体论而不是视觉官能作为首要途径。①

在阐释殖民地语境下表述的政治和智识上的重要意义方面，爱德华·萨义德是一位典范。他的《东方主义》（1978）也许比任何其他单一的著作都更好地促使学术界思考表述的问题。②萨义德同时考察了欧美政治家、商人、学者所产生的"东方"的形象和欧洲民族国家在东方的政治经济活动这两个方面的内容，他认为，有关东方的知识是与欧洲在东方的支配性地位紧密联系的。这种产生知识的方式与国家行为相结合，便理所当然地出现一种对非西方世界的居高临下的概观，这种概观使有学问的观察者在各个方面都优于被观察者（更理性、更有逻辑、更科学、更现实、更客观）。萨义德总结了安东尼奥·葛兰西（Antonio Gramsci）、雷蒙·威廉斯、瓦尔特·本雅明（Walter Benjamin）和米歇尔·福柯及早期后殖民主义评论家安瓦尔·阿卜杜－马利克（Anwar Abdel－Malek）（1963）等人的观点，重新审视欧洲的扩张，将其视为一项广泛的文化扩张，同时，萨义德的分析还为殖民主义研究开辟了新的知识

---

① 参见 Lowe（1982）和 Reiss（1982）有关欧洲人认识论中视觉的中心地位的讨论。有关欧洲人或西方人关注的焦点，见 Mitchell（1991），Lutz 和 Collins（1991）。

② 我认为，许多评论家曲解了萨义德观点的性质，他们的相关评论在萨义德的著作中难以立足。更为普遍的是忽略了下述事实，即他关注的焦点在 19 世纪。有人认为萨义德谈论的是普遍适用的知识或者谈论的是最近 400 年的欧亚接触，这就误解了或误述了他的著作。譬如，参见 Spence（1992：90）。

空间。

　　萨氏适时的分析产生了许多重要结果。譬如，他表明应如 5
何批判性地研究与帝国主义有关的知识、认识论和文化等主
题。仔细地阅读东方的资料和当代亚非学者的研究成果，有助
于跳出古典东方学者的表述。关注当今西方学者笔下的东方及
东方人的形象，就能理解东方学家为了方便研究而必须对福柯
所说的"阐释功能"（1972：88 - 105）加以限制。由此可见，
东方学家对东方的了解基于他们所掌握的作为其表述对象的若
干事物。结果就是，除了被东方学家们翻译的作品和运到宗主
国的消费品之外，殖民地的其他本土产物，无一不被东方学权
威们忽略不计，排除在外。鉴于东方主义中知识产生的这种特
点，萨义德认为可以考虑知识的不同形式，即考虑通过其他知
识论建构来运作知识，这种建构应该像为表述提供基础的那种
建构一样有力。

　　萨义德还表明，并不是简单地以关于东方的"真实"的
表述替代"虚假"的表述，就可以突破东方学的话语。① 因为
表述并非只是简单被动地反映现实，它们对真实的产生亦有贡
献，当认识论主题与帝国主义国家的国力结合起来时，情况尤
其如此。正如那些紧随萨义德的著作所表明的那样，帝国主义
活动以东方学家的表述为参照塑造了东方，这些塑成品后来又

① 有关话语的观念我采纳了福柯的观点，尤见于福柯（1977：199），在那里他
强调话语规则并不局限于一本单独的著作。亦参见 White（1978：230 - 260）。
Belsey 提供了一个有用的话语的定义："一个运用语言的领域，一种特别的谈
话（或写作或思考）方式，涉及某些共有的预设，而这些预设则出现在形成
这种谈话方式的特点的构建之中。"（1980：5）

被下一代的西方学者用来作为证明东方永恒不变的种种规律的证据。①

最后，萨义德总结了那些有关亚非殖民主义的多种阐释理论，把注意力转向在东方学家及其区域研究领域继承者中普遍存在的一种行为——试图把"客观主义者"的西方理论，尤其是把社会科学模式运用于对非西方的分析。照萨义德的话说，这种方式是把"西方"与"东方"的关系构筑为"本体"与"认识"的关系，并且本体高于认识（1978：2-9）。《东方主义》之后，仅仅反映或被动地记录"非西方"的现实已变得极为困难，也很难忽略第一世界的学者与其研究课题之间的政治关系。萨义德还令人信服地表明："西方"与"东方"的关系过去是，某种程度上现在仍然是一种包括政治优势、经济优势和文化优势等各种形式的"综合霸权"。

在导论的以下部分，我要运用萨义德的学说质疑通常的关于"中国"和"西方"的表述，并挑战那些对这一主题产生影响的模式或理论框架。由此，本项研究必须置身于与后殖民主义研究和中国研究的对话之中。在全书中，对于英国人、美国人和近年来中国人对马嘎尔尼使团的表述——无论这些表述是文字和图画中的形象，还是关于跨文化相遇的主题——我都视之为在真实条件下发生的历史事件，表述行为在很大程度上参与构建了这些历史事件②。

---

① 参见 Chatterjee 和 Inden（1990），Mitchell（1991）和 Viswanathan（1989）。Inden 亦指出本土作家引用这些表述并用以反对殖民主义（1991：38）。

② 有关表述可以构筑世界这一性质的论述，尤其是从女权主义角度看待这一点，可参见 Haraway（1989）和 Levy（1991），尤见第 4-15 页。

第二节 伟大的转变与以中国为中心的历史

战后很长一段时间里，在对 18～19 世纪中国的历史研究中，有两种方法占据主导地位。一种是社会文化式（Cohen，1984），认为中国历史是一场"巨大的变迁"，是从传统社会向现代社会的转变。[①] 学者们通常在"中国对西方的反应"（Fairbank 和 Teng，1954）这一命题下谈到这种发展模式。社会文化学家们设定一个停滞不前、错综复杂的传统中国，把 19 世纪西方入侵视为传统中国向现代中国转变的必要刺激。这一理论框架的特点是重视西方的影响，因此，中国传统的对外关系和早期中西关系就成为学者们关注的焦点。

到 20 世纪 70 年代，社会文化方法遭到各方攻击。在新左派盛行及反对越战的氛围下，一些人指责说，社会文化方法的实践者，尤其是那些研究外交关系的人，是在为西方对中国的侵略煞费苦心地进行辩护。[②] 另一些人放弃了这种方法，转而追随那时对欧洲学术界有决定性影响的潮流。在历史学派和施坚雅（G. William Skinner）的描述性结构社会学的影响下，兴起了一种新的"以中国为中心的历史"观（Cohen，1984）。

[①] 全世界的学者，不管广义上的马克思主义学者还是自由主义学者都把这一点当作公理，即他们不但能理解现代与传统的普遍特征，而且承认前者不可避免地要替代后者。参见 Francis 的讨论，他强调建立在整体论和对比基础之上的转变的观念（1987：1）。

[②] 参见 Peck（1969），Esherick（1972）和 M. Young（1973）。

他发现中国事件丰富，充满活力，沿着自己的内在逻辑而发展。施坚雅的微观地区主义不仅提供了现成的密切相连而又无须虑及中国整体性的实体，还在另一方面背离了前人的研究，即视文化为附带现象，变化不定，这就不可逆转地弄乱了一致的传统观念，而社会文化分析方法正是以这些传统观念为基础来研究中国历史的。[①]

当18～19世纪的中国历史显现出越来越多的事件时，学者们发现了一部由社会运动、日常生活、阶层和性别冲突、知识分子骚动以及政治、经济转型等构成的丰富多彩、生机勃勃的社会史。但是，就像在欧洲的同类研究一样，对社会史的强调，后果之一是导致了（也许是无意识的）对国家政权、中国与海上欧洲及亚洲腹地关系的忽略。结果，在这一领域中，原先占主导地位的观点是：促成中国从传统向现代转变的首要

8　原因是外来因素，而现在则认为，外来因素与中国的内在发展相关甚少。于是，中国有了一部富于生机的内在历史，而对中国外部关系的研究在过去25年里却被忽略[②]。更有甚者，多数著者即使认识到有必要在研究中附带关注对外关系，也依然不加鉴别地依循历史悠久、已成权威的社会文化方法对对外关系的阐释，即著名的"朝贡体系"。[③]同时，一小部分学者依然对中国对外关系史有兴趣，却发现要支撑如此宽泛的看法

---

① 附带说一下，亦应注意施坚雅的追随者中，许多人继续持有（不管这多么不合时宜）那些被牢牢地嵌进早些时候的方法里的传统观念及文化观念。

② Wills指出，自20世纪60年代末期以来，对外关系领域"已经过时，研究者寥寥无几"（1988：229）。

③ 有关"最初的"构建参见 Fairbank 和 Teng（1941）。后来的运用参见 Naquin 和 Rawski（1987：27-28）和 Elman（1989：385）。

（如 Wills，1988：229）是越来越困难了。下面我们来讨论朝贡体系及其局限。

第三节　朝贡体系及其评论者

从 20 世纪 30 年代早期开始，美中两国的历史学家就一致认为，19 世纪中西冲突，其原因不仅在于西方实行帝国主义和扩张性资本主义政策，而且在于传统中国对外关系的特殊性质。根据这种观点，中国在其历史发展中孤立于其他伟大的文明中心，并洋洋自得于自己的文化优势，很早便以一种独特的方式处理对外关系，其他区域的统治者必须认可中国天子高高在上的权威地位。外族王公以两种"象征性"方式表达他们对这一要求的接受：进贡和行三跪九叩之礼。在过去的两千多年里，日益复杂的官僚机构和规章制度维系着这套制度的象征意义，现代学者称这套由机构和文字构成的复合体为"朝贡体系"。正如费正清所言，这套体系确定了中国对外关系的态度与实践，从中华文明早期直到 19 世纪中西相遇，一直如此。

但是，我们也许会问，为什么中华帝国或外族王公认为有必要建立或加入这样一套精心设计的体系呢？费正清在其开创性的论著《朝贡贸易与中西关系》（1942）中指出，朝贡"并非名副其实"。一方面，外国统治者的贡品对帝国财政裨益甚少；另一方面，中国朝廷的相应赏赐，其价值往往与贡品相当甚至远远超过（1942：129，135）。那么，从这显然不公平的经济交易中，朝廷究竟得到了什么呢？费正清认为，一旦考虑皇帝声称奉天命而治天下，则历代王朝朝贡贸易的目的就十分清楚了。他说，"如果四周远人不承认他的统治，他又怎能令中国百姓臣服呢？在中国，权威是一项十分重要的统治工具，而朝贡能够产生权威"（1942：135）。外国统治者的贡品能增加中国皇帝统治所需的权威，换言之，外国统治者的臣服使其合法化。对外国统治者来说，他们也乐于参与，因为他们渴望着帝国的巨额赏赐，并希冀有机会买卖其他中国商品，如茶叶、丝绸等。如此看来，正如费正清所阐释的，朝贡体系经久不衰的奥秘在于它是一种巧妙至极的贸易工具（1953：32）。[①]

费正清的观点受到 19～20 世纪对历史上的帝国尤其是罗马帝国的研究的深刻影响。在 20 世纪 30 年代，治古代史的专家们似乎认为朝贡是一种表示政治臣服的古代形式和一种榨取财富的专断形式。随着时间的推移，朝贡逐渐被明确的主权和规范的税制所代替，后者集中体现在日益增长的公平资本主义的经济理性之中。[②] 与经济理性的发展密切相连的是法律理性的增长。法律有两个作用：一是保护一个限定实体（如国家）之内的经济活动，一是设定各个国家、各个社会、各种文化之间的行为规范。

朝贡体系（按照罗马帝国模式所设想的那种）将上述两种理性排斥在中国之外。相反，由于缺乏外来挑战，在演进

[①] 亦参见 Fairbank 在多个版本的《美国与中国》中对朝贡体制的讨论，其间几乎没有什么变化，除了朝贡向朝贡体制这一微妙的转变。见（1948：130 - 135），（1958：115 - 118），（1971：137 - 140）和（1979：158 - 161）。

[②] 参见《社会科学百科全书》的"朝贡"条目。在最近一版《大英百科全书》中，朝贡已成为传统中国的代名词。

过程中，传统中国的法律和经济行为都淹没在文化之中。朝贡体系也许是不恰当地把"外交"和"贸易"结合在一起，却从来不意味着具有这两项近乎固有的职能中的任意一项。这是因为，在中国文化术语中，并没有真正的（建立在两国主权平等基础之上的）外交，商业也远远不如农业那样被看重。[①] 结果，孤立的中国中心主义的中国就发展出一套丰富的文化主义，正与更为现代的国家主义相对（参见Fairbank，1942；Levenson，1968；Fairbank，Reischauer 和Craig，1989：177 - 179），并因此对 19 世纪西方列强的来临措手不及。

中国不愿或不能认识到欧洲强国开创的以国—国关系为内容的新的国际秩序，也不愿或不能把外交与商业分离，因此，它发现传统的防御性的朝贡体系很难提供指导或先例以创造性地回应欧洲人的要求。这种盲目性的主要根源在于文化，包括在中国占主导地位的信仰——儒家所抱有的传统的反商业和反技术的偏见。到达中国时的马嘎尔尼勋爵所遇到的，正是这种显然源自文化的坚不可摧的体系。马嘎尔尼没有能够打破朝贡体系下的知识和官僚制度的障碍，这使他未能更进一步打开中国大门，使之与西方交往，最后导致 19 世纪中西冲突不断。[②]

---

① Fairbank 声称运用了 Parsons 的社会学理论，据此认为，中国文化，尽管在某些方面为理性提供了基础，但却极大地受制于一种自成一体而非常规的理性，它有自己的特殊的主题，所有这些都阻碍了正常发展（1966：77）。

② Fairbank（1953：31），Pritchard（1943），Cranmer - Byng（1957 ~ 1958 和1963），还有最近的 Peyrefitte（1992）。在本书最后一章里，我将探讨现代中国史学研究对使团意义的评价。

11　　费正清的追随者们普遍认同朝贡体系的功用，并相信它可以解释 1839 年以后的中西对抗。然而，自 20 世纪 60 年代以来，某些研究传统对外关系的史家对构成朝贡体系模式的许多论断有所质疑。譬如，关于朝贡体系的起始，费正清认为是在周代，而莫里斯·罗萨比（Morris Rossabi）赞成汉代，约翰·威尔斯则倾向于明代。在亨利·塞鲁斯（Henry Serruys）（1960，1967）著作的基础上，威尔斯坚持认为帝国晚期的朝贡体系并不早于 15 世纪。他对通常的臆断加以挑战，认定可作为朝贡体系起始年代的关键证据的，不是单纯的信仰或价值观，而是一致性的制度建构（1984：173）。

　　其他学者则质疑如下观点：物质利益是仅仅从中国向外国单方向流动的。譬如，研究中国与亚洲腹地的关系的观点已从之前认为亚洲腹地依靠与中国的联系来满足他们对中国某些商品的需求，转而认为双方互有需求，这似乎有违中国一向标榜的自给自足。① 中国需要外来的马匹、原料甚至食品，用制成品及中国特有的商品（如茶叶）来做交换。②

　　还有学者质疑的对象是：朝贡体系模式所阐释的对外关系的刻板与单一（罗萨比，1983）。其中约瑟夫·弗莱彻（Joseph Fletcher）发现，在欧洲人来华日益频繁的同时，清廷对亚洲腹地的政策亦具有高度灵活性（1986，1978a）。在

---

① 大多数论述中国与东亚、中亚和东南亚国家关系的著作，都倾向于认为外国人参与朝贡体制的首要目的在于满足其经济需要。这种猜想的基础是，发展水平的差异创造出对商品和奢侈品的需求。参见 Moses（1976：64）。

② 参见 Rossabi（1970），Sinor（1972）和 Viraphol（1977）。

《传统的尴尬》（"An Embarrassment of Traditions"）一文中，迈克尔·亨特不是单单对中国的对外关系下定义，而是把朝贡体系中"不可动摇的中国中心主义"与汉唐时期更为外向、"更为开放"的政策做了对比（1984：6）。亨特之后，詹姆斯·波拉切克（James Polachek）又对超越历史模式提出质疑，认为要理解清代的政策是如何制定的，就必须详细考察特征与情境（1992）。

约翰·威尔斯从与费正清合著的《中国的世界秩序》（*The Chinese World Order*，1968）时起，就特别注意不以朝贡体系模式解释一切。亨特和波纳切克都获益于他的修正。我打算仔细讨论威尔斯的观点，在许多方面，这些观点是本项研究的起点。早在1968年的论著中，威尔斯就写道，中国与欧洲的关系，尤其是18世纪的公行贸易制度和此前两个世纪里访华的少数使团，并不能用朝贡体系模式予以解释。在接下来的许多著作里，他又写道，在清代，朝贡体系主要用于处理与朝鲜、越南和琉球的关系。他注意到中国官员们对待特定的历史挑战的务实方式，并强调明清两代的亚洲腹地政策和海疆政策有许多差异。

最足以危及朝贡体系的也许是下面这种观点。在经验主义"个案研究"（1988）及相关读物中，威尔斯确认了许多有违常规的例子，打破了"无所不包的朝贡体系"方法在结构上的完整性。近来，他开始着手借助由中国个案研究得出的结论，来阐释1500年以后更大型的欧亚历史（1988，1993）。有一种方法把实证主义与社会学对"高级"文明的研究方法结合起来，而威尔斯质疑所有与这种方法不相容的

12

理论假设。①

13　　在某些方面，威尔斯据经验主义研究所得出的结论是意料之中的。费正清的朝贡体系是一种用于达到所有愿望和目的的功能性理论，因而也就具有经典功能主义模式的弱点②。正如许多人类学家所指出的那样，那些凝固在共时维度中的东西，尽管看上去优雅从容，有条不紊，却在时间和历史的张力下崩溃了。但无论如何，威尔斯的修正是十分出色的。他所选择的资料和议题使他能够阐释"传统"的，特别是清代的对外关系。他的阐释超越了朝贡体系的局限，同时又没有摒弃他所赞同的朝贡体系的术语及社会学式的阐释框架。威尔斯注意到，研究清代治国之道的学者们在谈到对外关系时，"把它作为一种防御而不是朝贡"。因此，威尔斯把朝贡体重新描述为一种防御形式，尽管并不一定是最重要的一种。

　　同时，威尔斯保留了费正清学说的重要特点。譬如，他注意到朝贡使团"在仪式上维护着京都天子的威仪"（1984：

① 1974 年，威尔斯指出，他怀疑通过研究"小规模的不识字的社会"而得出的人类学结论，是否可以用于分析"像中国这样的复杂的社会或文明"（205 ~ 206）。最近，他参照福柯和德里达（Derrida）的著作，质疑那些把欧洲的理性主义建构为"高于他人的独特、决意的系统化的权力"的研究（1993：101）。下面我还要谈到这个问题，但是在此值得指出的是，19 世纪的帝国主义者、殖民地官员、帝国史和全球史的历史学家、科学家、议员、商人和传教士，全部都把理性主义与建立帝国联系起来。在当代，理性主义与帝国的联系，被认为是现代帝国主义与古代帝国主义之间的差异。参见 James Mill 的有关印度的著作，有关英国实用主义与印度的研究［Sttokes（1959）和 Iyer 1983］，及被 Viswanathan（1989）引用和讨论的其他相关著作。亦见 Breckenridge（1993）和 Mitchell（1991），Richard（1993）和 Rydel 1984。

② 有关功能主义的评论，参见 Giddens（1977），Nisbet（1969）和 Smith（1973）。

188）。换言之，威尔斯和所有费正清的追随者们所忠实再现的，是坚持朝贡体系的二元性。这种二元性借助对两种相对的事物的适用来得以维持，这些相对的事物有：朝贡与贸易，礼仪与外交，理想与实用，文化原因与实际原因，还有威尔斯所说的，表象与政治现实。

如此辨析便把朝贡体系的礼仪或文化功能与中国历代相袭的传统治国之道区分开来，而官员们正是借此治国之道创造性地应对各种不测与变局（威尔斯，1984：87）。有趣的是，在那些文化靠边站，官僚制度亦不起作用的时候，中国官员显示出相当的理性，对于变化的形势应付自如（实际上，威尔斯正是在这一点上不赞同一个停滞不前的中国形象）。然而，中国官员的灵活性具有内在的局限，威尔斯把这些局限描述为官僚主义的消极被动或防御型的观念，两者都表明中国的官僚体系的理性从未能超越某种限度。威尔斯认为，这个限度显然就是：礼仪的实施与对外关系一直是"礼部所具有的多种功能"中的一种独特的混合（1968：255）。

因此，"中国并不仅仅是一个没有邻国的帝国"（叶理绥），也是如威尔斯所力陈的，是一个没有帝国建立者的帝国。它沉湎于虚幻，它的理性化未能超越某种限度。中国官员只能在表象与事实相符合时——也就是外来者乐意接受中国对形势的判断时——才能对之加以区分。如果外来者不乐意这样做，清廷官员除了防御性地做出反应，并死守仪式养成的虚幻之外，别无他计。即使是头脑最清醒的官员，也没有意识到由此会导致与西方不可避免的冲突（1984：189）。

显然，这些结论有可疑之处，尤其是对清代而言。满族人可能不是特别关注海疆事务，但他们却懂得陆地战事。在入主中原后差不多一个半世纪里，他们都在忙于战事。其次，很难解释为什么清廷官员在某些时候能理性地对待某些外国人，而另一些时候又不是这样。为什么他们能相当务实地对待荷兰人和俄罗斯人（Mancall，1971），却以理想主义对待英国人呢？除此之外，也有充分理由质疑对文化与理性的区分，这种区分影响了威尔斯及其他人所依赖的二元性，尤其是当一个人试图用朝贡体系逻辑去理解更广泛的清代文献记载与实际的帝国主义活动时，更是如此。我所关注的是与礼（对礼的翻译五花八门，如礼仪、典礼、礼节等）有关的文本和实践。"礼"是最被武断下结论的中国词语之一。

第四节　礼仪问题

礼仪是一个阐释起来相当棘手的主题，因为根据学术分类，长久以来它一直属于宗教研究和人类学关注的领域。在这些学科中，它常常与前现代民族的信仰或非西方世界相联系，它所涉及的也是宗教或宇宙以及种种与神灵有关的行为。在此规则下，礼仪也可理解为一个过程，社会借此过程而形成并合法化，社会亦借助礼仪改变社会成员的身份状况从而实现社会转型（Van Gennep，1909；Durkheim，1915；Turner，1969）。在更通俗的用法上，礼仪可以被理解为正式的、有章可循的、义务性的行为的一部分。与之相对的是非正式的或更自然（natural）的行为。就本次研究而言，这些有关礼仪的观点都不错，因为它们常常能很好地解释朝贡体系的某些方面，尤其

15

是涉及朝贡本身和觐见皇帝时。

同时，在清廷关于马嘎尔尼使团的记载里，"礼"这一术语占有突出的地位。实际上，它就是宾礼，是帝国五种礼仪之一。正如《大清通礼》所描述的那样，宾礼涉及统治权的构成，官员们正是依据宾礼来安排马嘎尔尼使团和其他使团的觐见活动。我试图要回答的问题，不是在清代对外关系中礼是否重要，而是清廷文本中的"礼"与朝贡体系中讨论的"礼"是否相同。翻译是一件棘手的事，如果注意力局限于对外关系和帝国觐见，则该问题的答案将是"不"。我之所以这样说，不是因为我认为"礼"译为"礼仪"（ritual）不合适，而是因为研究这一课题的学者们，已把"礼仪"的概念弄得过分狭窄了。

许多中国研究者试图从中文资料尤其是儒家典籍中重建"礼"的意义[1]，与此同时，出现了如上所述的一种趋势，即试图把礼和西方历史上对礼仪的理解混同起来，这种礼仪是与世俗/知识界对宗教信仰及其实践的讨论紧密相连的[2]。在这种看法中，理由和理性占据一端，而另一端则是礼仪和典礼。以理性为中心的世俗主义深受自然科学的影响，它认为，有关礼仪的声称是靠不住的（譬如，罗马天主教弥撒的圣餐变体论），因此礼仪必定有别的作用。人们热衷于礼仪活动必定事

---

[1] 有关最新的研究成果参见 Wechsler，他全面回顾了那些把礼仪建构为功能性和象征性的人类学、社会学和政治学文献（1985：1 – 36）。他还发现古代中国类似的礼仪和象征观念（24，31）。

[2] 有关欧美天主教研究中的这种倾向的讨论，参见 Asad（1993），亦见 Zito（1993）。

16　　出有因。对此，通常有两种解释①。

　　一种是象征式，把礼仪作为文化特定或典型的标志，借此标志将礼仪的意义传递至参与者的头脑中。以此观点考察罗马天主教弥撒，面饼和酒并不是耶稣基督真实的身体和血，而仅仅是其象征，它体现了基督徒为全人类所做的牺牲。第二种解释是功能式，将礼仪视为一种工具，社会和政治结构借此工具而合法化。以此方法分析天主教之弥撒，则它的功能在于使天主教会（或罗马教廷）的权威合法化，并巩固信徒之间的团结。婚礼、葬礼、圣餐仪式、坚信礼等，均可以以类似方式加以解读。汉学家们把上述方法用于研究中文资料，并通过诸如此类的"眼镜"来阅读与外国使团有关的文本②。

　　且看看学者们如何看待朝贡。如上所述，费正清很早就断言朝贡对中国的统治者并无任何"经济"价值。因此，朝贡在中国文化中必定有其他意义。譬如说，磕头就是一种象征，象征着磕头者对中国皇帝宗主权的认可。朝贡表达了或者说是交流了一种臣服。同时，作为更大的朝贡体系的一部分，朝贡亦可理解为一种工具，统治者借此合法化，中国社会借此得以

　　① 在此，我赞同 Hirst 和 Wooley，他们支持 Evans - Pritchard 对非洲巫术的研究，简洁地总结了这些议题和方法：

　　　　巫术所设想的实体并不存在，这一点由巫术的有关声称即可知晓。问题是，为什么具有理性的人们坚持要举行这些源自对并不存在的实体的神秘信仰的仪式呢？他们这样做，一方面是因为他们的思想结构使他们不可能发现自身的错误，另一方面是因为他们的信仰深深地卷入他们不能与之分离的社会关系之中（1982：259）。

　　② Asad 所描绘的分析礼仪的普遍方式，也被用于分析帝国觐见礼仪和皇帝参加的其他礼仪——礼仪被理解为表述或象征了在时间上更早或行为之外的某种东西（1993：60），在这种阐释中，礼仪表现了某种另外的事物。

巩固，外国人借此而被整合进一个由于他们的加入而更趋广大的社会之中。同样的阐释可以并已经用于解释帝国觐见。[①] 现在，这些形形色色的观点看起来没什么害处，甚或是讲求实际的，它们的影响很大。实际上，在大多数欧美知识分子的实践——即萨义德和其他人所说的"东方主义"——中，这些观点的地位几近牢不可摧。这些观点也是更广泛的文化工程的一部分。这些文化工程为之服务的是把"西方"构建为一个最晚从 19 世纪中期以来就在知识、政治、经济活动等方面享有特权的地区（亦可参见 Young，1990；Herbert，1991）。

17

在其他方面，这些观点的成果是找到了丰富的证据以确认那些有关 20 世纪之前中国古代或具有传统特色的老生常谈。譬如，学者们很看重帝国祭天大典，因为就如同真实的礼仪一样，祭天大典演示清晰的宇宙秩序观，可以被视为在古代或前现代社会里具有宗教的普遍特征[②]。或许正是在这一点上，礼仪这一术语较其他任何方面都能更好地运用到中国的实际，这确实是可以认定的。

然而，这样的实践似乎有违预设，不符合预定的分类学，也远远不同于已有的对帝国礼仪的普遍看法。当考虑到清廷总是坚持把对外关系当作礼仪时，情况尤其如此。诸如此类的错误即便有成因，也往往被解释为中国皇帝（被误导地）自称为宇宙统治者的原因。另外，许多学者运用对外关系的讨论来指出历史中国的主要不足。譬如，曼考尔在解释朝贡的"象征"

---

① 参见 Fairbank（1968：273），Wills（1979b）和 Jochim（1979）。有关评论见 J. Farquar 和 Hevia（1993：489 – 492）。

② 有关古代社会的礼仪特征的讨论，参见 Masuzawa（1993），尤见于（26 – 30）。

价值时，就认为，在"传统社会"里，"既然象征与事实之间的区别很模糊"，形式"就是至关重要的"。在中国社会里，形式被当作事实（1971：85）。[①] 威尔斯以类似的论调写道，从宋代开始，中国官员就"倾向于关注表面的礼仪而不是关注实际的权力……""礼仪"，他写道，"是表象的形式化。"（1984：21–22）[②] 这种极具特色的礼仪思想，伴着一种（给人印象）几乎是病态的行为——坚持维护表面礼仪，甚至削足适履来使事实符合表象。这正是帝国秩序的致命弱点。这意味着，中国官员倾向于耽于幻想，从未直面过 19 世纪降临中国的那种真正的挑战。在此意义上，清廷不但要为它本身的崩溃负责，而且对于忽视西方的炮舰政策，它也难以辩白。

在那些把礼仪当作合法化工具的观点中，也可以看到相似的逻辑。在中国文明进程中，礼既为政治权力提供了某种支持，同时也阻止了理性化在中国的文明之中超越某一界限。如上所述，这在法律领域尤为明显。而现代社会里（这一点无论如何强调都不会过分）权力结构正是借法律而合法化的。中国没有产生公正的法律体系，因此没有将文化、政治权力结构、社会和个人之间的关系理性化。[③] 礼仪可能有助于维护国内政治秩序，保有关于中国文明和帝国权力的幻想[④]，导致趋于防御型

18

---

① 亦参见曼考尔 1968 年的著作，其中除了别的观点之外，他还认为朝贡构成了中国社会与其他集团之间的契约性安排。依此阐释，则下文要讨论的统治权问题就微不足道了。

② 在他的 1979b 中，威尔斯解释说，他谈论宫廷觐见时，更愿意用"典礼"（ceremony）一词，因为"礼仪"（ritual）一词有宇宙论的含义。

③ 有关论述请参见 Parsons（1966），最近的则参见 Myers（1991）。

④ 有些人认为中国的帝国觐见和朝贡体制的礼仪是为国内的需要而制定的。参见 Wills（1984：178）和 Wechsler（1985：36）。

（假定不是进攻型或帝国主义型？）的政策，但它也是一个巨大的束缚，阻止传统中国创造性地应对西方。

总之，在过去的近半个世纪里，学者们不断重述礼仪的象征性和功能性，以此来解释清帝国礼仪和朝贡体系。礼仪是指那些在它本身之外的事物，因此，礼仪本身的实际内容比不上这些所指的事物重要，礼仪是古代或前现代社会的典型特色。这样，它们所表现出来的，是对完全有意识的理性的缺乏，对类别的混淆，对因果关系的有限的理解，礼仪行为培养或反复灌输共同信念（以书面文化的方式），以便产生团体凝聚力，并为独裁者提供维持社会控制的工具。科学的现代社会理论提供的优良分析工具，使礼仪的这种特征越发清晰可辨。就如同萨义德谈到的东方主义的建树一样，关于礼仪，清代资料里说了些什么，这无关紧要，所有这样的资料都可以被轻而易举地译成观察者的话语规则，并产生知识，这些明明白白地宣称优于历史上中国臣民所拥有的知识，那些中国臣民受着表象和虚幻的支配。

以中国为中心的新历史观很少质疑礼仪的象征性或功能性阐释，也不曾试图去挑战这些阐释在清代对外关系研究中的应用，多数学者依然把外国使团的朝觐和觐见作为一种象征，而礼仪本身只是一种高度固化的正式表象，这表象只是偶尔才与外在"事实"相符。很少有人试图质疑如下观点，即清在礼仪方面的失败与19世纪的中西冲突有直接的和不经意的联系。假定，清帝国能够改变对外关系的礼仪化，那么冲突也许就能避免，或冲突之后果就将完全不同。

第五节　超越象征性和功能性礼仪

汉学家们研究清帝国礼仪的方式，使人联想到让·卡马
洛夫（Jean Comaroff）眼中第一世界对"第三世界"的他者
所做的某些研究。卡马洛夫在研究南部非洲的躯体常规强化
训练时，注意到，在殖民地语境中，殖民地原住民的活动常
常被欧美社会科学归为"原始的"、"次政治化的"和"礼
仪化的"（1985：551）。结果是使这些活动客体化了——也
就是说，将它们置于离观察者本身有相当时空距离的地方，
把它当作带有错误意识的方法，当作非西方世界在充分理解
现实方面的失败与不足（Fabian，1983；de Certeall，1988：
1-17，209-243）。在这个意义上，礼仪常常带有贬损性内
涵，尤其当它包括了如磕头这样的身体动作时，在来自北大
西洋民族国家的著作中，这些身体动作已承载了贬义。而
且，当礼仪并不直接具有如造就团结或在艰难时期提供心理
上的放松等实际效果时，礼仪在习惯上就被降低为模糊的、
不成熟的象征王国。在分析者看来，这样的建构不仅被动地
反映现实，而且如同所有的表述方式一样参与了现实的构
建①。

要对礼仪活动与诸如第一个英国访华使团这样的事件的
关系提出不同的阐释，这可不是简单的事。其主要原因，正

①　参见拙著（1992）和（1995），后者提供了许多例子以证明在这里和中国磕头
都有否定性含义。

如卡马洛夫所说，是有关观念已深深地嵌入社会科学和欧美学者的活动（这是我加上的）之中。简短地回顾一下费正清对权力结构与文化区分，有助于澄清这一点。在最近的关于礼仪的社会学理论中，凯瑟琳·贝尔指出，自20世纪初，"神圣王权"的研究就与礼仪、政治权力及其合法化密切相连。这种联系往往与上述的礼仪的工具性有关：礼仪是一种技巧，旨在掩盖权力的残酷。在纪尔兹（Geertz）、卡纳丁（Cannadine）和布洛克（Bloch）① 等人的研究基础上，贝尔不同意上述观点。相反，她认为，礼仪活动本身正是权力关系的产物与谈判过程。这种洞见取代了权威的权力观念，该观念把礼仪化视为"策略性的行为模式"，这种行为模式"产生了细致入微的权力关系，这种关系的特点是：接受与抗拒，就利益而谈判，以及霸权关系中的补偿问题等"（1992：193，196）。

贝尔所完成的重新定向，旨在消除权力结构与文化之间的区别，表明礼仪活动本身就产生权力关系。但是，这样产生的关系就不再是单向度的，也不再依赖礼仪之外的领域。并且，贝尔关注策略、细节、接受、抗拒、谈判等问题，从而使礼仪不再是被表演的剧本，从根本上使礼仪活动本身具有了历史真实性。另外，这也意味着旧有的礼仪形式可以适用于说或做新的事情，亦即它们本身是可以被修正的。伯尔对礼仪的重新研究，其优点之一是提供了某种观念，即礼仪

---

① 参见 Geertz（1980：122 - 136），Cannadire（1987：1 - 19）和 Bloch（1987：271 - 291）。

活动是在相互竞争的舞台上进行的，保持和谐和确认共有联系也许只是普通社会学所研究的礼仪的一个方面而已（参见 Taussig）。近来，依据对中国所做的实证主义研究证明贝尔的观点是合适的。

譬如，约翰·海（John Hay）在他对书法和脉搏理论的研究中指出，某些我们也许会将其与解剖学联系起来的术语，被广泛地运用到其他领域，如艺术理论、亲属关系、拓扑学以及文学理论等。约翰·海进一步指出，这些词语并不一定采用比喻的含义（由原意引申至其他语境），而是采用了相当直接的含义，就像在宏观世界—微观世界的关系中一样（1983a 和 b）。思考这类关系的一个方法是设想宏观世界在微观世界里将会显得很小。另一个方法是思考局部—整体关系（提喻），或者思考那些本体不同而结构相似的事物（见第五章）①。

我认为，上述洞见至少在两个方面有助于思考清帝国礼仪。首先，礼散布于形形色色的活动和各种各样的文本记录的传统之中。乾隆时代，礼深深地嵌入清帝国的统治过程之中，嵌入儒、释、道的哲学和实践之中，嵌入家庭事务管理之中，嵌入祖先崇拜、鬼怪崇拜之中，也深深嵌入外交之中。正如司徒安的著作所说的，礼不但贯穿于帝国活动，也被载入文本。因此关于礼有许多不同的讨论、研究和著述（包括考证学家或实证研究学者们的大作）

---

① 另外，Susan Naquin 对妙峰山的研究（1992）提供了一个有争议的礼仪空间，而 Valerie Hansen（1990）则讨论了中国宋代的诸神物力论（dynamism of gods）和宗教崇拜。

（Zito，1989 和即将出版的著作）。关于礼的多种话语挑战了礼的简单定义，挑战了那些试图毫不犹豫地把礼归入某个种类（如与理性相对的文化）的努力。

约翰·海的著作的第二个意义在于注意到宏观世界—微观世界的关系。这一观念的含义与清帝国礼仪的重新概念化尤为相关。为了昭示这一点，有必要回顾一下《大清通礼》中的五种帝国礼仪（五礼）：①吉礼用于祭祀天地，在这个礼仪中，皇帝是天之子。②佳礼，这与君主的统治有关，包括皇帝监控下的全国官僚系统的设置，听取奏折，处理政事（听取奏折和处理政事分别被称为"听"和"政"）。③军礼，与皇帝作战有关。④宾礼，这种礼仪是本书关注的焦点，是关于皇帝与其他领主的关系，并作为帝国范围内所有民族间主/宾关系的典范。⑤凶礼，包括上至君主、下至百姓的葬礼礼仪。

总之，礼仪规定了皇帝全部活动，在时间上，从年初到年末（包括阴历和阳历），在空间上，大至天下，也就是整个世界。没有绝对的外方，只有离中心的相对远近。因此，常常通过礼仪活动来重建中心。礼仪中要确立与显示出参加者距离皇帝的远近程度。要运用最重要的定向原则（如上—下，远—近等）来安排参加者和一些事物（如帝国权力的标志）的空间位置，由此表示和产生特定的政治关系。借助空间的控制和个人位置的安排，帝国朝廷表明了这样一种含义：天下大势皆在皇帝的了解、操纵、规制和囊括之中。在这个意义上，五礼中的每一种都包含着宏观世界—微观世界的关系。因此，没有必要进行分析以区别宇宙论含义的礼仪与实用含义的礼仪①——任何被称为"礼"的行为，总是既有宇宙论含义，又有实用性。

如果以提喻或类似方法看待《大清通礼》中的各种礼仪间的关系，则上述论点就更有分量了。这种种关系在吉礼的大祭祀中表现得尤为明显。大祭祀是礼仪文本里首先谈到的仪式。它表现了四季循环的极端重要性，两至两分把一年分为相等的四个部分。如司徒安指出的，《大清通礼》对冬至祭祀的叙述极为详尽（1984）。至于夏至祭祀，因为活动完全一样，因此礼仪文本仅仅要求参照冬至祭祀，由此可以推想，冬至祭祀地位高于夏至祭祀，冬祀是夏祀的基础。两分的祭祀要简单一些，比两至祭祀略有变化，春分祭祀地位高于秋分祭祀。礼仪文本不但谈到各次祭祀之间的相似之处，也谈到它们的不同：文本中冬至之后的部分谈的就是与它不同的地方。司徒安说（我认为是正确的），通常认为每对祭祀具有同等重要性和比例，似乎它们是一种永远处于变化却又十分和谐的体系。而实际上，它们各自的重要性是不一样的。通过或有或无或差异这类符合逻辑的信号来表示某些祭祀的地位较高而某些祭祀地位较低，较高者要涵盖和包括较低者。

因此，不能简单地把等级制仅仅作为"传统"中国的组织原则，《大清通礼》所指陈的等级观念更是借助包容或涵盖而得以体现，这种包括或涵盖同时亦保留差异。吉礼所表现出来的对宏观世界—微观世界、提喻、类似、差异等的巧妙运用，使我想到了帝国权力之根本，它渗透到清

① 有些人认为差异在于，一些朝贡是象征性的，而另一些朝贡则是注重实效的。

的一切权力之中，并显示了清廷借以建立统治并声称统治合法的根源①。

我在此回顾的这些著作还提供了探讨清帝国礼仪的其他方法——我认为这些方法不需要完整表达或实质表达研究主题。它们也促成重新思考其他一些涉及中西关系的臆断。譬如，让我们对如下宣称暂表怀疑，即英国人就像 19 世纪的其他欧洲人一样，不是忙于使外交礼仪化，而是热衷于通过"国际法"使国际关系理性化。可质疑的还有：在英国外交活动中，礼仪居于什么地位？英国关于国与国关系的设想是否涉及宇宙秩序？这两个问题将在第三章和第四章里详细阐述。据我对马嘎尔尼访华记载的了解，上述两个问题的答案都是肯定的。实际上，英使对清廷的礼仪活动投以不以为然的目光，其看法类似于明智的理性主义者对罗马天主教堂的评论，但同时，他又把典礼视为主权国家相互承认因而也就是使谈判继续下去的根本方式，至于"国际法"是否涉及宇宙，只要看乔治三世给乾隆帝的信就够了，信中多次提及上帝与自然。如果以为这种"提及"仅仅只是某种夸张或拘于礼仪，那就等于摈弃或忽视它们，其行为类似于对清帝国礼仪观念的摈弃或忽视。

24

第六节　开展本项研究的若干考虑

我的目的不在于提供一种中国历史的新模式，也不在于以

----

① 这种等级和君权观念可以与同时代的欧洲相对照。见第二章第六节。

新的包罗万象的叙述取代原有的"传统—现代"冲突论。我试图要做的是重新考虑（尽管在某种程度上是以修正的形式）决定清帝国构建和英帝国构建的政治秩序①。要达到这一目的，方法之一就是改变对马嘎尔尼使团的解释，它不是文明或文化冲突，而是两大帝国构建之间的冲突。这两个帝国中的每一个，都怀有包举宇内的雄心和支撑这一雄心的复杂的玄奥的体系。由于地区研究重点在于排外主义、20世纪的中国民族主义和在欧洲人称霸全球的时代"中国的独特性"（如中国是半殖民地），受其影响，清与英两大帝国构建之间的共性被忽略了，其差异被曲解了。我的观点是这是两个扩张性殖民帝国的接触，它们中每一个的组织原则都与另一个的不相兼容。我并不强调文化冲突。

在整个研究中，我将把清和英的组织原则视为权势话语，它们的产生皆源自统治集团维持其地位、改造其社会的行为。在表明两大权力模式的诸多差异之前，我先要谈一谈它们的相似之处。清与英的帝国话语在各自的方式上都是专制主义的。也就是说，都竭力遏制对自身权力产生方式构成威胁的东西，

---

① 我的看法部分类似于 Naquin 和 Rawski（1987：XI）中的讨论，类似于 Skocpol 1985 年对社会史的评论。不过，在将国家带回社会史分析时，必须警惕不要复制出社会历史运动所反对的国家—社会分离。为了避免造成这样的分离，我运用"帝国构建"（imperial formation）一词。如 Inden 所定义的，它是"指一种复杂的机构，由彼此部分重叠并相互竞争的政治组织构成，这些组织在他们愿意或至少认可的构建一种单一的生活方式的过程中相互联系起来。这种联系有时比较成功，有时则不那么成功，更积极的支持者则努力把这种单一生活方式表述为具有潜在的普遍性的特征"。Inden 还补充说，政治组织应被理解为暂时的，因为其统治者总在不停地忙于构建实体（1990：29）。我认为这些理论洞见特别有助于研讨 18 世纪晚期的清帝国构建和英帝国构建。

换言之，两者都无民主或平等可言，而是旨在巩固帝国构建。正是这种帝国构建将话语的运用者置于复杂的等级关系的顶端。在此意义上，权力无疑是强制性的。在中国和大英帝国的帝国权力下，人们（譬如中国和爱尔兰农民）受尽苦难或进而至死；但权力也是富于成效的，它不仅要重新安排和改善社会，而且产生了管理社会的特定的代理人（agents），这些代理人相信帝国权力（他们所理解的）的目标是促进共同利益，相信这种"秩序"比其他选择更好，因而理应通过公正运用强制的但同时也是非常有效的权力来保护这种"安排"。我认为，任何人在面对这样的权力时，如果想要避免诱惑或绝望，就必须理解它的微妙之处。要做到这一点，既需要介入往昔（historical engagement），也需要批判性地反省。介入往昔，不但研究作为"事件"本身的马嘎尔尼使团，也研究后来对其意义的理解，而反省就会认识到，所谓"自我"也就是他努力去研究的对象的产物。

我想，承认这一点是有帮助的，即本项研究主题与欧洲殖民主义有不少相关性。毕竟从 15 世纪以来，"中国"一直是欧洲殖民者最好奇、最向往、抱有幻想最多的地方，它不应被孤立于全球进程之外。而且，马嘎尔尼勋爵是英帝国主义野心的典型代表。他曾出使凯瑟琳大帝的宫廷，曾任格林纳达、马德拉斯、开普敦等地的总督（Roebuck et al，1983）。使团中的许多同僚和下属在他的其他任上也曾做过他的助手，其中至少有一位写了一篇非洲人与中国人的对比分析文章（Barrow，1806）。由于"传统"与"现代"、"东方"与"西方"等含义模糊的分类，以及要把大不列颠历史从英帝国历史中分离出

26 来的趋势①，马嘎尔尼与帝国、帝国与知识产生模式之间的联系，其意义在著述中常常被忽略。清帝国的情况亦是如此，尽管它的帝国主义知识充满了完全不同的认识论②。（见第五章）

最后，应该记住的是：尽管对 1793 年秋发生在中国的这一事件的理解（在相反的证据出现之前将继续如此）被众多现代主义者关于礼仪行为的含义、国际法与关系、使团等的猜想所调适，但在出使当时及以后，是否存在或应该有通行的外交模式，对这个问题欧洲一直没有取得一致意见。譬如，拿破仑·波拿巴认为，马嘎尔尼与中国人打交道，应该入乡随俗，因为每个主权国家都有权决定在其领土范围内外来者应如何与其打交道（转引自 Peyrefitte，1992：513）。

上述考虑使我得出一系列结论，这些结论解释了本项研究的组织方式和特殊重点。第一，伴着唐娜·哈拉维、布鲁诺·拉图尔（Bruno Latour）和麦考尔·陶西格等人的后结构主义评论，我认为，知识总是有背景，有偏见，因而也是有政治性的。

第二，我以下述预设为研究起点，即部分由国际法所定义的国际关系是一种已经自然化的权势话语，它作为欧洲人全球扩张的典型产物，从 16 世纪一直存在至今。自然化是指它已被接受为民族国家处理国际关系的一种通行方式。这种霸权是葛兰西（Gramscian）意义上的，是指那些在其传统中并没有

---

① 把帝国带回到英国历史之中的有关著作和评论，参见 MacKenzie（1986a 和 b，1992）。

② 在研究更晚近时期的历史时，J. Farquhar（1987）就当代中国的中医阐释了不同的认识论。

这样的外交方式的国家，不论愿意与否，都不得不按照外国（在本例中是欧美）定下的规则参与国际交往。

第三，我认为，依靠这些通行的国际关系准则去协调一致地阐释或评价清帝国处理对外关系的礼仪，这是不可能的。马嘎尔尼对他出使清帝国的评价是这种不可能性的好例子，并且，这一事件的多数其他研究，其出发点正是：通行的欧美模式的国际关系准则足以理解其他种种历史关系，这里所用的衡量标准是国际法，对其他国家状况的衡量就是根据它们与此"标准"相符或相偏离的程度。通常基于一方未能做出正常或合乎情理的行为来解释冲突。关于这一点，在最后论及马嘎尔尼在中西关系史上的意义时还要评述。

第四，我认为，尽管不大可能将清帝国在处理各领土之间关系（interdomainal relations）中的帝国主义形式套用到国际关系（international relations）中，但以它们自己的术语来重建这些形式的特点却并非不可能。我相信以此方式就可以理解那些使马嘎尔尼感到迷惑的清帝国的行为。第四章将叙述马嘎尔尼迷惑的性质，第五章将叙述清帝国的活动，并提供对帝国礼仪的另一种理解。这种理解不同于前述对礼仪的种种阐释。我特别要考虑的是：当不涉及基本的形而上学理论，不涉及普遍人性的观念，不涉及对思想和行为的工具性理解时，清朝的资料对我们关于人间代理机构（human agency）所具有的这一普遍常识所提出的挑战。

第五，既然我不赞同将文化理解为信仰与理想的王国，那么，我认为不能将清英两大帝国的相遇冠以文化误解的特点。相反，我坚持认为，相遇的双方都很清楚，问题在于双方对主权观念和建构权力关系的方式持有相互竞争的、终不相容的观点。每一方都试图把自己的观点强加给另一方，但是都没有成功。

第六，要谈一谈我如何对待汉语和英语资料。总的来说，我认为汉语和英语著作都远远不是一眼即能看透的。除了"关于事实的"内容之外，它们亦评论并努力以特定的方式来组织世界。尽管有类似的宣称，但实际上它们不可能囊括整个世界或比另外的论说更多地解释世界。因此，我对这些文本将要提出的问题包含了它们已被认识到和未被认识到的局限。我相信正是在各种话语边缘，我们方可开始进行历史的文化研究。

第二章　多主制：清帝国、满族统治权及各领土之间的关系

　　中国和欧美的学者一贯把清帝国视为中国历史中的一段，是发端于秦始皇（公元前 221 年）的历朝历代中的最后一个阶段[①]。从这种中国中心主义的视角来看待满族统治，模糊了清与早期东亚若干帝国构建之间的差异。譬如，在东亚历史上，除了蒙古元朝（它本身是一个征服王朝）之外，是满族人缔造了最大和最具有文化多元性的帝国——到乾隆时代，又成为人口最多的帝国。如果说把清代嵌进"中国"历史有时会显得尴尬的话，那么，把它置于有关 1911 年以后中国民族国家的讨论之中也是不合适的。[②] 20 世纪中国的统治者和民族主义者对满族人时而诅咒，时而赞扬，时而视其为中国落后的原因，时而视其为中国传统的传承者。

[①]　我认为以下说法并非过分夸张，即今为止，满族是作为中国历史的一部分才引起学界研究兴趣的。美国汉学界和中国民族主义者都持这种观点。

[②]　20 世纪中国的民族主义者既反对欧洲帝国主义又反对封建主义。但他们不承认清王朝族有帝国主义扩张行为，而是主张把满族征服的领土纳入作为民族国家的中国的"自然"疆域。

29　然而，有越来越多的理由怀疑，清朝皇帝及满州贵族阶层并不像通常所说的那样，仅仅只是中国政治和文化制度的被动接受者。[①] 尽管这一论断尚有争议，但有足够的证据表明，至少到 19 世纪，清统治者不仅沿用了明代制度，而且进行了重大的革新。本章旨在提供一个关于清帝国的引言式的概述，并揭示清统治者为构建帝国而采取的种种策略，最终，清帝国具备成熟的形制后，在许多重要方面均已不同于此前的历代帝国。

第一节　18 世纪的清帝国

清王朝对其帝国的想象，核心原则是这样一种观念，即世界由多主制[②]构成，而清朝皇帝是最高君主。如果我们试想一想与弘历——乾隆皇帝——有关的或他声称拥有的名号，就会发现，这样的关注是非常明显的。实际上，"最高君主"或"王中之王"比通常的"皇帝"称谓更能透露出隐藏的信息。弘历是中国天子，是成吉思汗、金国、元朝统治的继承者，是可汗中的可汗，是转轮王，是"中国的阿育王"，是法王（Lessing，1942：61 - 62），是蒙古、新疆、青海和西藏的最高

---

① 参见如下学者的部分著作。Chia（1992），Crossley（1992），Elliot（1990，1992 和 1993），Millward（1993 和 1994）。通过谈话，已获悉 Evelyn Rawski 即将出版的对帝国大家庭的研究将在重点方面适应这种转变。

② 我使用"多主制"一词，因为它密切关注体现在清帝国礼仪，尤其是宾礼的全过程中的诸多考虑。我在本书谈到的统治权观念，与 Crossley 在她的著作，尤其是 1992 年发表的文章中的观点有些类似。不同之处在于她明显地运用了组织—功能隐喻法来描述清的统治权。

君主，是台湾岛、云南、越南、准噶尔、廓尔喀（今尼泊尔）的平叛者与抚慰者，是文殊师利菩萨的化身，是满族的头号家族爱新觉罗氏的领袖。[①]

这些名号并非空洞的夸张，而是一种标记，标识出清帝国和满族帝国主义的性质。清帝国的领土上交汇着多民族、多种族和多语言，囊括了明代中国全部疆土，甚至更多。从康熙朝开始的连绵战事，使清朝这一欧亚东部最强大的帝国，北面和西面延伸至沙俄边界，南面达到喜马拉雅山脉。散布在旧时丝绸之路沿线的远至莎车（Yarkand）和喀什噶尔（Kashgar）的亚洲腹地、佛教与伊斯兰教可汗们的领土都在乾隆朝的征战中并入了帝国的版图。正如《高宗御制诗文十全集》所记载的那样，到 19 世纪 70 年代，亚洲腹地最终被平定，清朝成功地击败了廓尔喀人 1790～1791 年的侵犯，从而巩固了在西藏的地位。到马嘎尔尼勋爵携乔治三世的信函到达清廷时，清帝国是世界上最广阔、最富有、人口最多、连成一片的政治实体。

为了维护其在这一多元化的政体中的最高君主之地位，清统治者制定了一整套政策以确保不出现任何联合力量来挑战爱新觉罗家族的最高权威以及它在东亚及亚洲腹地所拥有的最高权力。出于对其少数族地位的充分认识，清统治者发展了一套地缘政治策略，以保持其优势地位。这套策略至少有三个方面的考虑：①制服亚洲腹地潜在的敌对势力，建立认可清帝权威

[①]　参见 Hevia（1989），Crossley（1992）就清帝所做的类似声称提供了许多详细情况。有关佛教中转轮王的讨论参见 Tambiah（1976：39 – 53）。

的联盟①。②平定中国各族并保持控制。③在帝国太平洋沿岸地区采取守御之势。

本章的以下部分，我将从多中心和宫殿群的营造开始，回顾清帝国扩张和发展历程中的若干特点。

第二节 多元中心，多元权力

面对众多对其在东亚及亚洲腹地的权威构成潜在威胁的藩王，清帝国处心积虑将他们的权力纳入自己的统治之中，这包括参与宾礼和作为宾礼一部分的觐见，整个过程就形成了与四周藩王相对的中心。无论是蒙古王公还是英国国王，看来都适用于同一原则。宾礼所形成的关系是等级森严的，其中，清帝是最高君主（皇帝），四边领主则是藩王（详见第五章的论述）。另外，觐见常常安排在具有历史意义的地方，这些地方或能唤起对满族统治世系的联想，或便于处理权力分配中出现的新情况。

比方说，沈阳的宫殿就令人忆起金国，忆起努尔哈赤重建金国的往事，同样，也令人忆起更近些时候的朝鲜国王的采邑，那是拜努尔哈赤的继承者，大清的建立者皇太极所赐②。北京曾是元明两代首都，大清定都于此，表明他们不但以金的

---

① 构建联盟的主要方式之一是联姻，首先是与满族集团，其次是与蒙古和突厥各部藩王。见 Rawski（1991）和 Millward（1993：329），Lattimore（1934：60）认为，构建这种联盟是清能够征服亚洲腹地的重要原因（引自 Rawski，1991：178）。

② H. Chun 指出，朝鲜使团在赴京途中，曾在沈阳停留过，并献上部分贡品。见1968：97。

后裔自居，而且自视为君临天下的天子。来自缅甸、暹罗、越南和其他东南亚国家的藩王使节，与欧洲使节一样获准在太和殿觐见。康熙年间，为了统治亚洲腹地和西藏，修建了位于北京之北、沈阳之西的热河行宫（今承德）。清帝在御幄里接待蒙古和突厥藩王，这使人联想起蒙古大汗。乾隆帝修建了与班禅和达赖喇嘛居处一模一样的宫殿，作为他恩遇佛教的象征（参见 Chayyet，1985；Foret，1992）。对其他藩王分而治之，然后满族皇帝便以一统大清诸多种族的唯一人选自居①。

　　除了这许多"中心"或"皇帝驻跸之处"以外，还有北京西北的圆明园和长春园中的觐见宫殿。圆明园模仿法式和意大利式宫廷建筑，由乾隆帝的欧洲传教士建造，并环之以更大的中国式宫殿群（参见 Malone，1934）。在千方百计构建与其他权力中心的等级关系过程中，清帝制定了以防不测的总策略，宫廷建筑可以理解为这一总策略的一部分，它一度被视为清统治者辉煌的一面。换言之，宫殿总是建在可能发生觐见的地方，并适合于由帝国礼仪产生的双边关系的政治性质。这些关系并非事先约定的，也不是轻而易举就能建立和维持的。他们需要不断对话，对话中常常蕴含相互对抗的权力诉求和限制此等诉求的详尽策略②。

---

①　譬如，弘历曾宣称过超越帝国各民族语言差异的大同。当然，弘历是这个大同世界的中心。引文引自 Millward（1993：269）。Zito 认为，弘历曾说过城市已扩展至游牧区（1987：347）。亦见 Crossley（1987：779）。

②　亚洲腹地尤其如此，清廷在那里的统治策略反复表现出高度的灵活性。见Fletcher（1978a），Chia（1992）和 Millward（1993）最近的研究，亦见下文第三节。

　　入主中原之始，满族统治者就不得不寻求处理这些复杂关系的种种新办法。比如，中国本土之上，满族是少数民族，清廷就发展出一套策略来维护其至高无上的地位。第一，在保留明代政府系统核心的同时，于最高层权力机构设置了数目相等的满汉官员。[①] 第二，17～18世纪，清统治者开创了许多新制度[②]，发起了一些运动，以绕过或改革规制，并使之有条不紊。第三，他们努力保持对知识分子和中国本土经济中心（长江中下游即江南地区）的控制，方法是"胡萝卜加大棒"。权势集团的成员发现包括军机处（见下文）和其他政府部门在内的清廷高层位置对他们是开放的。同时，皇帝常常谴责派系活动，以此约束江南士人[③]的权力，尤其是当派系活动以私人书院为中心时。第四，清统治者对统治细节，特别是与普通百姓密切相关的细节，有着强烈的兴趣。无疑，这种兴趣包含了对可能的来自下层叛乱的疑惧，正是这种叛乱将挑战满族的统治地位（Kuhn，1990）。这种兴趣也包含了对民生的关怀，包含了（如Rowe 1993年指出的那样）运用市场机制改善整个

33

---

① 见Hsu（1990：47-59）对政府结构的概述。有关清政府中管两省的总督和管一省的巡抚位置在满汉之间的分配，见Kessler（1969）。亦见Naquin和Rawski对18世纪中国的概括，及有关这一主题和我简要讨论的其他主题相关的文献目录。

② 这样的组织包括内务府，除了别的职责之外，还负责帝国官盐专卖和海关税收等事务。见Spence（1966）和Torbert（1977）。有关腐败问题的讨论，见Zelin（1984，尤见241-252）。

③ 对江南的概括，见Naquin和Rawski（1987：147-158）。Bartlett提供了军机处汉人官员的有关数据。从乾隆时代起，军机处大部分汉官来自江南地区，见（1991：181-182）。有关江南士人和清对拉帮结派活动的关注，见Elman（1989和1990）。Kuhn认为满族对江南的态度是"既恐惧又猜忌，既仰慕又嫉妒"（1990：70-71）。

经济状况的热切愿望。

对满族少数族地位的认识，很好地调适着上述种种关注与策略。或许还有一种更普遍的看法，即帝国的规定对臣民的生活触动是多么微不足道，而实际上，又有多少余地留给了各种各样的异端和离经叛道之举。在乾隆帝浩大的编书工程中，许多人利用编修之便重读古代典籍，于是异端越来越多。换言之，很有理由担心来自下层的动乱，但是，即便是汉人（无论如何定义）治天下，也免不了这样的忧虑。

对清在东亚的统治权的挑战，不但存在于核心统治区，而且存在于统治区西面和北面。为了处理有关归顺的蒙古藩王的事务，1638 年，皇太极设立理藩院①。后来，理藩院的职责扩大至处理清与所有亚洲腹地藩王的关系，包括蒙古、突厥、佛教、伊斯兰教。为了方便行事，理藩院奉命培训语言和"文化"专家，并督导系列可以称为"帝国知识的工程"，包括字典和语法的编辑，以及对亚洲腹地地理、历史、重要人物的宗族世系的研究②。正如在第三节中要详细谈到的，乾隆时代，这些知识工程扩展至对藏传佛教原典的研究和翻译。另外，乾隆时代编撰了《皇清职贡图》，其中绘制了藩王臣民的服装，

34

---

① 这个机构亦被译为"夷人管理办公室和殖民地事务委员会"。有关这一术语翻译的大量讨论，见 Chia（1992：84-86）。这里谈一谈满族的术语，Chia 把它译为"外省管理部"。我认为这种翻译比较合适且有用，除了它提到省之外。我将在第五章谈到，清廷将各集团领导人作为藩王，由理藩院管理，由此构建他们之间的关系。因此，我认为合适的英文翻译应能体现封建主义色彩。
② 有关这些资料的看法，见 Fletcher（1978a 和 b）和 Millward（1993）的引文。亦见 Fairbank 和 Teng（1941：209-219）。

列举了各藩国的特产。① 在这一系列知识工程中，清帝尤其是
乾隆帝，把他们自己和爱新觉罗氏置为唯一的政治权威，只有
这个政治权威能将广袤帝国的各个部分连成一体，并使之与宇
宙取得联系。

像编撰《四库全书》一样，乾隆朝与帝国知识工程有关
的权力已归至军机处。军机处是由顾问和官员构成的内廷。乾
隆朝，军机处的权威在于经集体决策或同僚共商之后向清帝提
出有影响力的建议。② 军机处在清代内外事务中都占有重要地
位，并且，正是 1792~1793 年的军机处官员接待了英国使团，
他们几乎是清廷中马嘎尔尼勋爵唯一能接触到的人。因此，有
必要略谈几句军机处。

汉语的"军机处"译作"大顾问班子"，这已被广为接
受。而实际上，直译应为"军事策略办公室"③。在巴特利特
（Bartlett）的研究中，注意到从雍正到乾隆，军机处的职责有
所改变（参见巴特利特，1991 年第 2 部）。尽管军机处人数从
未超过六个，但到乾隆朝为止，军机处成员大多是满洲王公贵
族，常常通过联姻而与爱新觉罗氏私交甚厚。军机处指挥了
18 世纪的多场战事，至少有一位军机处成员阿桂，常常亲上

35

---

① 促使产生这些工程的考虑，还体现在编撰满族旗人的历史和研究满族的发源
上，见 Crossley（1985 和 1987，尤见 779）。这些工程的意义在于为清统治寻
求纯正的血统渊源。弘历努力澄清满族的起源，其效果是使爱新觉罗氏成为满
族的第一家族，而他自己则是这一家族的领袖，并由此从根本上破坏其他满族
家族的权威。

② Guy 曾讨论过军机处协助编修《四库全书》的有关情况，见（1987：79 -
104）。有关军机处的肇始，见 Wu（1970）和 Bartlett（1991）。

③ 尽管我通篇都用了"大委员会"（Grand Council）一词，但就乾隆朝而言，这
一名称用直译更好。

战场，带兵打仗。[1] 军机处的军事档案馆（方略馆）负责编修这些战事的官方历史（《诗文十全集》）。另外，乾隆南巡（其组织工作堪比战事）、热河避暑、木兰围猎、管理内务府，这诸多事务也都归军机处负责。军机大臣通常兼任他职，通过各自分散的机构，充当皇帝的耳目。

军机大臣散布在多个部门和机构，表明了军机处的中心位置。它超越于正常行政体制之外，以私人奏折的形式，为皇帝提供有关帝国情况的信息。由此，军机处就成为一个巨大的、秘密的、与官方行政体制并行的信息中心。后来，在乾隆治下，宫廷奏折体制和军机大臣的权力又得以扩大。到乾隆朝末期，军机处平均每天处理 16 份奏折。文员将奏折换写成普通易读的文稿，皇帝用朱笔审批（因此得名朱批奏折）。有关接待英国使团的官方消息几乎全部都是通过这个渠道传到宫廷里的。[2]

36

第三节 清帝国的亚洲腹地

清帝国的亚洲腹地包括今天的蒙古以及中国的内蒙古、新疆、青海、西藏和东北。这片广袤的土地上零零星星散布着一

---

[1] 阿桂的情况见《清代名人录》（6~8）。军机处的许多成员也同时在朝廷其他部门任职，如傅恒，他是福长安（亦是军机大臣）和福康安的父亲，见 Bartlett（1991：186）。我提到傅恒的儿子们，是因为他们均突出地参与接待使团的事务。这三人的传记见《清代名人录》。

[2] 有关宫廷折子，见 Wu（1970），Bartlett（1991：171）和 Kuhn（1990：121 - 124）。宫廷奏折与奏折的常规形式相对照。有关马嘎尔尼使团的事务，皇帝的批复以上谕的形式用军机大臣的名义廷寄或字寄。见 Kuhn（1990：124）的有关讨论。

些子民，有蒙古和突厥游牧民，也有定居在新疆绿洲和西藏高地上的农民。绿洲也是商业中心，通过商队与科尔罕（Khokand）、布哈拉（Bukhara）、撒马尔罕（Samarkand）等地的市场联系起来。这些商队沿家喻户晓的丝绸之路，长途跋涉而至。部民们多数拥护在头人周围，头人凭能力和世系建立权威。在后一种情况下，不管信奉佛教还是伊斯兰教，首领都自称是成吉思汗的子孙。当藏传佛教有影响力时，他们也会自称是某位历史名人的转世，或使用与佛教神权有关的名号，如转轮王。[①] 这些形形色色的名号和头衔在亚洲腹地政治中是常见内容。自从 13～14 世纪蒙古人雄霸天下以来，任何自称拥有这一地区统治权的人，都必须把这些头衔和名号作为中心因素来考虑，清帝也不例外。

到乾隆时期，通过战争、联姻或和平归顺，清在亚洲腹地的霸权已经建成[②]。到 1793 年马嘎尔尼勋爵抵华时，各个亚洲腹地藩王已经形成了周而复始的定例（这与德川幕府时代的参勤交代如出一辙），依据这一定例，蒙古喇嘛、突厥穆斯林贵族必须定期觐见清帝。[③] 实际上，马嘎尔尼适逢其会的正是这一幕——每年在热河举行的乾隆帝生日庆典，清帝、蒙古藩王和突厥藩王都要觐见。

---

① 林丹可汗（1603～1634 年在位）有下列称号：神圣转轮王、四方霸主、金边法轮旋转者、法王、唐太宗、大元明君和伟大的成吉思汗，Bawden（1968：34）；有关轮回转世说和藏传佛教，见 Wylie（1978）。

② 有关清廷征服亚洲腹地的概述，见 Bawden（1968）和 Rossabi（1975）。有关西藏的论述见 Petech（1950）。有关清与突厥藩王的关系见 Millward（1993），亦见 D. Farquhar（1968）。

③ 见 Jagchid（1974：46－50）。这个过程似乎就是 Chia 所指的"朝圣"（1992 和 1993）。

　　清帝还试图以优遇藏传佛教来巩固帝国。在这一点上，前 37
此历代均无法在程度或规模上与清相提并论。满人对待藏传佛
教的方式是富有启发性的。这不仅表现为他们对佛教、对帝国
臣民重要性的认可，而且在热河等地建造了许多寺院庙宇。乾
隆时期的战事帮助格鲁派扩展了优势（参见 Martin，1990），
皇帝还参加密教初始仪式。鉴于清帝（尤其是乾隆）与藏传
佛教的关系在清统治权中的重要地位，我打算对它进行简要的
探讨①。之所以选择这个例子，是因为特别是与蒙古及亚洲腹
地其他藩王的关系，清与藏传佛教的关系涉及乾隆朝帝国政治
的许多重要方面；特别是当这种关系涉及蒙古统治者及亚洲腹
地其他藩王时，更是如此。

一　满族统治者与藏传佛教

　　在 1792 年的《喇嘛说》中，乾隆帝指出，清对藏传佛教的关
注源自元明两代与来自亚洲腹地的西藏喇嘛的关系。在元代，忽
必烈与藏传佛教萨迦派喇嘛八思巴之间就建立了喇嘛—施主关系。
在明代早期，噶玛巴喇嘛曾于 1407 年参见明成祖。在两次会面中，
皇帝赐封于他，而喇嘛授皇帝以密教初始仪式。据西藏方面的资
料记载，在当时的会面中，喇嘛为皇帝和皇后建普度大斋，称
"皇考太祖高皇帝、皇妣孝慈高皇后普度天下一切幽灵"。②

---

①　对清代亚洲腹地的实证主义的叙述，见 Bawden（1968），Fletcher（1978a 和
　　b），Millward（1993）和 Rossibi（1975）。

②　《喇嘛说》的一个版本可在《卫藏通志》中找到，亦可见 Lessing 的译本
　　（1941：58 - 62）。元与西藏喇嘛的关系见 Franke（1978 和 1981）及 Rossabi
　　（1988）。有关哈里麻访问北京，见 Sperling（1983，尤见 80 - 99）和 Wylie
　　（1980）。藏族的化身说见 Wylie（1978）。

除了元明两代与藏传佛教的关系之外，清还有一个更长远的考虑，那就是担心亚洲腹地出现一个足以与之抗衡的蒙古王国。[1] 满族入关之前，即有此忧虑。当一些蒙古可汗拒绝臣服于清时，这种忧虑就更深了。另外，还有下列情况：仅仅在努尔哈赤着手统一满族前几十年，俺答汗（Altan）与三世达赖喇嘛在蒙古会面，共同回忆起八思巴和忽比烈，并建立起类似的喇嘛—恩主关系（Bawden，1968：29 - 30；Rossabi，1975：118）。1639 年，土谢图汗衮布使他的儿子（后来被达赖喇嘛赐号哲布尊丹巴呼图克图）被蒙古喀尔喀承认为喇嘛转世。这样，形势就更复杂了。可汗的目的在于反对西藏格鲁派，同时阻止西藏人与新近建国号"清"的皇太极之间的潜在联盟（Bauden，1968：53 - 54）。为己考虑，清统治者千方百计要防止格鲁派或喀尔喀呼图克图成为蒙古复国活动的中心（Grupper，1984：51 - 52）。

清王朝建立之后，满洲、蒙古、西藏之间的三方关系变得更为复杂。达赖喇嘛，偶尔还有哲布尊丹巴呼图克图，就像满清的敌对藩王一样行事，他们给蒙古可汗授权、授衔、授印，仲裁可汗间的争端，并且像皇帝和可汗一样，接受和派遣使团，号令民众，有时甚至号令军队。[2] 另外，这些喇嘛都自称是活佛化身，金刚化身哲布尊丹巴呼图克图，观音化身达赖喇

---

① 见 Rossibi（1975）和 Petech（1950）。在这里，可采用 Crossley（1990）对皇族与普通满族家族的区分。这在乾隆时代尤其如此，那时满族的身份实际上是奉皇帝之命而立的，见 Crossley（1987），那篇文章显然并没有得出和我一样的结论。

② 见 Bawden（1968：31，34，48 - 50，63 - 69），Ishihama（1992），Rossibi（1975：112 - 114，119）和 Ruegg（1991：450）。亦见 Rahaul（1968 - 1969）。

嘛，这两个菩萨再加上文殊菩萨便构成三头政治①。因此，无须惊讶，清代早期会出现对作为文殊菩萨化身的皇帝的顶礼膜拜（D. Farquhar，1978）。

在关注喇嘛和呼图克图活动的同时，清帝也热心于藏传佛教教义和宗教活动。他们修建庙宇，膜拜诸如大黑天等藏神。乾隆帝还批准了对后世影响深远的翻译并编修佛教经典工程。② 清帝还和西藏、蒙古僧侣一道参加在五台上举行的普度大斋法会。③ 藏传佛教为清帝视圣（Grupper，1980 和 1984），清帝欣然接受"转轮王"和"文殊菩萨"之类的名号。④

上述名号中，最后一个名号"文殊菩萨"尤为有趣。"各类西藏经典都强调圣化君主要兼济两个孪生目标：神界统治权和世俗统治权"（Crupper，1984：49 - 50）。佛教中的君权神授观念也很令人瞩目，它在菩萨和转轮王之间形成一种联系。斯内尔格罗夫（Snellgrove）注意到，在非常早期的佛教中，统治权即与文殊菩萨有关联。在一份讨论建造神坛的文稿里，文殊菩萨被置于如同"伟大的转轮王"一样的中心地位，他有着藏红花一样的颜色，转着巨大的轮子（Snellgrove，1959：

---

① 这些天上的菩萨体现了佛陀的三个主要方面：权力、仁慈和智慧。

② 我曾详细探讨过这个主题。见拙著（1993：249 - 251）。

③ 有关五台山，见 D. Farquar（1978：12 - 16）。有关五台山的喇嘛和皇帝，见 Bawden（1961：58），Hopkins（1987：28 - 29）和 Pozdneyev（1977：336）。在这些事例基础上，Grupper 指出，早期满族王国与蒙古可汗并无多大分别（1984：52 - 54，67 - 68）。

④ 虽然这似乎是事实，但至少在汉语资料中，没有发现清帝曾声称自己是文殊菩萨转世，他们似乎亦不怎么反对其他人代做这样的声称，见 D. Farquhar（1978）。因为喇嘛拥有超自然的力量，因此皇帝曾信奉藏传佛教。有关例子见 Hevia（1993B：252 - 253）引用的讨论和资料。

207）。这些描述与绘作菩萨像的乾隆帝画像相互对照①，使清对藏传佛教的关注更加有理有据。

试着想一想清帝涉入密教初始仪式的意义所在。这个问题尤为重要，原因是，尽管隔着千山万水，但只要慷慨解囊资助佛教，就可以达到对西藏的政治控制。换言之，皇帝不必参加初始仪式也能因资助佛教而受益。那么，皇帝为什么还要参加仪式呢？一种解释是：这可能与密教教义有关，密教仪式内含承诺，使人能只经今生而不必经过耗时久长的再生就能达到佛境，要实现这一点，喇嘛们所掌握的知识至关重要，喇嘛们正是运用这些知识修筑圣坛、主持仪式，使人达到佛境。

到乾隆朝，喇嘛—皇帝关系起了某些变化。与努尔哈赤和皇太极关系密切的萨迦派衰落了，取而代之的是格鲁派。在此值得一提的是乾隆帝与蒙古学者、格鲁派专家章嘉·若贝多杰②的交往。章嘉·若贝多杰（1717～1786）曾在雍正帝宫里学习过满语、汉语和蒙古语，并与一同读书的皇四子弘历过从甚密。在18世纪30年代早期，他行至西藏，与达赖喇嘛一起研究，并于1735年被班禅喇嘛授以圣职。除了尽心效力于乾隆帝之外，章嘉还把印度文献评注和密教经典从藏语译成蒙语和满语，并教弘历藏语和梵语，在雍和宫建立大学，传授哲学、密教、医学。据西藏呼图克图传记载，章嘉还主持了乾隆

---

① 乾隆帝在作为文殊菩萨时的画像中，身着藏红色法衣，左手执法轮。见D. Farquhar（1978：7），Kahn（1971：185）和故宫博物院（1983：117）。
② 他在乾隆时代的汉文资料中被称为章嘉呼图克图，是第二个化身（康熙帝已授予第一个），他被赐予"国师"头衔。

帝的密教初始仪式。① 最后但也许最重要的是，章嘉充当了乾隆的个人特使和藏、蒙、满之间的斡旋者。② 章嘉的多项职责和成就以及他主持皇帝初始仪式的特殊身份，表明了弘历涉足藏传佛教的程度。通过章嘉这位代言人，皇帝努力想把藏传佛教纳入统治之中，并用敛自内地的财富来资助佛教。③

　　从对满族与藏传佛教统治集团的关系的简短回顾中，可以看出这种关系与清帝国的形成和重塑有密切的联系。政治与宗教并非互不关联，而是相互交融，共同嵌入天下秩序。一旦述及皇帝与喇嘛的会面，这种政教交融的意义就突显出来了。我特别关注觐见仪式和仪式中各方的举动及关于各次会面的不同说法。我的目的在于揭示：马嘎尔尼使团的礼仪之争并非不同寻常，礼仪之争亦存在于东亚与亚洲腹地的关系中，这表明清帝的最高君主地位是不确定的，是暂时的。

二　皇帝与喇嘛的会面

　　皇帝与喇嘛会面时，彼此都怀有同一种心理，即把对方纳入自己的宇宙秩序之中。在觐见中，清帝常常努力与喇嘛建立最高君主与藩王的关系，并否认喇嘛对拥有最高权力所

① 在第一次这样的场合中，皇帝把最高位置让给章嘉·若贝多杰，献祭时，皇帝在他面前跪下，行顶礼，见 Wang（1990：57-58）。呼图克图藏文传记的汉译本，见 Chen 和 Ma（1988）。我要感谢 Evelyn Rawski 提醒我注意这些材料。下文将探讨皇帝这样做的意义。

② 关于章嘉·若贝多杰的经历，我主要摘自 Hopkins（1987：15-35，448-449）；*The Collected Works of Thu'u bkwan blo bzang chos gyi nyi ma*（1969）和 Grupper（1984）。章嘉·若贝多杰代表清廷做了许多事情，乾隆帝赐以"国师"称号，是清代获此殊荣的唯一一位喇嘛（见《卫藏通志》1：23）。

③ Chia（1992：224-227）曾提出，清廷努力要使北京成为藏传佛教的中心。

做的任何声称。但这样的姿态并不是毫不含糊的。同时，皇帝还尽力想把喇嘛纳入帝国权力，仿佛喇嘛也是世俗君主，皇帝有时还极力将喇嘛与藩王们区分开来（参见喀尔喀人对清的呈文）。

而西藏喇嘛和蒙古统治集团则力图维护一种久已存在的观点，即喇嘛在精神上高于世俗君主。在与恩主的关系中，喇嘛拥有更高的精神权力。这样，喇嘛就能把一位君主（包括皇帝）确认为宇宙之王，引导他进入佛教，传授密法，接受资助以维持佛教。相应地，恩主应接受下属之地位，保护喇嘛，研习教义，并在其势力范围内弘扬佛教。[①] 无论哪种关系——最高君主—藩王或喇嘛—恩主——都是等级森严的，其中一方总想占据上风，压制对方，置对方于下属地位。

总之，皇帝和喇嘛都声称拥有优势地位，谁也不能完全漠视另一方的要求，有一些关于清帝与亚洲腹地各宗派统治集团会面的叙述。没有比这些相互矛盾的叙述更能揭示当时的政治现实的了。这些叙述表明，整个 18 世纪，虽然清廷有时确实也遵从藏传佛教统治集团，但清帝却越来越多地声称他们与西藏喇嘛和蒙古呼图克图之间是最高君主—藩王而不是喇嘛—恩主的关系。面对满清的霸权态势，喇嘛和呼图克图则尽力保持最高精神领袖的地位。

1644 年，清入主中原，在满族声称拥有对西藏的统治权之前，1653 年，五世达赖喇嘛行至北京，于是产生了意义重

---

① Ishihama（1992：507）指出，在授予法号时，喇嘛地位明显高于世俗君主。Ruegg（1991）认为，用现世/灵界与世俗/宗教这样的对立眼光来看待喇嘛—恩主关系是误导性的（450），应视之为适应历史形势而作的相应变化。

大的皇帝与喇嘛的第一次会面。围绕接待地点，顺治帝的宫廷里分为两派。满族大臣们认为会面有助于控制已归顺的蒙古集团，因此主张接待地点在蒙古。汉族大臣们则反对，因为有迹象表明喇嘛试图挑战皇帝的最高权威。据帝国礼仪所蕴含的宇宙法则，如果皇帝离开京城去蒙古，他就等于认可了喇嘛的优势地位(《世祖章皇帝实录》，68：1b－30a，31b)。①

43

最后，皇帝决定觐见地点定在北京，只对礼仪手册规定的标准做了某些改动。1653 年 1 月 14 日顺治皇帝实录记载：

> 达赖喇嘛到北京，并拜谒了正在南苑的皇上。皇上赐座并赐宴。喇嘛把带来的一匹马和一些地方特产进献给皇上(《世祖章皇帝实录》，70：20a－b)。*

有一些差异值得注意：觐见地点在北京南苑②而不是京城

---

① Bartllet 举例说明皇帝走出皇城的重大意义。她指出，当阿桂平定金川之后，乾隆帝曾在北京郊外迎候他。见 (1991：183)。

* 该段汉文原文为：癸丑达赖喇嘛至，谒上于南苑，上赐坐、赐宴。达赖喇嘛进马匹方物，并纳之。

② 这里的南苑也许指南海子或南园海子，位于北京南面城外。它显然是供清廷狩猎的园子，在 20 世纪初的地图上还找得着，见 Clunas (1991：46)。我感谢 Susan Naquin 使我得以获悉这条材料。令人好奇的是，对喇嘛造访北京所产生的问题的解决方法，是否有助于解释清廷在北京周围的其他地方来处理与亚洲腹地藩王们的关系。一个众所周知的例子便是紫禁城主殿西边的紫光阁，但觐见和宴会也常常在圆明园举行。《大清会典图》(1818 年版，卷 21：6a－7a)中就描绘了在圆明园圆顶御幄举行的宴会。

直到清末，清廷依然保留了主殿之外接见"棘手的宾客"的习惯。从 1870 年到 1900 年，没有任何一位外交官——欧洲的、美国的或日本的大使——曾在太和殿被接见过，总在紫光阁或其他殿里被接待。见 Rockhill (1905)。

外廷的宫殿（礼仪手册上建议在太和殿），实际上，这次觐见被称为拜访（谒），而不是"召见"——这是实录中对此类事件的通常称谓，在实录中，"谒"意味着下级对上级的拜访。我相信，这个字用在这里，蕴示着某种程度的遵从。另外，也进行了明清两代礼仪手册所规定的帝国觐见仪式中要进行的一些特定的活动，如皇帝赐座、赐宴，喇嘛则像其他顺服的下属一样，进献地方特产（方物）。

对照帝国的常规觐见礼仪，这次觐见似乎是颇不寻常的，而五世达赖喇嘛自传中对同一次觐见的叙述则更不一般。喇嘛没有提到觐见地点，他声称皇帝从御座上走下来，往前走了约十英寸的距离，并握住他的手。喇嘛还说，觐见中，他的座位与皇帝十分接近，并几乎与之一样高。上茶时，皇帝要喇嘛先喝，而喇嘛觉得两人一起喝更合适。在觐见后接下来的日子里，皇帝赐予他与"皇帝之师"（帝师）身份相当的数不清的礼物。皇帝还请求达赖喇嘛调解另外两位喇嘛之间的纠纷。在途经蒙古回藏的路上，喇嘛展示了皇帝所赐礼物，并沿路分发了一些（Ahmad，1970：175 – 183）。

这两种叙述中令人玩味的不是它们说法有异，而是它们在偏离实际的礼仪情况时各自的取向。帝国的记录强调喇嘛向皇帝进贡，意味着喇嘛认可了下属地位；喇嘛的叙述强调皇帝的礼物，并提到许多足以证明皇帝尊他为精神领袖的例子。帝国的记载表明如何将觐见地点移至朝廷宫殿之外，从而解决了会见一个重要的、有潜在威胁的人物的难题；而喇嘛的叙述则强调皇帝从御座上走下来欢迎他，这是一个相当恭敬的举动。

同样的差异也出现在有关顺治的继任者与哲布尊丹巴呼图

克图的会面记载中。这一次朝廷似乎乐意给予呼图克图相当程度的礼敬，同时亦努力与之建立最高君主—藩王的关系。在1696 年那次著名的喀尔喀蒙古遣使在多伦诺尔（DoLonnor）面见清帝的实录中记载，5 月 29 日，康熙帝接受了呼图克图的觐见，呼图克图给皇帝下跪。皇帝赐茶和其他礼物。第二天，又安排了其他喀尔喀贵族的觐见，他们行三跪九叩礼。[1]　45同时，所有在多伦诺尔进行的活动都是为了确定最高君主与藩王之间的关系，这种关系即怀柔远人（参见《圣祖仁皇帝实录》，151：23a）。由此，呼图克图就成为忠诚的下属，这一头衔较之从前的喀尔喀贵族，其差异就在于前者受到更多的尊敬。

　　蒙古关于会面的记载与前述达赖喇嘛的记载形式上十分相似，这一模式还延续至乾隆时代（参见 Bawden，1961：49 - 60；Pozdneyev，1977：332 - 336）。1737 年，哲布尊丹巴呼图克图行至北京，王公大臣和喇嘛们到安定门迎接。到达下榻之处后受到乾隆皇帝的会见，觐见皇帝时，呼图克图要下跪，但皇帝坚持不让他下跪。在后来的一次觐见中，皇帝赐茶并请呼图克图坐得比其他宾客更近些，更高些（Bawden，1961：71；Pozdneyev，1977：341）。另外，皇帝慷慨地赐予他许多礼物，并认可他的权力。[2]

　　关于 1780 年班禅喇嘛访问热河和北京，也有相互矛盾的叙述。喇嘛写到，皇帝走下御座，到大殿门口欢迎他，握着他

---

[1]　这次觐见，呼图克图与突斯也图可汗（Tusi Yetukhan）一起出现，据记载，后者亦跪拜。但是在第二天的记载里，没有提到呼图克图，只有喀尔喀可汗及其他贵族，包括突斯也图可汗。见《圣主仁皇帝实录》（151：8a，10a）。

[2]　见 Hevia（1993b：264n. 35）有关这一事件的日期的讨论。

的手，引他到御座，相对而坐，如亲密朋友一般交谈。后来皇帝拜访喇嘛，并讨教教义，地点是在特意为班禅建造的住所，样式完全模仿班禅在扎什伦布（Tashilhunpo）的宫殿。接下来的几天里，是宴会和赏赐礼品。不同文本都声称，在逗留北京的日子里，喇嘛主持了皇帝的密教初始仪式（initiated the emperor into the Mahakala and Cakrasamvara Tantras）[①]。在这里，喇嘛又一次自居为老师，皇帝则是恩主和学生。

实录则提供了完全不同的另一种看法。既不同于西藏方面的记载，也不同于上文所述的实录中对五世达赖觐见的描述。实录记载，皇帝在热河的依清旷殿召见喇嘛，三天后在万树园再度召见。在那里，当着各级亚洲腹地藩王的面，皇帝赐喇嘛帽子、长袍、金、银和丝绸等。[②] 这些觐见确定了双方最高君主和藩王的地位。同时，喇嘛的地位不同于亚洲腹地形形色色的领主，而更类似于当初在多伦诺尔的哲布尊丹巴呼图克图一世。据《热河志》记载（《热河志》，24：10b），在皇帝面前，喇嘛被允准跪而不是拜[③]，以示其诚。

[①] 我采用的 Das 所译的班禅喇嘛经历的节本，见（1882：39－42）。关于入会仪式见 Das 和 Grupper（1984：59）。亦见 Cammann（1949－1950）有关喇嘛的访问。

[②] 《高宗纯皇帝实录》（1111：4a 和 10a－b）；接下来还有其他宴会和赏赐，包括 1780 年 10 月 29 日在北京保和殿进行的。见《高宗纯皇帝实录》（1112：17b－18a，1116；4a）。

[③] 允许喇嘛只跪不拜，原因在于佛教的习惯是只拜菩萨。这种对别的习俗的特殊尊重，并非不同寻常。见 1795 年给前往西藏的钦差松筠的上谕。他奉命不在达赖喇嘛面前叩拜，以遵黄教教义。见《高宗纯皇帝实录》（1458：34b－35a），在热河还出现了另一种尊崇。据 1818 年《大清会典图》（21：7a）的一幅显示，在万树园举行的宴会上，呼图克图和喇嘛的位次比蒙古贵族更接近皇帝。

这些相互矛盾的叙述记载了觐见过程中有关当事人的重要举动（如以东西和高低为轴心的移动，以及拜、跪、宣告等），它们可能是真实的，喇嘛觐见皇帝时情况也大致如此。这些相互矛盾的描述使我们认识到，满族皇帝和藏传佛教统治集团争相使对方以藩王、恩主、学生身份纳入自己的体系。即使礼遇喇嘛，并为之更改觐见常规时，清廷仍然宣称这只是一种恩赐。至少到乾隆时代，清廷在这一点上仍然毫不含糊，即喇嘛是只忠于最高君主的下属。反过来，西藏和蒙古的叙述则强调那些仅为喇嘛所有而不为皇帝所知的博大精深的知识与专长，还强调他们在觐见中受到的与常规不同的特别待遇。他们也试图把皇帝定位为恩礼提供者，从而是恩主/学生，而喇嘛是资助的接受者。

47

无论对皇帝，还是对喇嘛，双方的会面都是至关重要的。借此会面，不对称的等级关系形成了；借此会面，现状和未来都被审慎地讨论；借此会面，身体的举动构筑了后果重大的关系（Hevia, 1994b）。在这个意义上，身体的动作和礼仪的安排关乎谁归顺谁的问题，而双方都认识到这种归顺的广泛的政治后果。然而，既然双方都力争要统治对方，则归顺就成了一件棘手之事。清帝希望喇嘛真正归顺朝廷，即接受忠诚下属的地位，喇嘛则希望皇帝卑顺地接受资助人与学生的地位。我认为，强制对于双方寻求归顺并无多大意义，因此，至少就皇帝而言，与喇嘛会面是要建立一种真正的忠诚的等级关系。觐见的当事人细心地观察别人的一举一动，以之为内心世界的外在表现，并以此来判断言语或行动（如赠送礼物）。这些都被认定足以体现忠诚和归顺——是否真诚。

在清廷与格鲁派的关系中，乾隆设定了世俗权力高于精神权力的模式，因此，我们更容易理解清的关注之所在。喇嘛集团之所以构成威胁，原因就在于它挑战了扩张性帝国权力据以构建的前提。喇嘛集团体现了一种竞争性的、同样强有力的宇宙秩序观，这种观点将他们置于世俗君主之上——即便后者成为喇嘛的资助人。而且，如果西藏喇嘛一直将皇帝以学生身份纳入自身体系的话，那么皇帝对亚洲腹地的最高君主地位所做的任何宣称都将从根本上受到质疑。喇嘛的危险性还在于他们可能会赢得其他藩王（如蒙古可汗）的忠诚。喇嘛给帝国权力带来的麻烦可不好对付（参见 Ruegg，1991：451）。如果弘历和其他皇帝对密教初始仪式有兴趣的话，谁能说他们不是在把这种兴趣当作在满族（而非汉族）帝国中履行天道（Cosmological）责任的一种方式呢？乾隆帝在雍和宫和热河资助建造类似的藏传佛教中心，但是藏传佛教问题几乎从不曾消失，以宇宙道德为基础建立权力的可能性也从来没有被根除。

第四节　海　疆

清帝国的东边海疆政策，旨在使朝鲜、琉球等小国成为藩国，以抵御海盗，并防止内外勾结煽动叛乱，还要负责对付清建立以来日益增多的来华"西洋"商人①。由此看来，17～18 世纪的英国人所称中国的"细心提防"和"排外"，

①　见 Fairbank（1983：9－20）和 Wills（1979a，1988 和 1993）。我亦采用了 Erhard Rosner 在 1993 年 9 月 18 日纪念马嘎尔尼使团访华 200 周年的承德大会上的评论。

不过是清廷的务实政策罢了。就像对待亚洲腹地一样，清帝国也把太平洋沿岸视为机遇与威胁并存的地方。

贸易管制使清廷在正常官方渠道之外又多了一项收入，这笔钱不但可用于维持皇室开支，还可以用于帝国其他事务，如战争。[①] 换言之，海关为朝廷提供了扩张经费。同时清廷还通过限制和管理沿海的往来接触，试图阻止中国商人与海外华侨团体的联系，以防止这种联系可能产生财力雄厚的反清集团。管制贸易也使朝廷得以阻止"企图谋反"的地方人士与洋人相互勾结。管制贸易还使清廷得以控制技术（尤其是军事技术）流入，在这一点上，他们很接近同时代的日本德川幕府统治者的想法。来自欧洲的军事技术固然有助于获取和巩固政权，但一旦被敌对藩王掌握，那就太危险了。[②] 在以下部分，我将按照《大清通礼》的顺序依次回顾清与东边、南边小国的关系。

49

一 东亚、东南亚国家

对于众多渴望与清帝国建立联系的藩王，清在不同地区的中心城市给予不同的礼仪接待，以示区别。总的来说，东边和南边的国家，觐见多安排在北京。

朝鲜是这一普遍规则中的一个例外。朝鲜国王是最早归顺满族的藩王之一，他的使节有时在沈阳——清的第一个首都参加礼仪活动，有时在北京。朝鲜之特别还在于其每年都要派遣

---

① 有关海关及其与内务府的关系见 Chang（1974），Wakeman（1975：19）和 Torbert（1977：99 - 100）。

② Waley - Cohen（1993）曾谈到清廷对欧洲技术的兴趣。尤见 1534 及其后诸页。

使节。这些特征解释为什么朝鲜总是作为模范藩国出现在清廷的记载中。譬如说，在《大清通礼》中，朝鲜排在其他藩国之前，派往朝鲜的帝国特使总是有较高官衔（《大清通礼》，45：5a）。在《大清通礼》中有关帝国发往藩国的命令一章中，朝鲜也被视为正确行事的榜样（《大清通礼》，30：3b－5a）。在觐见及宴会中，朝鲜使节也被给予特别的关照（《大清通礼》，19：9a 和 40：34b）。

从 1637 年到 1881 年，朝鲜一共 435 次遣使入清。① 这些使节拜谢帝国恩典，表示恭贺（尤其是皇帝的生日）或吊唁，递交陈情书，求赐帝国历法，请求授权，等等（H. Chun，1968：92－93）。据此记载，清一朝关系是非常明确的，朝鲜国王是清帝属下的藩王。同时朝鲜通过与清廷类似的礼仪建立自己的统治，安排不受清帝干预的道德秩序。

50　　　在琉球和安南地区也可以看到类似的情况，他们在清的东南属国中地位仅次于朝鲜。在乾隆朝，琉球像朝鲜一样，接受清廷特使的授权，仪式由清廷规定。② 琉球亦被要求每年遣使入清。然而，似乎琉球同时也是日本九州岛萨摩领主的藩国（Sakai，1968）。

安南每年也遣使入清，与清的关系同样复杂。③ 从下面的例子可以看出，最高君主与藩王之间的主仆关系也意味着某些

---

① 这不包括每年皇帝生日、冬至、新年时节，朝鲜遣使入京恭贺。见 Kim（1981：6）。

② Chen 讨论过琉球国王的受封仪式，见（1968：145－149）。他的描述大致与《大清通礼》一致，45：5a－7a。

③ Woodside 指出安南国王被期望"采用"中国文化，但同时在其统治中又包括了东南亚的特色。见（1971：12 和 23）。

义不容辞的责任。乾隆朝，安南发生叛乱，最终推翻了忠于乾隆的王室。叛军逼近河内时，李氏皇帝向广西求援，乾隆帝听说忠诚下属有难，立即派军前往。到 1788 年，清军占领河内，但很快被迫撤退。叛乱头目请求归顺，并于 1790 年在热河接受赐封（Lam，1968：167 - 179）。

乾隆帝对在忠于清廷的国土上发生的王朝更替和另一个藩王的崛起的认可，并没有结束清与李氏皇帝的关系。它以另一种形式重新建立起来，李氏家族及其忠诚追随者被招致清军麾下，并授以军衔(《清代名人录》，680 ~ 681)。

清与其他东南亚国家的关系不尽相同，但似乎都按上述方式建立起来，以对付不同的形势。譬如，暹罗，在 18 世纪后期几次遣使入清，使团中就包括寻求贸易的商队。而通常情况下，使团抵达的时间正好是皇帝的生日或向其谢恩的场合，进行贸易的请求大多会得到允准。另外，暹罗因在 1766 ~ 1770 年清对缅甸战争中有援助之功而得到特别酬谢（1766 ~ 1770；Viaphol，1977：140 - 159）。

清与缅甸的关系显示出清邦交关系的另一面。就清泱泱大国的国力而言，对缅战争并不是值得大书特书的胜利。后来，缅甸国王又开始遣使入清。[1] 乾隆末期缅甸使节参加许多恭贺皇帝长寿和长期执政的庆典。[2] 对于这样一个曾有效抵御清廷

51

---

[1] 乾隆朝的名将名臣如阿桂和傅恒指挥清廷战事。见《清代名人录》（7，252）。有关清一缅（缅甸）战争，见 Luce（1925）。

[2] 由 Fairbank 和 Teng（1941：195）编制的图表，可以清晰地看到乾隆朝最后十年里来华使团何其之多。1793 年英国使团到达时，缅甸使团亦在热河恭贺皇帝生日。

军队的国家的使节，清廷的热情接待令人惊讶。

除了暹罗和缅甸以外，澜沧江的老挝，在乾隆朝至少十次遣使，其中多数是为了恭贺皇帝生日。有一次，皇帝在热河庆祝皇太后的生日，本应在北京被正式接待的使节，获准前往热河（《热河志》，24：7a）。

简短的回顾揭示了清帝与东南亚属国之间关系的变化无常。即使是与最忠诚的藩王之间，这种关系也远远不是清晰明确的。武装冲突并不妨碍重建彼此最高君主—藩王的关系。另外，借以构建此种等级关系的帝国觐见，并不比与上述亚洲腹地藩国的觐见麻烦更少。

二　西洋诸国

清与西洋诸国（这是清的记载里对欧洲的称谓）的关系是模糊不清的，因为清对欧洲各国并无清晰的概念（Fairbank 和 Deng，1941：187）。譬如，《皇清职贡图》将英格兰单独列出，但却注明，它与瑞典一样，都是荷兰的别名（《皇清职贡图》，47a，61b）。这种"混淆"可能是因为在该书 1761 年付梓之际，只有荷兰和葡萄牙曾遣使来华。试想，既然与其他藩国的往来被视作主仆关系，那么这样的"错误"是在所难免的。对于欧洲人，清廷的棘手之处在于要区分藩王派来的使节和随机出现在沿海、彼此无甚差别的贸易商队。[①] 这两类人清廷都可以接待，但一定要有差别。这方能体现最高君主与藩王

---

① 值得一提的是，自 1644 年以来，清廷无疑可以有效地制止任何欧洲商人进入沿海港口。但他们并没有这样做。

之间的秩序井然的等级关系。在此类交往中，有一个观念须牢记于心，即不管贸易实际上有没有伴之以遣使入贡，它都是被允准的。因为正是帝国的地大物博和皇帝的慷慨仁慈，才吸引了四方远人慕名而来。只要远人恪守礼仪，就可以让他们分享帝国丰裕的物产；而如果远人举止不当，就会丧失一切应得的利益。不过，如果藩国派遣使节，确认某位商人是其臣民，那么，帝国对这位商人的待遇就会有所不同。

其次，尽管在当事人和后来的研究者看来，清对待欧洲人的方式显得随心所欲，没有定规，但实际上，欧洲船只一抵港，广州的清廷官员就在盘算一系列问题，这些人是某位已知藩王的臣民吗？如果不是，那是不是某位藩王派来的使节，意在与皇上建立主从关系呢？如果是，他们有没有带着任命他们为使节的藩王信函呢？他们是不是携有贡礼并准备了礼单？如果他们是某位已归顺藩王的臣民，那么是不是来更改与皇上的关系呢？这种关系需要核实吗？如果上述几类均不符合，或者来者身份可疑，就要上报朝廷，听候指示，并对来者做进一步调查。

如果查明这些人的来意并非进贡，而是经商，事情就好办了。官员就不必直接与这些人打交道，而是将他们交给公行，后者会采取一切必要措施来满足来者的贸易要求①。换言之，来者的安排将在帝国宾礼系统之外进行，但仍然遵循帝国与藩国的关系准则。上述过程适用于任何藩国，关键在于正确判断

53

---

① 总之，这些安排似乎是内务府的职责，见 Torbert（1977：97-103）。公行亦处理来自南亚或其他地区以及欧洲商人的事务。见 Hsu（1990：143），他亦出色地总结了广东的贸易（142-154）。

来访者的身份。在这个意义上，在各领土之间关系中，帝国权力是第一位的，在此以下才有贸易的位置。

西洋诸国的使节是零零星星的，来得更多的是商船。在17世纪和18世纪初，许多港口都允许对欧贸易。同时，这类贸易也产生许多问题，其中帝国官员最关心的是当地人和船队人员之间的冲突。如果判定过错在于欧洲人，则整个商队都要承担责任，这种做法常常激怒欧洲人。

最后，清廷官员认为轮船上的人员之间是上下等级的关系，因而上级应为下属的行为负责，这种观念下的群体关系即蕴含着交易。一束复杂的关系联系着贸易商、翻译、公行商人、地方官员，还有皇帝（既然贸易被视为帝国的恩典）。贸易借此复杂的关系而运作。这个关系网为交易提供了可能的条件，没有它们，有关当事人就可能出现某些不当行为，这将会破坏帝国借以建立秩序井然的藩国体系的进程。

许多时候，皇帝将贸易特权赐给某些西洋人，以回报其忠诚。譬如，最初葡萄牙人获准在澳门立足，就是因为他们曾为明朝效力，助其驱走海盗，拦截叛军（A. Chun, 1983：190 - 191）。同样地，葡萄牙人在17世纪60年代晚期被赐予贸易特权，是因为清廷想借助荷兰海军打击台湾的明朝残余势力。当皇帝请求援助，而荷兰舰队并没有如期而至时，贸易特权就被撤销了（Wills, 1968：136 - 142）。然而，在西洋诸国中，荷兰人似乎保持了特殊地位。《大清通礼》的"宾礼"部分，荷兰是唯一被提到的欧洲国家（45：1b）。

最终，清军击败了明朝残余势力，中国海疆迎来安定，康熙帝在澳门、宁波、云台山（今江苏）、福建等地设置海关。

1686 年，清廷降低税收，允许船只在黄埔岛抛锚，以吸引西洋商人到广东（Fu，1966，1：61，87）。到 18 世纪中叶，贸易成为清廷与西洋人接触的主要方式。曾遣使入清的英国，无论是在贸易中，还是在与当地百姓及官员的冲突事件中都是很引人注目的。这样的冲突事件，加上大量增加的请求贸易许可的商船，使帝国最终限定只在广东一地开放对欧贸易。清廷制定并评估许多政策措施，以便明确西洋人的责任和义务，并使他们能从帝国的丰裕和皇帝的慷慨中最大限度地获利。

本章意在提供一个清帝国的简介，并略述一些对下文研究有重要意义的论题。我已尽力说明，清廷最关心的，是在一个多主制、多权力中心的世界上，如何以适当方式建构最高权力。清廷运用礼仪技巧，建立道统优势，并在时间和空间上拓展其帝国权力。

在探讨清帝某些名号的性质和实现这些名号的手段时，清关于统治权的观念界定了它与藩国的关系。清统治权并不是一个预先设定的各领土之间关系的构架，相反，它是借复杂的对话来建构的。这些对话包括某些藩王具有实质意义的称号，和清帝为了取得最高君主地位而必须做出的声明。同时，作为最高君主，清帝还必须怀柔远人。如此这般的权威是如何通过礼仪来实现的，这有待下文研讨（见第五章）。在此之前，我要把英国使团置于 18 世纪欧洲关于"国与国关系"的观念和英国心目中的清帝国这一背景之下，唯有如此，才可能在第四章重新审视马嘎尔尼对出访中国的叙述，并把它当作包含于英帝国扩张历程中的更广泛的文化论题来予以研讨。

第三章　计划和组织英国使团

第一节　导　论

第一个英国访华使团的动机，几乎总是被阐释为经济因素。在商业利益驱使下，英国政府试图借助外交改善贸易状况并更多地进入中国市场。[①] 这一解释不但看起来合乎情理，而且获得到使团有关文献的支撑。无论从哪个角度——古典政治经济学、经典马克思主义、列宁主义的帝国主义论——这一解释都是无可辩驳的。

然而，值得注意的是，英国东印度公司（EIC）——也许是因遣使入华可能实现的贸易增长的主要受益人——却并不十分热衷于这项事业。公司董事们指出，"第一和最重要的目标，

---

① 这亦被称为"自由贸易"观点，A. Peyrefitte（1993）最近重述过这一观点。然而，早在组织后来宣告失败的 1787 年卡斯卡特（Cathcart）使团之时，外交大臣亨利·邓达斯就强调说，如果使团成功地与中国政府达成协议，那么英国便没有任何义务"与其他国家，甚至除了东印度公司之外的其他英国臣民交流利益"。第二，英国政府确实在寻求更大程度地进入中国市场，这样做是代表东印度公司，那时它正垄断了对华贸易。见 Morse（1926，2：155）。

是不要削弱或损害"既存的对华关系。因为自 1784 年《减税 57
法案》(the Commutation of Act) 实施以来，对华贸易有了显
著改善。他们担心由使团导致的任何帝国敕令只会使广东的官
员们对公司产生反感。他们还认为，公行制度——尤其是它仅
仅是一种名义上的垄断——明显有利于贸易。另外，对于英国
政府进入某一领域从而可能对其权威地位造成威胁这一点，公
司的董事们十分敏感。如果政府想在广东派驻领事，情况尤为
如此。但同时，公司的董事们也感到，在收集中国的茶、丝绸
和棉花的生产情况，以及判断中国人对随使团而来的各种制成
品的反应方面，使团可能会有一些实际用处。①

如果说经济因素的解释因为东印度公司对遣使入华的犹豫
态度而显得难以服众的话，那么，它亦可因其将大量与使团有
关的活动视作无关痛痒和微不足道的事件而受到质疑。在这方
面特别值得一提的是，英国国务大臣亨利·邓达斯（Henry
Dundas）和马嘎尔尼勋爵都声称，英王国政府的利益高于公司
的商业利益。② 依此区别把使团分礼仪性和商业性两部分，首
先建立大不列颠与中华帝国之间的主权平等，然后借此获得商
业方面的成功。在仪式方面，马嘎尔尼想通过精心安排的巧舌

---

① 《印度事务部马嘎尔尼通信》(91：63 - 68)。亦见《印度事务部档案》"第
一、二、三份报告……"(1 - 10) 和 Pritchard (1938：210 - 221)。

② 见《印度事务部马嘎尔尼通信》(91：48，50 - 52) 和 Morse (1926，2：
155)。长久以来，邓达斯就是东印度公司的批评者和王室利益的倡导者。在
18 世纪 80 年代，他便努力从东印度公司手中夺回对印度的政治控制，并通过
一个叫"管辖委员会"(Board of Control) 的行政机构对印度进行投资。他亦
主张用王室军队取代公司的军事力量；见 Phillips (1940：23 - 60，尤见 49 -
55)。马嘎尔尼把英国国家政府的利益放在第一位。见 T. Bartlett (1983：87)
和 Fraser (1983：175，177 - 197 及 209 - 210)。

如簧的展示来吸引乾隆皇帝的注意，使他对英国的"国民性"有所认识。马嘎尔尼决定通过展示大英帝国所完成的智力与科学成就，并保持高度的成就感来实现这一目标。他亦希望借助于某些基本的中国人的特点——这些特点是他通过阅读那一时期有关中国的全部著作总结出来的。① 譬如，他确信清帝国可能是亚洲最先进的国家②，因此，巧舌如簧地炫耀应小心谨慎地对待"东方习俗与观念"（《印度事务部马嘎尔尼通信》，20：108. 132 - 133；Cranmer - Byng 1963：122）。如此这般的考虑在当时的情况下具有特别意义，因为马嘎尔尼依据自己阅读各种资料的体会，认为中国人常在"外在表现"的基础上来评价一个人（《印度事务部马嘎尔尼通信》，91：43）。

对中国的这些看法构成了使团中礼仪部分许多重要文件的内容。譬如，乔治国王给乾隆帝的信函、马嘎尔尼勋爵挑选的给皇帝的礼物及礼单、英国所拟定的接近清廷的计划，以及马

① 见第五节 18 世纪英国流传的有关中国的知识。这类知识及其他关于中国的表述源于一些欧洲使团的叙述，如 1763 年兰格（Lange）使团，1762 年贝尔（Bell）使团，还源自传教士的叙述，如杜赫德（Du Halde）1735 年的叙述，1736 年被译成英文。在马嘎尔尼使团起程之前，东印度公司为他收集了一大包早期使团对中国的叙述，见 James Cobb "关于中国和各使团来往的大致情况"，时间是 1792 年，《印度事务部马嘎尔尼通信》（91：85 - 90）。东印度公司提供的资料的内容，见 Pritchard（1936：409）。

在康奈尔大学 Wason 收集的 1786 年的马嘎尔尼的图书编目包括：Duhald 和 Liebnitz 的著作，有关 Anson 和 Cook 航海的著作，还有 Samuel Johnson、Locke、Voltarie 和 Hume 等人的著作。见《马嘎尔尼日记》（42）里 Cranmer - Byng 的评论。马嘎尔尼的图书表明他是一个典型的知识广博的绅士，见下文。

② 《印度事务部马嘎尔尼通信》（91：46 - 47）。或许马嘎尔尼是从自己的经历得出这个结论，他在任马德拉斯总督时就已感到与印度王公打交道很困难。见 Fraser（1983：177 - 197），马嘎尔尼经常对印度统治者表现出"毫不掩饰的轻视"（194）。

嘎尔尼筹划的旨在说服中国官员改变觐见方式以便把大不列颠与其他和中国有往来的国家区分开来的方案。

我考虑上述论题的目的，不在于以一种原因取代另一种，而在于设想把使团理解为一种 18 世纪晚期大英帝国独特的文化产生模式。我并非要划出经济活动与其他活动形式之间的区别，而是把"外交"和"贸易"视为已嵌入话语的观念。被嵌入这种话语使这两个观念被自然化为诸种原则的表达方式，而这些原则对于广大的英国公众而言是不证自明的。在探讨外交和贸易时，我将注意的是：①使团的计划者对英国自我认同的国体、国情所做的诠释；②英国人心目中的中国和"东方"情感；③这两者是如何构成了在向中国皇帝谈论"公共领域"时所用措辞的框架（见后）。为了便于探讨这一有争议的话题，请允许我首先回顾乔治三世给中国皇帝的信。比起乾隆帝那封著名的回信，19 世纪或 20 世纪的历史学家们对这封信的研究实在微不足道。

59

第二节 乔治三世致乾隆帝的信函

最神圣的乔治三世陛下，承蒙天恩，身为大不列颠，法兰西和爱尔兰国王，是海上霸主，是宗教正统的捍卫者，向中国最高君主乾隆致意，祝万寿无疆。①

---

① 所有引文引自 Morse（1926，2：244 - 247）。这封信的许多措辞都是马嘎尔尼勋爵在 1792 年 1 月 4 日给亨利·邓达斯的信中建议的。见《印度事务部马嘎尔尼通信》（91：37 - 42）。

英国国王的信是这样开头的。这封信的发出者号称是西北欧的统治者，广阔海疆的霸主。信写给中国皇帝，在形式上竭力模仿皇帝治下"成千上万"的臣民的口气。这种结构旨在一开始就建立一种共性，并表明大英国王与中国皇帝之间的平等关系——他们都是统治者。"最神圣陛下"和"中国最高君主"，皆奉天之命，共同努力以担起捍卫人类的"和平与安全"并把"和平"的福祉扩展至"整个人类"的责任。

为了履行这些职责，英国国王领导着他的臣民们探索更广阔的世界。乔治三世解释说他已经备好船只去发现地球上的新区域（可能指的是库克的大航海探险①），以便增加关于世界的知识，探明各种各样的物产，并"与那些长久以来就渴望了解生活的艺术与技能技巧的民族进行交流"。所有这些努力都是无私的，并不是想借此扩张领土，增加财富，或为国王的臣民谋求商业利益。上述行为的结果是和平、繁荣和对英国国王及其国家的"精明与公正"的广泛赞颂。同样，派遣使团的理由也被赋予了高尚的措辞。乔治急于更多地了解"那些因为君主制定明智法令并以身作则而臻于完善的文明国家"。对于中国，乔治非常想了解"中国的备受称赞的制度"，"正是这种制度使中国极度繁荣，赢得周边国家的仰慕"。

遣使的第二个目的与商业事务有关，但这是一位仁慈的公正的君主眼中的商业。既然仁慈的上帝在创造世界时，就使某些物产在一些地方丰裕而在另一些地方匮乏，那么，乔治深信

---

① 有关这些内容及其他大航海探险，见 Marshall 和 Williams（1982）。Marshall 注意到马嘎尔尼使团的人员类别与库克的大航海探险类似。见 Marshall（1993）。

"相隔遥远的国家之间的商品交换是互利的好事"①。第六节将详细阐释这种国际交换的概念，在此有必要强调的是，乔治三世的信没有暗示"商品交换"也许并非是所有统治者都关心的事。

同时，统治者的另一个共同之处是，在他们努力收集知识、重新配置世界商品时，都遇到了一个主要障碍。各地法律和习俗的巨大差异使得各民族之间有不同程度的陌生感。这种情况自然给眼下的中英关系带来诸多困难。但是，像国家间的其他类似问题一样，如果一位君主的使臣能够拜访另一位君主的宫廷的话，这些困难就容易被克服。由此，国王得出结论说，"我们两国之间所有的误解都能被避免，所有的不便都能被消除，一种坚实而持久的关系将得以巩固，相互帮忙将会带来互惠互利"②。

61

因此，使团来意旨在建立一种密切关系，并创设一种制度以便通过思想和商品的自由交流来防止未来的冲突。为了使出访成功，国王选择了一位出色的人充当他的代表。马嘎尔尼，"爱卿、顾问、前驻俄大使、前印度总督、巴斯勋爵、内阁顾问、白鹰荣誉团骑士、高级贵族，一位品格高尚，睿智能干的人"，被选为国王陛下的"特命全权大使"。

内容如上的这封信被装在饰以珠宝的盒子里，由马嘎尔尼勋爵带到中国，呈给乾隆皇帝。国王的声明中有不少地方很容

---

① 类似观点见 Vattel（1916，3：121）。他还补充说，鉴于资源分布不均衡，国家有"义务"促进相互贸易。

② 外交与商业的联系，尤其是谈到驻外使节，有关情况可见 1766 年的一次演讲，见 A. Smith（1978：552－553）。

易被当作夸大其词且与盎格鲁—中国人的实际情形不甚一致而遭摒弃。但我认为，正是这封信的内容和英使坚持的呈递方式提供了一个进入此信来源所在的文化世界的切入点。文本不但提供了英国政府所理解的职责、义务、君主及代表的权利，国家之间进行商品交换的意义，而且表明了英国人对乾隆帝的了解，后者是这次遣使的目标，是世界上"人口最多、地域最广"的国家的绝对统治者。为了更好地理解乔治三世信函所涉的种种复杂因素，我将首先探讨产生这封信的文化领域，并要谈到马嘎尔尼勋爵。

第三节　公共领域与马嘎尔尼勋爵的智者世界

在 18 世纪后半期，英国的政府官员、政治经济学家和道德哲学家都把外交和商业视为跨越国界进行交流的两种特殊途径。每一种交流形式都包含了谈判。通过谈判而达成的理性交换会产生"互利"（参见 Staunton，1797，1：18）。这种交换观念产生于 18 世纪中产阶级市民社会中兴起的新的社交方式——公共领域社交（Habermas，1962）。公共领域指一些新场所，如咖啡馆、沙龙、游览胜地的集会处、富人的花园、男人俱乐部、新周刊和月刊、形形色色旨在传播艺术和科学的组织，包括皇室庇护下的皇家艺术学院和皇家学会。公共领域产生了新的社会权威的来源，即"舆论"。中产阶级舆论被理解为"体现了思考着的个人持续不断地参与公开讨论这一普遍理性原则"（参见 Baker，1992：183）。它一面反对由继承而得的特权，一面又反对"下等阶层"的"庸俗"（Stallybrass

和 White，1986：80－100）。理想的状况是，"舆论"权威将产生摆脱愚昧、由人类理性所控制的社会秩序，而这种理性的要旨在于运用科学研究方法。[①]

关于这一点，后世有许多争议。譬如，18 世纪晚期的欧洲是否确实存在公共领域，它是不是一个曾经实现的或者可能实现的理想，它是否并非资产阶级建立霸权的一个有效的宣传工具？[②] 我无意参与此项讨论，而仅仅是想关注以下事实，即公众的这种新意识恰与在美洲、亚洲和非洲等地建立起的欧洲人帝国同步发生。英国公共领域（无论被如何定义）内的诸位名流直接或间接地推动了这种帝国主义。不过，公共领域对于 18 世纪的英国人是不是个现实，这个问题在某种意义上是无关紧要的。下文要论及的许多人相信被当代学者称为"公共领域"的东西确实存在，他们参与并形成了后者。他们的这种信念有助于解释英国使团从计划到组建的某些特点。

63

我们可以从讨论文学俱乐部开始，马嘎尔尼于 1786 年被选入这个组织。很难找到比它更典型的表现公共领域文化的组织。俱乐部成立于 1764 年，创建者系著名肖像画家、乔治三

---

① 哈贝马斯模式（Habermasian）有价值的观点之一是，关注历史的特殊性和一种可能性，即一种特定的经济形式不一定会产生一个普遍适用的社会形式。我在此对公共领域的描述最好被理解为一种理想化的事物。最近学术界的争论常常迷失在对这个观念的热衷之中，这反映了公众空间借以形成的排他性过程。在争辩中很少涉及妇女、儿童、工人、穷人、非洲人、印第安人和亚洲人（仅举数例），除非他们被作为思考"启蒙理性"的对象。资产阶级的空间的建立提供了对哈贝马斯式观念的另一种选择，有关这一点见 Stallybrass 和 White（1986）。

② 有关公共领域的各种讨论，见 Stallybrass，White（1986），Calhoun（1992）的文章和 Eagleton（1990）。

世的宫廷画家、皇家艺术学院的第一任院长乔苏亚·雷诺兹（Joshua Keynolds）爵士。学院最初的成员包括塞缪尔·约翰逊（Samuel Johnson），他通过那个时代中经久不衰的出版物之一——《绅士》杂志（*The Gentleman's Magazine*）引导着知识界，而这只是他众多成就中的一个。政治哲学家埃德蒙·伯克（Edmund Burke）；诗人兼戏剧家奥利佛·戈德史密斯（Oliver Goldsmith）；古典学者贝尼特·兰顿（Bennct Langton）；藏书家托珀姆·博克莱尔（Topham Beauclerk）。到马嘎尔尼当选的年代，俱乐部成员已扩大至包括东方学家威廉·琼斯（William Jones）爵士，博物学家、皇家学会主席约瑟夫·班克思（Joseph Banks）爵士，演员戴维·加里克（David Garrick），历史学家爱德华·吉本（Edward Gibbon），政治经济学家亚当·斯密（Adam Smith），政治家查尔斯·福克斯（Charles James Fox），詹姆斯·博斯韦尔（James Boswell），以及许多牧师和有爵位的贵族。

俱乐部由乔治时代英格兰的"知识贵族"［历史学家刘易斯·科蒂斯（Lewis Curtis）语］构成，包括多种多样的成员。聚会中，"被严谨、睿智的叙述加强了"的多样性产生了"男人式的谈话"。吉本认为这种谈话极富吸引力。在这块男人的天地里，像"文学俱乐部"这样的公共领域组织中，男人们在这样的交谈中认可异议并希冀借此发现"真理"（Curtis 和 Liebert，1963：36），发现支配自然和社会的男性化的"法则"）。在此，"男人式谈话"这一观念很关键，只有当这种精神上的有见识的交谈（而非闲聊）与十足的不列颠经验主义者对经验的依赖以及理性与道德密不可分这样的信念相结合起来时，才有可能发现真理。这种产生真理的原则也有助于解释马嘎尔尼为何会被选入俱乐部。他的长处在于他拥有其他成员所没有的经历，即他是一位曾任职西印度、印度和俄国的老练的外交官。

支配着文学俱乐部的组成原则也体现了若干观念，这些观念是理解马嘎尔尼的核心。首要的是，俱乐部的特点也是理想化的中产阶级绅士的特点。绅士关注每天发生的各种事件，热心于艺术和科学的发展，培养有见解的品位（见下文），并且是没有私利的（意即不带偏见的，公正的），不是为了自己而是为了大众福祉。俱乐部成员尤其如此，他们忠于王国，超越腐败。

看来俱乐部成员的特点被夸大了，尤其当我们忆起这样的绅士典范出自英国派别政治和政治腐败都很盛行的时代时。[①]那时的情况是，买卖议会席位，不攀附权贵就很难获得官职，要晋升就要有政治庇护。马嘎尔尼自己不但认识到这种现状，而且积极参与其间以谋求远大前程。[②]

在英国人关于"知识贵族"的著述中，现实与理想一分为二，加上马嘎尔尼自身行为的矛盾，这就揭示了如下可能

64

---

① 有关乔治三世时代的政治腐败，见 Namier（1930：4 - 7 和 1965：158 - 172）和 Watson（1960：8 - 9）。Namier 认为，"腐败"可以被视为暴发户参与政治的一种方式，没有它，下议院就会只有乡绅一个阶层（5）。在新兴的金融业者中就有东印度公司的"富翁"［见 Watson（1960：163）］，他们遭到爱德蒙·伯克这样的知识贵族的强烈批评。见伯克对东印度公司的抨击（1866，8：11 - 113）。

② 见《马嘎尔尼日记》：（17 - 23），Cranmer - Bang 对马嘎尔尼生涯的讨论。马嘎尔尼标榜自己远离腐败，忠诚地为公众服务，只收取微少报酬。见 Pritchard（1936：274，294）。

性：对大不列颠状况的表述和态度被转移到其他国家和社会里——在此是指中国和中国人。在马嘎尔尼及使团其他成员的叙述中，反复运用公共领域文化所评定的特点来构建他们的著述——对清廷的判断、评价、看法和叙述本身是通过这些理念而写成的。同样重要的是，当时大不列颠国内政治的消极面、腐败、权力贩卖等也有意识或无意识地投射到中国。他们打了许多比方，以便把"中国人的行为"译成熟悉的行为类别。使团的叙述还从关于中国的普遍看法中寻找依据。这些普遍看法存在于有关国民性的讨论之中，存在于有关品味的争论所反映的变化不定的美学观念中，这些都是乔治时代英格兰的知识贵族中所流行的。[①]

第四节　国民性

如前所述，马嘎尔尼和邓达斯认为清帝国对英国国民性的印象是错误的。但是，我们要问，他们所说的国民性是指什么呢？18世纪的英国人通常用这个术语来指陈生活在特定领土范围内的民族的道德习俗和行为方式。据此分类，民族因其特性而可以被定义。一个民族的成员在行为、态度、信仰等方面拥有共同特征，这使他们区别于其他国家的居民。反过来，人们通过社会交往形成这些特性并与习俗（风俗或习惯）一起代代相传。各群体互不相同的道德习俗与行为方式，使英国人

---

① 见《印度事务部档案》，"第一、第二和第三份报告……"，他们认为中国政府是"天底下最腐败的"，中国人猜忌、怀疑、胆怯、迷信，"无意革新"（1793：4）。

有可能与西班牙人、法国人、中国人和太平洋的岛国居民区分开来，并使这些人相互区别。在英国，有关这类差异的知识产生于乔治三世给乾隆皇帝的信里提到过的那些航行。

关于这种民族特性差异的起源有不同看法。有一派——比如说 18 世纪的孟德斯鸠（1748：221 - 234）——认为，气候是形成特定人群共同特性的决定性因素。与孟德斯鸠同时代的大卫·休谟（David Hume）认同气候或"物质原因"的重要性，但他认为这些仅仅影响人类的身体状况。休谟宣称，更重要的是"精神因素"，包括"政府的性质，公共事物的变革，人民的生活是富裕还是贫穷，国家在相邻国中的地位情势，等等……"（1898：244）。

休谟通过历史类比形成了不同于气候决定论的看法，他一共列了九项。就其目的而言，最有意义的是第一项和最后一项。因为，有趣的是，他们所谈到的正是中国和英国——截然相反的两极。休谟说，"在很早就建立起政府的地方，它在整个帝国范围内传播一种国民性，各地相互交流相似的行为方式，这样，尽管广大区域的各个部分因气候不同而有相当的差异，中国人在性格上仍具有可以想象得到的最大的一致性"（1898：249，重点为引者所加）。如他在另一篇论文里所谈到的，中国是一个巨大的统一体，"说一种语言，通行一种法律，连同情方式都是一样的"（1898：183）。如果中国的原则是单一，则英的原则就是多元。休谟由此得出惊人的结论：

66

　　……英国政府是君主制、贵族制、民主制的混合体，

绅士和商人构成权势集团，他们分属各类教派。广泛的自
由和独立允许每个人展示他的与众不同。因此，英国是世
界上最少具有某种一致的国民性的，除非这种罕有的特点
能够充当国民性（1898：252）。①

　　因此，由于行为方式的多样性，由于权力制衡机制，由于
专制权力的缺失，由于宗教宽容，由于自由，英国是与众不同
的。所有这些特点使得英国成为世界的例外。在休谟的见解中
同样重要的是，他的中英对比为英国例外论提供了基础，使英
国区别于其他国家的特征与诸如文学俱乐部这样的组织中的知
识贵族所信奉的价值观相吻合。

　　尽管马嘎尔尼对休谟的英国人定义可能一点异议也没
有，但他更愿意向清廷展示的不是英国的多样性而是英国
国民性的某一特定方面。这一特定方面在英王的信中是显
而易见的。那就是英国人对世界的好奇心、了解其他民族
的道德习俗的热情、国王发起的旨在收集知识的航行、乔
治三世庇护下的传播这类知识的组织机构、与像中国这样
的伟大帝国建立友好联系的兴趣——所有这些都是英国绅
士们道德习俗和行为方式的一部分。这些绅士构成文学俱
乐部具有品味、洞察力、求知欲、公正无私、周密细致以
及高水准的道德原则，这些就是马嘎尔尼打算展示给中国
的英国国民性。

――――――――――

①　March（1974：39-45）回顾了与休谟类似的其他欧洲作家（尤其是 J. S. Mill）
　　的观点，位于布莱顿的乔治四世的皇家建筑就是一例。

但是，他是如何看待与他打交道的对象呢？他对其设想如何呢？中国的道德规范和行为方式是怎样的呢？它们在多大程度上符合马嘎尔尼对"东方习俗与思想"的想象？

第五节　有关品味和中国形象的讨论

在 18 世纪中期，中国时尚风行整个大不列颠。在中国式装饰风格这一总标题下，"中国式风格"渗透进花园设计、建筑及绘画等领域，类似的情况也出现在文学和道德哲学领域。在马嘎尔尼使团前 20 年，风行一时的中国式装饰风格达到高峰，其影响直到 19 世纪早期仍可感受到。马嘎尔尼本人就是通过这些"英国制造"的中国形象来认识中国的，但有时这些形象也会使他感到迷惑。

自 16 世纪起，有关中国的描述就开始渗入欧洲。描述者有耶稣会士、曾到过中国海岸的航海者和欧洲各国使团的成员。在这些描述中，浮现出一个高度理想化的中国，一个由受过教育的社会精英充当官员、组成政府，并由仁慈的专制君主所领导的乌托邦。它财富充盈，农业发达，足可养活世界上最多的人口。正如法国重农主义者所说的，中国的长处与同时代欧洲社会的短处恰成对照（Allen，1937，1：182 - 183 和 Appleton，1951：37 - 52）。

到 18 世纪中期，法国已经出现了十足的儒学热。中国圣贤成为一切中国古代智慧的代表。像魁奈（Quesnay）这样的道德哲学家对中国的体制称赞不已，并敦促欧洲君主们仿效中国皇帝。在奥地利，神圣罗马帝国皇帝约瑟夫二世看来也确实采纳了这些建议：有描绘他犁耕的图画，是模仿中国皇帝而来的〔《欧洲与中国的皇帝》（*Europa und die Kaiser von China*，1985：304）〕。即使英格兰也未能免于受到对中国的赞扬性描述的影响。17 世纪晚期，威廉·坦普尔（William Temple）爵士写了许多称赞儒学的著作，其他英国著者则将中国视为莫尔的乌托邦的部分实现。这种情感到 21 世纪依然盛行。在评论耶稣会士杜赫德为《绅士》杂志所写的小品文时，塞缪尔·约翰逊在笔下热情乐观地描述了儒学和中国。（Appleton，1951：42 – 51 和 Fan，1945）

　　随着中欧贸易的增长，中国的瓷器、漆器、家具、纺织品在英国自由流转，并激发工匠们设计新的样式。到 18 世纪 50 年代，威廉（William）和约翰·哈夫彭尼（John Halfpenny）的《中国式庙宇、凯旋门、花园椅子、栅栏等的新设计》（1750 ~ 1752），查尔斯·奥韦尔（Charles Over）的《哥特式、中国式和现代派中的装饰建筑》（1758）和保罗·德克尔（Paul Decker）的《中国式民用建筑与装饰》等著作影响着建筑和花园设计。更进一步激起对中国式设计兴趣的是法国耶稣会士对圆明园的描述，它被译为英文，并在 18 世纪中叶的英国杂志中广泛流传。也许最有影响的当数威廉·钱伯斯（William Chambers）的艺术设计著作。钱伯斯曾任东印度公司驻广东货载管理员，在《中国式建筑的设计》（1757，塞缪尔·约翰逊写了开头几段）、《论东方式花园》等书中，他大力倡导在更大型的建筑中运用中国式风格。

　　钱伯斯赞成中国式设计，但并不希望被划入"夸大中国

68

优点的人"之列①。他拒绝毫无保留地赞扬中国,这与英国艺术和道德哲学领域里日益增长的对中国影响力的抵制正相表里。攻击来自各个方面——愤怒的古典主义者捍卫希腊和罗马的"纯洁",牧师和坚定忠诚的英国人赞美英国的价值和品位。对中国事物的指责——无论是以讽刺的口吻还是以敌对的方式——都有许多共同点。第一,批评者认为,被中国式风格吸引的都是暴发户和妇女。暴发户被认为是英国议院中政治腐败和权力贩卖的重要根源,而妇女则被认定缺乏美学鉴赏力。第二,一些人认为,中国式风格的形式因背离"自然与真理"而不符合艺术标准。虽然批评者在使用这些术语时所表达的含义大相径庭,但其核心观念则始终是简单、有序和对称的。无论怎么看,中国式风格都没有这些核心观念。第三,一些批评者如威廉·怀特黑德(William Whitehead)认为,中国式风格根本不是中国的,而是欧洲设计家作品的拼凑(参见 Appleton,1951:103 – 119)。上述最后一种批评尤其有害,因为就美学而言,它意味着艺术被变成时尚,因而成为商品。

最后,对中国式风格的反对发展为对中国的整体批评。在《鉴赏家》《绅士》这样的期刊里,对中国模式的诋毁就如同下面几行文字中对中国画的攻击一样。这段文字出现在1755 年的《世界》(The World)里:

---

① 有关英国的中国时尚,我赞同 Appleton(1951:90 – 120)的观点,他在第 102页上引用了钱伯斯的看法。亦见 Allen(1937),Bald(1950),Chen(1936)和 Steegmann(1936)。

绘画，就像建筑一样一直背叛事物的真理，不值得被称为典雅。不真实的光，不真实的影，不真实的透视法和比例，灰暗的色彩，没有层次，没有明物与暗物。总之，仅仅是形式的组合，没有内容，也没有意义，这就是中国画的实质（引自 Appleton，1959：119）。

失败的绘画，不真实的作品，所有这些都指向同一件事——中国人不能准确再现自然界或社会生活的现实。

对中国艺术的态度的转变受到另一种现象的影响。整个 18 世纪，伴随着国民性的讨论，出现了一种新的历史，它部分是通过新期刊传播开来。与希腊—罗马时代相比，它主要是一种世俗的修史方法，将民族视为主要分析对象。受已知的科学发展模式的影响，支配这种修史方法的叙述原则是质的进步这样一种观念。该观念与对自然界和人类社会的知识的增长密切相关。一方面，进步是物质性的，它体现在市场商品的巨大增长上，体现在出现了足以代替人力的技术上，体现在从世界各地流入英国的财富上。但同时，进步也意味着另外的东西：它表明了在过去基础上的快速发展，摆脱了教会、礼仪与典礼、迷信与魔幻、风俗与习惯等的支配，有了飞跃。它还表明了一种转变：从前的世界，人们只了解表象，而现在，正确的道德、美学和科学鉴赏力形成了彻底的男性也即理性的眼光。以此眼光看待世界，则世界就是可以辨别、可以用语言描绘的。以此眼光观察世界，就会揭开从前被欺骗性外表所掩盖的秘密。[1] 在这种观念的转变中，中国的形象受到的损害是无法计算的（对深受此类有关世界历史进步和现实的性质的观点影响的欧美知识分子而言，在很大程度上，中国的形象现在依然如此）。

我们提到的观念的变化，在英国知识贵族对中国的再评价中尤为明显。譬如，休谟认为自孔子以来，中国的科学进步很小甚至没有进步，这与不能突破过去的成就有关。尽管道德标准和行为方式的一致使人们彬彬有礼，但它同时也造成了知识的停滞（1898，1：183）。在博斯韦尔记录的一次著名的对话中，约翰逊博士早年对中国事物的热情似乎已随着年龄的增长而减退。他贬斥中国除了生产陶器，再没别的（Allen，1937，1：187）。文学俱乐部的另一位有声望的成员，威廉·琼斯爵士，几乎找不到中国人的长处，时间是在 1790 年，即马嘎尔尼勋爵从英国出发前的两年。琼斯认为：

> 他们的文字，（如果我们可以这样称呼它的话，）仅仅只是概念的符号，大众的宗教是相当晚近时才从

---

[1] 一般认为 18 世纪欧洲产生了世界历史和连续的时间的观念。我对这种观点并无异议，但我发现在同时代的英国杂志中也出现了民族的和排他主义的历史。譬如《年鉴》，1758 年创刊，刊登了有关大不列颠过去一年的历史、编年史和政府文件等方面的内容。人们会认为这也许表明了大众文化和更为严肃、更有哲学意味的治史方法的区别。除了休谟，埃德蒙·伯克多年编撰《年鉴》并为之撰稿之外也写过英国史。有关 18 世纪历史观念的改变见 Collingwood（1946：59 - 85）和 Nisbet（1969：104 - 125）；有关 18 世纪的欧洲与欧洲古迹之间的联系，见 Bernal（1987：192 - 204）；有关理性与进步及两者的产生见 Lloyd（1984：57 - 73）；有关观念的变化及观察世界的新方法，见 Lowe（1982）和 Reiss（1982）。

71　　印度传入的，他们的哲学似乎还停留在原始的状态，以致几乎不配称为哲学，他们没有古代留下的纪念碑，凭之可以借助合乎情理的猜想来追溯他们的起源，他们的科学整个是舶来品，他们的机械工艺毫无体系可言，那些在受到造化垂青的国家里肯定会被发现和改进的工艺，在这里却一点也没有。他们有货真价实的民族音乐和民族诗篇，两者都哀婉动人，但是，若论及绘画、雕塑或是建筑等需要想象力的艺术，他们（就如同其他亚洲人一样）则一无所知（Teignmouth, 1807, 3：147-148）。

就如同其他历数中国弊端的英语论文一样，琼斯的这一篇文章几乎没有任何有关中国的经验主义式的新知识，也不是建立在第一手经验之上的。以经验主义者自居而有如此做法，确实奇怪，令人难以理解。正如格雷·布卢指出的，这种拒斥的基础是"西方观点的变化"（1988：108），（我加上一句）早期理想化的中国亦是建立在西方观点之上。由此引出一个相当有趣的问题。1750年以后，英国涌现的关于中国的特别的表述，典型者如休谟、约翰逊、琼斯及其他人的评论，与一个自我标榜理性交流思想和明智审慎地评判人类事物的知识界是不相称的。这些英国知识界精英的价值标准与他们关于中国的评论，这两者的不一致可能使人得出如下结论：中国顽固地拒斥欧洲人的渗透和公共领域所定义的"理性"，并继续在欧洲中心主义所构想的世界之外运行。

更进一步讲，也许，中国的自给自足和拒绝按照欧洲人的条件与之接触，这些行为既产生了敬畏感，也导致了挫败感。这两种感情在马嘎尔尼使团的记录中均深有体现。副使乔治·斯当东（George Staunton）是皇家学会的会员，牛津大学的法学博士，他注意到其他地方的土著居民吸收了欧洲人的"方式、服饰、情感和习惯"，而中国人却不是这样。在与英国贸易商接触一百年之后，中国人什么也没改变。更糟的是，反而是大不列颠产生了对中国的依赖，不可替代的商品——茶——已成为"英国大多数阶层日常生活之必需"（1797，1：16 – 17）。

依据那个时代的见识，造成这种悲哀状况的原因不难找 72 到。在东印度公司商船货物管理人连续不断的报告和到过中国海岸港口的旅行者的叙述里，都描述了这种原因。那些曾被早期的中国文化喜好者大加赞扬的"达官贵人"，如今却被视为改善中英关系的唯一障碍。他们身为统治阶层，却不能正确地认识所处的世界，更重要的是，他们把那些经商的人视为"下等阶层"。中国官员既"傲慢又武断"（Staunton，1797，1：14），对陌生人既带偏见又怀嫉妒，同时以孤芳自赏和自欺欺人的态度维护着优越感。在英国知识贵族看来，这种优越感不但在过去毫无根据（正如琼斯所说），在当前也是完全没有理由的。这种看法被后来的英国人一代又一代毫无改动地保留下来，直至清朝垮台。在某种意义上，英国在19世纪给予中国的攻击只是先前散漫的侵犯的翻版。在第一支英国枪瞄准中国人之前，中国就已经在著作中被摧毁了。

然而，使英国知识精英感觉到有必要在著述中贬低中国，中国人的拒斥只是诱因之一。在有关英国公共领域的讨论中，斯托利伯纳斯和怀特强调，对中国的这种贬低很大程度上是借助否定炮制出来的。否定"通过将把围绕并威胁到自身的相关领域作为否定因素纳入其中（重点为原文所加）"，从而产生"新领域"。它通过否定和对抗的过程，不断的自我产生、自我再生（1986：89）（重点为引者所加）。

　　我将要阐明，这正是在一个被否定的中国的形成过程之中显露出来的。对中国的样式、道德、方式或马嘎尔尼所概括的"东方习俗与思想"的否定产生了资产阶级的品位和［如同特里·伊格尔顿（Terry Eagleton）近来指出的（1990）］一种为资产阶级的实践涉及的各个领域提供评判标准的美学。从英国话语有关中国的表述来看，这种否定的影响是双重的。一方面，它使中国变得女性化，像个女子（与男子相对）一样，敏感、妒忌、误入歧途、注重外表、非理性、武断、反复无常；另一方面，这个想象中的中国促使资产阶级产生男性化的自我认同，它等同于善良、真理、真实、理性和正直。另外，这也表明，正是对中国尤其是中国人的过去的否定，产生了"西方"，它将一个活生生的真实存在的中国作为负面的形象，用以建构英国民族优越感并昭示英国人超越了过去的全球秩序。否定和蔑视表现在各个方面。如果说没有"中国"，那么"西方"亦不可能存在，可是这种推论式的规则一再被忽略。在某种程度上，这种忽略是借助蔑视想象中的中国来完成的。第一个英国使团就是一个好例子。马嘎尔尼不但预期而且最终宣称，他的对抗行为——特别是他拒绝参加清廷的某些典礼——的结果是他的使团获得了成功。

第六节　典礼、主权和外交

对于有见识的头脑来说，典礼是个问题。由于日益增长的工具主义和实用主义的影响，公共领域理性有反对典礼的惯例（比如皇室盛大辉煌的典礼）。在理智人的眼里，典礼是缺乏内容的形式，旨在掩饰权力机制，并威吓未曾开智的人。同时，作为基于理性的传统主义的防护墙，典礼又有其特定用处。譬如，埃德蒙·伯克在谈到"使权力变得温柔，使服从变得自由"的令人愉悦的幻觉时，曾提及皇家典礼的壮观场面（引自 Eagleton，1990：58），然而，即使在揭示权力引起幻觉的这些方面时，仍然有一定的幻觉。在英国访华使团的例子里，问题是如果没有典礼，外交作为实现"互惠互利"的过程是否可以想象或是否可能？如果不，那么典礼的意义何在呢？为什么觐见及其形式对英国使团如此关键？为什么饱经风雨的马嘎尔尼勋爵如此看重形式？

在 18 世纪的欧洲，对典礼的关注是与大使所代表的君主的尊严和荣誉联系在一起的。政治理论认为，君主代表国家的统一和独立（此为欧洲觐见礼仪中的要点）①。瓦特尔（Vattel）在

---

① 有关主权的讨论见于 17 和 18 世纪对市民社会起源的争鸣之中。这场争鸣遍及社会契约理论和君权神授理论，涉猎了有关权威的资料和表述。关于"历史观念"中的主权，见《不列颠百科全书》（1911，25：519 – 523），它表明了观念在历史过程中的模糊性，亦见《社会百科全书》（1934，14：265 – 269）。最近，Hinsley 指出，今天的主权观念与国际关系有关，这样的主权观念是相对晚近才出现的，大致始于维也纳会议，见（1969）和（1986）。Ryan（1982：4 – 8）读过霍布斯的《利维坦》之后，指出这样的主权观念是通过系统地排斥其他的权威观念而得以在话语中形成的排他性构成的，旨在建立主权地位专制主义（absolutism of the sovereign's position），这种立场与上文讨论的构建公共领域是一致的。

74 其有影响的著作《各国之法律》(*The Law of Nations*) 中指出，君主作为"与政府有关的义务和权利的受托人"，道德高尚，他们拥有公共权威，拥有一切足以塑造国民品质的特征"。作为国家有形的和超越的中心（Kantorowicz, 1957），君主通常是"神圣的和不可侵犯的"。在这种主权观点下，当大使访问别国时，他们本人也是神圣的和不可侵犯的（Vattel, 1916, 3：21-23，371）。威胁君主或其代表的崇高地位，就等于威胁国家本身。

在欧洲，外交家们非常关注仪式上的先后次序，并掌握各国宫廷不同的礼仪形式，以避免对其代表的君主的冒犯。① 关于欧洲宫廷中典礼的重要性以及在正式的外交谈判开始之前如何必须忍受这些典礼，没有比约翰·亚当斯论述得更清楚、更权威的了。不过如果这种行为意味着新建立的美国不能与欧洲各国平起平坐的话，那么亚当斯本人并不赞成摒弃典礼。② 这75 些关注表明，至少在理论上，正是通过礼仪完成了主权的相互认可，实现了国家之间的相互平等。无论是使团的事务，还是谈判实质性问题，还是签订条约，这种仪式上的承认都是先决

---

① Vattel 本人认为先例仅仅只是"一种习俗"，他解释说大使以下新设了各级官员以解决先例造成的问题（1916, 3：367-368）。对18世纪欧洲各国关系的先例研究很少，因为欧洲外交史学家们认为1648年的《威斯特伐利亚和约》建立了欧洲各国的平等关系。但是大量证据表明先例问题依然存在，有时还导致激烈的冲突。有关发生在伦敦的事例，见 Lachs（1965：108-109）和 E. Turner（1959：131, 159-160 和216）。Martens 在他的著作中专列一节谈论避免先例导致的冲突（1795：136-144）。Horn 认为这一节是 Cobbett 加上去的，见（1961：205-206）。

② 有关欧洲宫廷里礼仪的重要性，见 Martens（1795：136-144）。John Adams 在1785年与乔治三世有关觐见的谈话中，谈到了他对礼仪的看法。见 C. F. Adams（1853, 8：251-259）。

条件。

但是，想一想在这同时有关中国的否定性构想，一个其领导人被预设为如此愚昧无知的国家，马嘎尔尼勋爵怎能希望与之达成主权的相互认可呢？这个问题的答案在于一系列被强化的想法或信仰之中。这些主张和信仰产生于英中交往的历史，产生于英国对中国的臆造。

想法之一与一个观念有关，即清廷不赞赏英国人的原因，在于它所接触的英国人局限在"粗俗和未接受教育"的英国海员及其他"下层人士"（Staunton，1797，1：15）。事实上，东印度公司在给马嘎尔尼勋爵的建议中，自己亦承认驻广东的英国水手是"放荡的和骚动的"，这可以解释为什么贸易被限制在一个港口进行，亦可解释为什么中国"上层官员"认为英国人是"野蛮"的（Pritchard，1938：213）。换言之，中国官员从未遇到过他们喜爱的英国人，更不用说像马嘎尔尼勋爵这样高贵的人士——不但是一位贵族、外交家、英国知识贵族中的一员，更是如乔治三世信中所述，是国王的表亲（！）一个精心安排以便打动中国官员的头衔多多的人。①

想法之二与英国人对皇帝本人的认知有关。喜爱中国文化的人描绘了仁慈的专政，在由此产生的联想中，皇帝的品质不像他的帝国那么糟糕，而是蒙着一层肯定性的面纱。东印度公司一些负责人认为皇帝有自由、开放的倾向，并且实际上可

---

① Cobb 研究了从前的访华使团之后指出，荷兰人因为不能肯定大使是否与荷兰王室有关系而在广东陷入困境，见《印度事务部马嘎尔尼通信》（91：68）。卡思卡特使团的医生尤尔特（Ewart）在给邓达斯的信中亦有类似看法（142）。对于尤尔特的这些建议，马嘎尔尼以相当恼怒的口吻说，这些是常识（155）。

能完全不知道他的官员滥用权力以及由此给英国人造成的种种苦处。关于这一看法，除了到过北京宫廷的传教士的印象之外，并没有反面的经验性证据。最重要的是，在筹划使团的那段时间里，东印度公司负责人的叙述在伦敦颇有影响。由于把中国皇帝设想为中国统治阶层中的例外，邓达斯和马嘎尔尼相信所有需要做的事就是找到某种方式能够直接向皇帝诉说事实。如果一切顺利，在觐见之后，马嘎尔尼就将谈到使团的商务目的。了解这种情况之后，皇帝就会改变贸易条件使英国人满意。①

　　第二种想法造成了某种左右为难的境地——怎样才能绕过横亘在英使与中国皇帝之间的许多障碍（广东的腐败官员，北京的怀有敌意的法国和葡萄牙传教士），以什么为托词才能做到这一点呢？最后，马嘎尔尼和邓达斯决定：①向清廷官员表示，使团的使命在于庆祝皇帝80岁诞辰。②直接停靠离北京最近的天津，以避开广州的地方官员并免除长途跋涉。对中国官员说停靠天津的理由是所携带的礼物既大型又精致，恐怕在长途陆路跋涉中被损坏。

　　想法之三与英国人的礼物及马嘎尔尼对它们的期望有关。他希望这些礼物能使清廷感受到英国的艺术和优越。考虑到中国皇帝已经拥有许多欧洲工艺品［斯当东嘲讽地称之为"玩具和音乐盒"，见（1797，1：48）］，马嘎尔尼决定教会皇帝区分"珍品"，"引起短暂好奇的小东西"，"好看却没有用的"

---

① 见邓达斯给马嘎尔尼的指示，Morse（1926，2：233－234）。邓达斯指出，"许多不同的旅行者的表述都提供了强有力的理由，相信皇帝本人是平易近人的"。

以及"实用"的物品［《印度事务部马嘎尔尼通信》（20：109）］。

最重要的礼物是一台精心设计的天象仪，伴之以各种各样的天文设备。一到中国，就准备一份附有说明的分类目录，强调这些技术能够准确地描绘宇宙或在有望远镜和测量设备的情况下提供对宇宙的表述。还有下列物品：在现代的窑厂里制成的陶器和瓷器、挂毯、地毯、马鞍、两架黄色马车、毛瑟枪、手枪、剑、炮、布料、羊毛、枝形挂灯，等等。分类目录上全是品质优良、以最现代化的手工艺生产出来的物品。另外还有绘画，描绘了皇室"生活场景"，描绘了都市、城镇、教堂、花园、城堡、桥梁和湖泊，描绘了海战、陆战、火山、古迹、船坞、赛马、斗牛，及"其他在英王统治领域和欧洲其他地区最令人好奇或最引人注目的事物"，"一艘完整的战船模型"——"皇室"号（！），附有一百只"大口径"的铜炮。[①]所有的礼物只有一个目的——引起乾隆皇帝的好奇心。正如斯当东说的，"任何弘扬科学、促进艺术的方法和手段都将给皇帝留下更为牢固而永久的愉悦，他的生命阅历很自然地引导他在每一件事物上去寻求那种易于感受的效用"（1797，1：49，重点为引者所加）。

"自然"这个词相当有揭示性，它再次表明，典型的英国想法被当作不言而喻和放之四海而皆准的真理向外输出。当然有人也许会说，斯当东所指的皇帝的成熟也就是承认效用，

---

① 见《印度事务部马嘎尔尼通信》（20：142 - 144）和 Cranme - Byng，Levere（1981：520 - 525）。《掌故丛编》（22B - 24B）可以找到中译本。Waley - Cohen（1993：1534）提到了船名。

因为成熟就意味着承认效用，就好比"男人式谈话"意味着理性，或谈判意味着交流一样。但是为什么会做这样的类比？回忆一下那些产生出一个女性化中国的构想吧，根据在那一过程中产生关系的内在逻辑，如果使团想成功地在新的基础上建立两国关系，就必须把中国皇帝构想得男性化。只有如此构想出来的代理人才能签订合法协定。只有一位男性化的主体（特别是在一个女性化的氛围之中）才能够签订并履行条约。

有理由置疑马嘎尔尼和斯当东在多大的程度上相信他们所构想的乾隆帝的性格品质接近实情。换言之，实际上，马嘎尔尼已做好准备，如果乾隆帝不能理解英国礼物的效用，那么他将掩饰他对于"东方习俗和思想"的看法。这种看法正是建立在下述普遍说法之上的，即亚洲宫廷和"东方骄奢淫逸之徒"（借用康德优雅的语言，1987：134）喜爱华丽壮观和精心安排的展览，东方的中国朝廷正是以此种"外在"表现来评判人们。正是这些而不是别的什么考虑促使使团到热河参加觐见①，并且重要的礼物采用帝王之色——黄色（Pritchard，1936：281），这些考虑也足可解释天象仪上的特别装饰，它以镀金和珐琅做装饰，并有凤梨及其他图案的垂花饰，由著名的蓓尔美尔钟表商伏里亚米（Vulliamy）制成（Levere，1981：512）。从描述和保存下来的草图可以得出以下结论：这些装饰的效果在于使欧洲的天文学和机械工艺的结晶带上几分中国

① 见马嘎尔尼在日记里的描述（122）和 Peyrefitte（1992）封面上的图画和 Singer（1992）。

式风格。

最后一个想法与觐见有关，马嘎尔尼打算在觐见时呈上乔治三世的信函。即使皇帝是整个统治阶级中的例外，是格外开明的，对于"有见识的"英国人而言，问题依然存在。皇帝统治的帝国实行专制，每一个走近皇帝御座的人都要"屈膝拜倒"以示服从。这种要求显得很不体面，原因有两个，第一，它有损君主的尊严，因而打击了英国主权观念的核心。这样的行为将排除相互承认君主平等的可能性，从而在开始谈判商务事宜之前就结束马嘎尔尼的使命。第二，身体，尤其是头和脸触地，引发了资产阶级绅士们头脑中的所有令人厌恶的形象，更不用说他们总是把地或低与灰尘和"粗俗"阶层联系起来。实际上，匍匐拜倒在很大程度上变成了亚洲人奴性与女性化的典型特征。英国人看见亚洲人做此类动作时，总会觉得反感，这种例子很多。他们不可避免地将这类行为与羞辱、贬黜和他们认为的亚洲宗教具有的荒谬的鬼神崇拜相联系。在这方面，也许最令"理性的"英国人烦恼不安的是，匍匐拜倒的人离地越近，站在他面前的那个人就越显得高不可攀。

但是，如何避免这样的羞辱？在英格兰的时候，马嘎尔尼对此问题的想法相当模糊，认为任何典礼形式都可以临时谈判（《印度事务部马嘎尔尼通信》，91：159）。看来，他做了充分的准备，要在这个问题上与清廷官员据理力争，要用使团"精彩"体面的展览、国王的信函、宣言和礼物的质量来影响中国人的观念。邓达斯在此问题上要犹豫一些。在指示中，他告诫马嘎尔尼"要遵守那些可能会损害君主荣誉或个人尊严，故而会危及谈判成功的礼仪"（Morse，1926，2：236）。下一章将清晰地表明，马嘎尔尼最终制定的策略与英国的互利互惠观念完全一致。

第七节　礼仪外交到商业外交

一个地区的大自然很难产生出该地人们所需的全部物品。一国盛产小麦，另一国则富于牧场和牛群，第三国可能拥有木材和金属，等等。如果所有这些地区如大自然所愿的那样相互进行贸易，那么就没有一个国家会缺乏必需品和一切有用的东西，由此大自然——人类母亲——的愿望也能得以实现。而且，既然一国比另一国更适合生产某一产品……每个国家都能保证满足需求，更好地利用土地，发展工业，由此整个人类就将大大受益（重点为引者所加）。①

上述引文摘自瓦特尔的《各国之法律》，它正可注释乔治三世提到的"商品交换"衍生出来的利益。像瓦特尔一样，乔治把重商主义者和重农主义者的主张与超越的主体（一个男性化的上帝，创造者）联系起来，这位超越的主体似乎鼓励人类从事贸易，在"散布于地球表面各处的他所创造的人与人之间"

---

① Vattel（1916，3：121），这一节结束时的观念听起来很像英国为 19 世纪对中国使用武力所做的辩护："这是一个国家为促进相互贸易而必须履行的普遍义务中最基本的。"（重点是引者所加）

重新分配产品（Morse，1926，2：245）。马嘎尔尼将商品交换 **80**
奉为最合理的原则（《印度事务部马嘎尔尼通信》，91：39）。这
与当时的政治经济学有关，它注重国家在促进商品流通、增长
国家财富方面的责任和义务。这种经济学观点源自家政管理。

　　一种说法是，就像一家之长一样，国王是一个国家的主人和
管家。他维护政体，制定明智的规则，促进商品和货币的流通。
商品和货币的流通与聚集被称为财富，财富是衡量国力的标准。
因此，国力并不仅仅指经济，而且代表着一国治理得当的总成果。
君主统治着国家，运用国家财富/国家力量与其他国家抗衡[1]。

　　为了确保商品流通和经济增长，君主负有道义上的责任去
保证商品和货币毫无阻碍地流动。为达此目的，对内要促进公
众努力工作，建立公正的制度以防止社会成员彼此侵犯财产
权，保卫国家安全。对外要促进和保护与其他国家的商品和货
币交换。[2] 商业外交正在于促进这样的互利合作。

　　便利商品交换仅仅只是商业外交的一个部分。换言之，商
品交换更大的作用在于平衡和规范国家关系，将他们置于
（借用当时的说法）"确定的和永久的"基础之上（Vattel，
1916，3：122）。一旦引起皇帝的注意，马嘎尔尼就打算向他
解释与大英帝国建立更为密切的联系并促进商品流通增长能带

---

　①　见 Steuart（1966，1：16-17），Vattel 对君主亦有类似看法，他认为君主是"明智、
　　　温和的父亲和忠诚可靠的管理者"，见（1916，3：21）。我对政治经济学的看法与
　　　Tribe（1978：80-109）类似。
　②　见 Vattel（1916，3：35-36，47-52，75-77）和 A. Smith，他在常被人忽略
　　　的《各国的财富》的"第五本书"（"Book Five" of Wealth of Nations）中，讨
　　　论了君主的责任、义务和权利，见 1976：689 ff，亦见他的著作（1978：5-
　　　6），和"君主的权利"及"权威"标题下的内容。

81 来的长远利益——即使鸦片贸易也是可以商量的。如果可能，这类对话中产生出来的任何谅解，都可以形成一项友好条约或同盟条约。还有人建议马嘎尔尼力争获得帝国敕令以扩展与中国海岸其他港口的商业往来①。最后，东印度公司负责人向马嘎尔尼建议，如果公共领域的花言巧语未能打开商业大门，则可以注意收集茶叶、棉花和丝绸制品的信息，以便能把它们运往英国的殖民地印度，那里匮乏上述产品（Pritchard，1938：217－219）。

第八节　从圣·詹姆斯宫廷到中国海岸

　　1792 年 5 月 2 日，前驻俄大使、不久刚卸任的马德拉斯总督——乔治·马嘎尔尼勋爵走进圣·詹姆斯宫，觐见英王乔治三世，他被正式任命为访华大使。觐见完毕时，马嘎尔尼单膝下跪，吻他的君王的手。第二天他被任命为"大不列颠国王向中国皇帝派出的特命全权大使"，并宣誓成为枢密院顾问。6 月，他被授予子爵爵位，并获准携带金银餐具、华盖、绘画及君主的马车等去中国（Pritchard，1936：292－295）。

　　这项典礼之后三天，准备支付使团全部费用的东印度公司在维护其利益并保持在中国的一定程度的自治权方面取得了小小的胜利。公司负责人说服马嘎尔尼和邓达斯，允许他们充当使团的先头部队。5 月 5 日由亨利·布朗（Henry Browne）、艾尔斯·欧

---

① 《印度事务部马嘎尔尼通信》（91：39－43）和 Morse（1926，2：237－241）。马嘎尔尼亦被授权促使日本和东南亚开放对英贸易。

文（Eyles Irwin）和威廉·杰克逊（William Jackson）组成的名为秘密监督委员会（the Secret and Superintending Committee）的小分队，从英格兰出发，1792年9月20日到达广东。一到那里，他们立即请求拜见两广总督①。

82

1792年9月26日，马嘎尔尼勋爵和56名使团成员登上有64门大炮，由伊拉斯谟·高尔（Erasmus Gower）船长指挥的"狮子"号军舰，由朴次茅斯港起航。另外39名成员和送给中国皇帝的礼物载于东印度公司的船"印度斯坦"号，由威廉·麦金托什（William Mackintosh）船长指挥。9个月之后，使团到达中国南部海岸。在那里，马嘎尔尼获悉皇帝已准许使团前往天津（《马嘎尔尼日记》，23，63）。

7月16日船队快到天津时，马嘎尔尼发布了一份公告，宣称他的权威高于东印度公司船上的官员和水手的权威，并指出了他对下属行为的要求。公告在"狮子"号和"印度斯坦"号的甲板上宣读，它指出，对华关系存在的一个主要问题是中国人对英国人的坏印象，因此，马嘎尔尼警告每个人：任何时候行为都必须"规范"和"谨慎"，如果发生了在中国法律管辖范围内的意外事件，他将不会为之说情。表现良好的人将在发回国内的报告中予以表扬，表现不好的人将被暂时停职或立即解雇。任何人未经上级允许不得上岸。未经大使许可，任何

---

① 有关委员会对广东事件的叙述，见《印度事务部马嘎尔尼通信》（93：5-141）。第六章要谈到清廷官员留下的叙述。双方的资料清楚地表明，东印度公司坚持派遣委员会而不是让政府派皇家特使去宣告使团访华，这种做法产生了极大的扰乱。委员会以通常的理由解释这种混乱，以之为广东地方官员设置障碍的又一例子。

箱子或包裹不得搬离船上或卸在岸上。禁止任何商品贸易，除非马嘎尔尼认为此类交易有助于实现他的使命。颁布禁令的原因在于无论使团还是东印度公司的专家都认为，贸易会使帝国朝廷对使团产生偏见（《印度事务部马嘎尔尼通信》，20：132a－134a）。有了这些安排，带着一位经验丰富的外交家的高度自信和明确的使命，马嘎尔尼等待着那一时刻的到来，他将在那一时刻对中国皇帝阐释公共领域的思想和价值观。

第四章　光彩炫目的所罗门王：英国使团在中国

　　1793 年 6 月 20 日，英国使团到达中国南部海岸，并于次年 1 月 15 日离开广东。这期间发生的事件已有详细的记载，在此不再赘述。[1] 我所关注的是马嘎尔尼勋爵在自己的记载中对这些事件的表述，包括他的个人日记和写给亨利·邓达斯及东印度公司的报告。[2] 我的目的在于探讨：继承了前此有关中国的一切学说与经验的 18 世纪公共领域论说，以及启蒙时代关于交换的观念是如何形成对这些事件的叙述，并给予这些叙述某种至今挥之不去的权威意味。核心问题不在于马嘎尔尼表述的准确性，而在于他对中国见闻的说法，以及由这些见闻产生的理解与认知。

---

[1]　见 Pritchard（1936：312 – 345），Cranmer – Byang（1983：216 – 243），Singer（1992）和 Peyrefitte（1992）。

[2]　除了《马嘎尔尼日记》之外，还包括《印度事务部马嘎尔尼通信》（20：106 – 121），送给邓达斯的一大堆资料的附函和 Pritchard（1938：378 – 396，495 – 507）。

第一节　博物学家的观察

18 世纪后半期，在英国，公共领域文化产生出一种新的写作形式。伴随着英王赞助的航海探险，皇家学会和知识贵族的成员们提出各种各样的建议，建议对信息加以系统的记录整理，以便使其更好地从世界各地传入英国。总之，运用科学方法研究各地的自然景观和社会生活产生了自然史和人种学的分类。全球各地的景观被收集并被置于一个意义重大的等级制度中，通过正确的描述予以比较和评价。以这种形式描绘世界，带来的写作上的必然结果是：假定主体和作者对客观世界的描述是不带偏见、不带个人感情色彩的，一言以蔽之，对世界做毫无偏颇的描绘与理解，并由此指向一个乌托邦式的梦想——涵盖所有知识，把一个时间无限、空间广袤的世界变成受沉思冥想的主体支配的客体（Richards，1993）。

卓越的公共知识分子、文学俱乐部成员约翰逊博士曾对这种新近设想出来的主体与客体之间的关系做了有益的总结。约翰逊认为，观察者并不总是专心致志的。

商人，只在从事商业活动、估算商业价值、权衡盈利的可能性时，才会专心致志；军官，则关心维持军队，全神贯注地护卫通道，防御阴谋，打败敌人。但在空闲的时候，他们会注意到每个令人惊奇的客体，注意到最精微的细节（引自 Marshall 和 Williams，1982：269）。

约翰逊笔下的主体在排除关注自身利益和其他干扰之后，便能将全部注意力都用于感受和收集那些在其生活圈内罕见的或没有的事物，或被人们称为稀奇的东西。① 同样重要的是，商人和军官如果不必为种种筹划而分心，不必急急忙忙完成工作，那么，闲暇将有助于他们更为深切地感受到那些最细微的事物。

约翰逊描述的观察主体的模式提供了一种有用的方法，用以研究马嘎尔尼有关英国使团的叙述。譬如，它有助于解释日记中对中国地理位置的确定：以最重要的帝国中心之一——0°经线所在地格林尼治——为标准，英国人正是根据格林尼治划定了全世界的空间位置（地图上的）和时区（《马嘎尔尼日记》，70，116）。② 约翰逊的理论也使马嘎尔尼偶尔做出的评论——"没有发生实质性的事情"——变得有意义并易于观察。这种评论表明，博物学家的观察并未得到多少有用的、可用于进一步分析和研究的体验。

---

① Nicholas Thomas 在讨论 18 世纪奇珍异品（curiosities）这一观念时指出，对博物学家来说：

　　把人工制品抽象为科学领域中的一块飞地，这是一种双重操作。一方面，它不断地使自然哲学家的旅行和收藏带上权威性；另一方面，它会声称某个奇珍异品是样品，这个样品属于科学范畴而不是什么时髦用品或商品。时髦用品或商品缺乏科学权威，只能用于交易并从中获利。

　　值得一提的是，尽管马嘎尔尼向他的副手乔治·斯当东和他的秘书约翰·巴罗公开他的日记，但是他从未出版过基于他的观察所写的文章，亦从未从他获取的中国"知识"里大肆牟利。

② 亦见 7 月 22～27 日条目，尤其是对 7 月 26 日晚雷暴雨的描述。在从北京到热河的旅行日志里，马嘎尔尼绘制了路线图，标明地名、距离、经度、纬度（这些在《马嘎尔尼日记》里提到过，但没有复制，见 116 页），如同航海计程一样，这些记录亦是全新的"知识"。

然而，这种毫无收获的时候是极为少见的。一上岸，马嘎尔尼的大脑就塞满了一大堆值得记录的事件，这些事件反过来又经常激起（也许是无意识的）有关前此观察家对中国的表述的回忆。譬如，在8月12日的一个条目中，马嘎尔尼承认，蚊子，像蜂鸟一般大小的蛾类和"非常喧闹的"、栖息在长满芦苇的河岸上的蝉都令他"难以静心"。烦乱之中，他发现"蝉鸣是这些昆虫通过剧烈振动翅膀产生的"。"进一步深究"，闲下来时细细观察，又会发现那声音是由两块覆盖腹部的鼓膜的运动产生的。这是雄性吸引雌性的信号。马嘎尔尼刚开始对自己的发现感到高兴，他所熟谙的有关中国的那些陈词滥调又立刻冒了出来："看来这个国家里，一切有生命的东西都以最快的速度繁殖。"这当然是指亚洲人口众多，难以计数，超乎寻常。这种观念至少从马可·波罗时代以来即已嵌入欧洲人的印象中（March，1974：23-45）。也许更为重要的是形成这些印象的顺序，先是对观察的概括，继而以博物学家的联想，前者被后者证实，这正好掩盖了一种可能，即这种概括很难如约翰逊的理论所假定的那样不偏不倚。

受旧观念影响的不仅仅是诸如对蝉的看法——这种惊异，闲暇时坐在"家里"略作思考就能一一消除，还包括对一些不能移动的事物——如万里长城——的看法。9月5日，使团到达万里长城，马嘎尔尼的感想在他的公开出版的日记中占了两页。他是这样描述的：

> 长城由略带青灰色的砖建成，是晒干而非烤干的，以石头为基础修建起来的，朝向游牧民族的一侧，垂直高度

达 26 英尺（约 7.9 米）。底部由两层花岗石构成，厚度有
24 英寸（约 0.6 米），从底部到垛口墙，包括 6 英寸（约
0.15 米）的掩墙，共有 19 英尺 4 英寸（约 5.9 米），垛口
墙高 4 英尺 8 英寸（约 1.4 米）。从底部到掩墙共有 58 排
砖，掩墙以上有 14 排砖。除了抹灰浆的空隙和垛口所占去
的地方，每一排的每一块砖厚约 4 英寸（约 0.1 米）。这样
58 加上 14 就有 72 块，合计 288 英寸，即 24 英尺（约 7.3
米），再加上底部就有 26 英尺（《马嘎尔尼日记》，111）。①

诸如此类的描述还有很多。对长城的塔楼也有类似的描
述，只有已量度了尺寸，只有当长城已被安放在从前的经验中
后，马嘎尔尼才对长城有了一般化的概念。如同对中国的蝉和
众多的人的考察一样，长城，不管它本身有何渊源，它的历史
和目的是不被谈及的，除非博物学家能在其指绘中使它成为
"真实"的东西。

有关长城的记述并非到此为止。后来，马嘎尔尼在一则
笔记中增加了一点，他被告知长城的砖确实是用火烧的而非
太阳晒干的。同时，使团的一位科学家，吉兰博士，通过实
验以确认砖的颜色的来源，而皇家炮兵部队的帕里什上尉完
成了对长城的工程结构的描画，马嘎尔尼称它"非常有价
值"，可以取代"迄今为止有关这一问题的所有著作"（《马
嘎尔尼日记》，111 - 112）。上述最后一项观察格外有趣，它

87

---

① 《马嘎尔尼日记》里对长城的记述比斯当东的要简略一些，后者的描绘和测量
长达七页多。见斯当东（1797，2：372 - 380）。

表明，运用了具有可视性技术的描述，有时胜过散漫而不严谨的文字陈述。但这也仅仅是在运用了工程学的手法后才达到的效果。借助（a）从前的描画，（b）文字的陈述和（c）制图员的技能对长城进行了三角测量，其惊人的结果是创设了一个足以挑战地球引力的观点。帕里什绘制了一幅俯瞰式草图，描绘官员们在帐篷前集会的情形，那帐篷正是乾隆皇帝接见马嘎尔尼的所在。这幅草图看起来颇似俯瞰下的热河喇嘛庙。博物学家的目光亦注意到种种别的事物。河里的小船，岸上的人群，头发，肤色，男人，女人，小孩的身影，这一切都被用到了类似的遐思分析和概括之中（《马嘎尔尼日记》，72－74，81－82）。[1]

这种记录现象的过程，产生了关于中国的新的认知，这种认知植根于细节的描绘，是可测量的和可用数据表示的，因而是归纳性和概括性的，足以表达事物的基本特征。这种认知之所以分量加重，是因为它收集了第一手的而且也许是更为重要的资料；是因为在它的产生过程中，清楚地证明了它比别的更强。马嘎尔尼宣称任何一件小小的轶事，不论看起来多么荒谬，都会基于公平而收入日记。他收录了摘自《天津邸报》的有关英国礼物的报道，文章说：

---

[1] 马嘎尔尼看到普通百姓时，忍不住大声吟咏莎士比亚《暴风雨》中的米兰达段落：

　　呵，奇迹呀！

　　有多少讨人喜欢的人呵，

　　有多么美丽的人呀！呵，勇敢的新世界里有这样的人！

　　至少可以说，这是一种有趣的对戏剧和形象的选择。

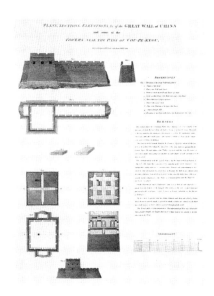

图1 中国长城的平面图、剖面图和立视图

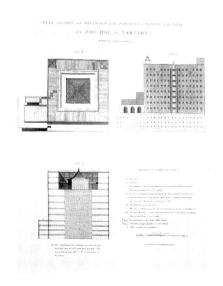

图2 热河喇嘛庙（小布达拉宫）平面图、剖面图和立视图

几个不足 12 英寸高的小矮人……一头不比猫大的大象，一匹跟耗子一般大小的马，一只如母鸡一般大小会唱歌的鸟，用炭喂养，每天要吃掉 50 磅，最后，一只有魔力的枕头，不管是谁，头一挨着它就会沉沉入睡，如果他梦见广东、福摩萨（Formosa）* 或欧洲，他就会马上被运到那里，而且全无旅途劳顿之苦（《马嘎尔尼日记》，114）。

比起博物学家的笔记，比起在长城实地考察获得的胜人一筹的知识，上述引文确实荒谬，但是，所有的资料都进入了观察者的感觉中枢，在此意义上是公平的，尤其这些资料能确认马嘎尔尼自己的历程和表述具有真理一般的价值。

博物学家的日常活动并不限于在此讨论的种种观察——更重要的也许是马嘎尔尼必须采取种种措施去应对与之打交道的人，把他们进行归类——上等人和下等人，令人愉快的和不那么令人愉快的人，并且还要不断努力去划定适合使团活动的范围和分寸。

第二节　第一次会面

在应对清廷官员时，马嘎尔尼总是十分关注对方的官衔，想确认与他的地位对等的官衔，却失望地发现，有足够权威的人并不像他一样不偏不倚。在寻觅中，他总是关注对方帽子上

---

* 福摩萨是 16 世纪葡萄牙殖民主义者对我国台湾省的称呼。

的纽扣（或小徽章）的颜色，或者，看对方是否佩戴花翎，这些是官衔的标志。他从有关中国的书中学到，大多数情况下，第一次与官员会面，一开始就是用这种方式确定对方的官衔。一旦确定，他就开始谈起自己的使命，由此把会面分为两个明显不同的时段——礼仪的和实质性的两部分。

一个例子是马嘎尔尼首次与王文雄和乔人杰会面。在他的日记里，这两位官员分别是道台和州台。他通过使团的大部分成员与之时刻保持接触，马嘎尔尼注意到王戴着花翎子和红色珊瑚顶子，而乔的帽子上则是蓝色顶子，"比红色的地位低"。于是"一番中国式的客套和寒暄之后我们进入正题"（《马嘎尔尼日记》，71）。这种看似平淡的从"寒暄"到"正题"的转移，使马嘎尔尼发现他们"睿智机敏，谈话坦诚易懂，可以相互交流"。就餐时，他们很快学会了使用叉子，品尝欧洲酒，像"英国人"一样握手告别。他们专心致志地听随团乐队演奏的音乐，并表现出欣赏之情。应声而来负责送行的士兵给他们留下很深的印象。王和乔在告辞之前对即将呈给皇上的礼物"十分好奇"，并索要礼单，马嘎尔尼答应给他们（《马嘎尔尼日记》，71–72）。

一周之后，8月6日，马嘎尔尼第一次见到了一位高级官员，直隶总督梁肯堂。在乔治·斯当东及其子（亦是翻译）的陪同下，马嘎尔尼坐上轿子，由一队骑马的士兵护送，去往总督的客厅。梁在大门口欢迎他，引着他进了大厅并上茶。然后他们进入内厅，在那里他们开始实质性的会谈。梁问候了大使的健康状况，说皇帝非常满意使团的到来，并告诉马嘎尔尼，皇帝在热河避暑山庄等他。

相互客套之后，马嘎尔尼提出希望能在北京有个宽敞的住处，因为礼物极为精致，他宁愿把它们留在北京也不愿远去热河而使之在途中遭到损坏。他还请求允许他的"狮子"号和"汉德斯坦"号去珠山*。梁以一种轻松、礼貌、有尊严的、专注的和真挚的方式，答应了他的请求。他甚至提出可以为大使的船队提供一年的给养。马嘎尔尼担心梁的慷慨大方也许表明了他盼望使团早日辞去，于是便婉言谢绝了。整个过程给马嘎尔尼十分深刻的印象，尤其是"官员对待下属和下等人的明显的友善和俯就"（《马嘎尔尼日记》，76；亦参见《印度事务部马嘎尔尼通信》，20：108b）。

91　　伴随着这些早期会面的，是供给整个船队所需的巨大费用。日记记载了马嘎尔尼在第一次会面时就开列的供给清单（《马嘎尔尼日记》，71）。梁表现出来的慷慨和友善使马嘎尔尼确认了东方人的普遍特征，使团受到"殷勤款待，照顾和尊重"，"只有在世界的东方才可能如此对待陌生人"（《马嘎尔尼日记》，71；亦见《印度事务部马嘎尔尼通信》，20：108b–109a）。

同时，如果说某些公认的思想有助于双方展开接触的话，那么，它却不能影响有关接触的另外一些因素。8月11日晚，使团由北河（Bei River）转至北京，许多官员特地从天津赶来参观使团。他们非常好奇地观察马嘎尔尼的服饰、书籍和家具。态度活跃，十分健谈，"没有一丝一毫的沉着、庄重和严肃。而我们曾被告诫中国人具有这些性格特征"（《马嘎尔尼日记》，80）。

————————

* 珠山即浙江舟山，下同。

然而，梁对一系列要求的肯定答复，对已知的中国人性格的确认，由会面而产生的新知识，这些都必须与另一个因素同时考虑，即马嘎尔尼的分析中出现的对中国的否定性评价。它们产生于到达之初与徵瑞的会面。徵瑞是一位鞑靼族派头的官员，是钦差，他打算护送大使去热河，并且努力让大使意识到皇帝对鞑靼人比对汉人更偏爱（《马嘎尔尼日记》，86）。8月11日，马嘎尔尼、梁肯堂和钦差在天津会面，出现了三方之间的第一个严重分歧。徵瑞不赞成把某些礼物留在北京。马嘎尔尼认为，徵瑞之所以不愿意接受英国人的理由以便保护那些精致易损的礼物，仅仅是因为（如他所说的）皇帝渴望马上见到所有的礼物。马嘎尔尼感到必须说服他，于是就说如果他固执己见，那么将是钦差而不是英国大使对礼物的安全负全部责任。这个建议"吓坏"了徵瑞，当梁也明确支持大使的意见时，他终于默认了。马嘎尔尼认为这一事件意义重大。他第一次遇到了另一类不像梁肯堂那样彬彬有礼、举止绅士的官员。他说，他"轻易就发现了钦差对我们所有的想法都抱以故意作对和不友好的态度"；因此"他身上表现出来的明显的不合作"行为"不可避免地引起我的忧虑和不安"（《马嘎尔尼日记》，78-80）。

92

第二个与钦差有关的事件发生在8月16日。徵瑞说，已经收到报告，称英国卷入西藏叛乱，而叛军随后即与清廷驻藏部队交战。马嘎尔尼急切地否认这些毫无根据的说法，说英国在孟加拉的势力范围离西藏边界线很远，他猜测之所以提出此事，是为了打听有关英国在这一带的力量的消息。当徵瑞问及英国是否会协助皇帝平定叛乱时，马嘎尔尼清晰地感觉到令人

不悦的咄咄逼人气势，因此予以否定的回答。这样做的目的在
于显示英国有很大的主动性，既可以选择协助皇帝，也可以选
择支持叛军。①

　　马嘎尔尼与徵瑞的会面与他和王、乔、梁等人的会面形成
鲜明对比。这使他第一次开始区别汉人和鞑靼人，区别"好"
官和"坏"官。他调整自己的感觉，使之能敏锐地感受细致入
微的事物，于是他的认知和看法日益敏感，也日益改变。

　　　　在我们和我们的向导多次不同的游历和聚会中，我以
　　极大的关注注意到，钦差对使团有一种根深蒂固的偏见，
　　尽管他经常试图以过分的赞美和表白来掩饰。我尽了最大
　　·····
　　努力去博取他的好感，但我怀疑他不具有对人产生好感的
　　天性（《马嘎尔尼日记》，85；重点为引者所加）。

如下论断意味深长：外在行为只是一种虚假的表象。这里已看
不到他早期对东方人好客的称道②。随着目光转向隐藏在"优
93　雅举止与良好教养"，隐藏在"达官贵人"虚伪行为后面的东

---

①　有关这两位官员的传记，见《马嘎尔尼日记》（325－331）、《马嘎尔尼日记》
　　（86－87），和《印度事务部马嘎尔尼通信》（20：109B－110a）。此时，马嘎
　　尔尼并不知道，孟加拉的英国当局在某种程度上卷入了尼泊尔廓尔喀人与清军
　　在西藏的战争。尼泊尔国王曾向英国求援助，见《印度事务部档案》，孟加拉
　　政治会议，1792年10月3日、12月2日、12月30日。这些记录的副本从孟
　　加拉送往广东，在那里等候马嘎尔尼的到来。见第八章第三节。
②　类似的变化也见于马嘎尔尼的观察力方面。他拿出一些准备作为礼物送给皇帝
　　的枪械，他确信这些武器在中国没有可以与之媲美的。清廷官员看过之后，几
　　乎无动于衷，于是大使得出结论，面对"代表我们的技艺和优越感的小小的
　　样品"，他们隐藏起惭愧之情（《马嘎尔尼日记》：90）。

西，那些曾经备受欢迎的言谈举止现在遭到怀疑，需要回过头去重新分析，重新评价。

我们的确格外受到关注，人们常常带着好奇和嫉妒观察我们所有的风俗、习惯和行为，哪怕是最精微的细节。这种好奇和嫉妒是我们从前读中国历史时不曾了解的。但我们努力在一切事物面前做出最好的表现，在一切场合中留下明朗安宁的面孔（《马嘎尔尼日记》，87－88；重点为引者所加）①。

实际上，如果没有"明朗安宁的表情"，没有"善待好奇的耐性"，马嘎尔尼既不可能在谈判觐见礼仪中起什么作用，也不可能看透隐藏在中国人虚伪行为背后的"真实想法"。对于后者，下文将另有阐述。现在马嘎尔尼开始思考收集到的信息，这些信息促使他去研究公认的看法与发现的新知识这两者之间的关系。他意识到鞑靼人和汉人的差异，觉得有必要重新考虑关于"专制"的先入之见。

在初抵中国的日子里，马嘎尔尼不止一次提到专制。譬如，当英国船队沿中国海岸行驶时，有引航员登上"狮子"号引航。一看见船舱里的皇帝画像，他们"马上拜倒在地，

---

① 马嘎尔尼的新发现使他对那些在别的形势下可能是种收获的情况并不感到愉悦。9月1日，在北京，金简来拜访他，告诉他，他向梁肯堂提出的关于让"狮子"号去珠山的要求，皇帝本人已批准了。马嘎尔尼写道，"有关我们的一切情况和从我们嘴里吐出的每一个字，都被详尽地向上面报告并记载下来"（《马嘎尔尼日记》，105）。

以极大的热情亲吻地面好几次"（《马嘎尔尼日记》，64 - 65）。与这种近乎夸张的忠诚形成鲜明对照的是，当"达官贵人"被贬黜或者仆人因把腐坏的食物送给使团而坐牢时，他们受到的是"草率和即时"的判决（《马嘎尔尼日记》，83）。那些把使团运离北直隶海湾（the Gulf of Beizhili inland）的数量巨大的劳动力也生活在这种专制统治下，随时可能遭到草率的惩罚。①

这些观察所得证实了关于东方专制的普遍看法。不过，更多的信息使马嘎尔尼对他先前有关中国的表述有所修正。在一个结论性的评述中，马嘎尔尼说，尽管"皇帝"号称专制，拥有种种东方似的头衔，但他的权力就像徽瑞"过分夸张的赞美和表白"一样，只是徒有其表，只能使愚昧无知的人拜倒在君主画像前。事实是，政府"只是一小撮满人对三亿多汉人的暴政"（《马嘎尔尼日记》，236）。

在此，令人感兴趣的不是专制与暴政的细微区别，而是马嘎尔尼划分这一区别的过程。他再次利用了考察蝉和长城的那些方法：观察、测量、计算和比较。所有这一切都采用了"不偏不倚"的立场，以便能获得新的知识。

同时，预设的中立的信息收集过程被另一种变动打断了。这种变动动摇了观察者理想化的中立立场。当礼仪之后的事务性谈判一帆风顺的时候，当清廷官员赞美他所推崇的事物，对

---

① 《马嘎尔尼日记》（83，88 - 89）。同时，观察了劳动者，他惊讶地发现，人们乐意干这些活儿，干得很高兴。同样令人惊奇的还有，尽管政府有一个"有无上权威的"领袖，但"却没有理性的、确定的国教"。人们可以信奉他所崇拜的任何神灵。

他坦诚相待的时候，也就是说，当马嘎尔尼如愿以偿的时候，他毫不怀疑他们的动机，而只是赞扬他们的开放、诚实、随机应变和易于交流。然而，当马嘎尔尼没有如愿以偿的时候，他就会变得猜疑，甚至去寻找幕后的原因。比如去寻找潜藏在外观下的专政的真实性质就是一例。而在另外的场合，如在乘船前往北京时，他不得不对桅杆上挂着的标有汉字"朝觐中国皇帝的英国贡使"的旗帜闭上眼睛（关闭感觉中枢），听之任之（《马嘎尔尼日记》，88）。他忘记了曾经划分的满汉区别。当他实际是在谈论满人钦差时，他说"中国人"的性格"令人费解"（《马嘎尔尼日记》，98）；他也忘了根据他自己的划分，皇帝本人就是满人。

在上述情况中，博物学家努力做到以客观立场观察世界，95但马嘎尔尼的这种努力最终却被操纵和控制的欲望所代替。这样，马嘎尔尼与之交往的其他人，汉人和满人，他们或者是有助于实现"普遍性"的工具，或者是需要着手消除的障碍。在并不复杂的舞台上，无论同盟还是敌人，许多人都赫然耸立在马嘎尔尼对使团没能达到全部目标的解释之中。

第三节　表演舞台

据马嘎尔尼最初对中国形势的估计，至少有三种人将协助或阻碍他完成使命。第一类是"达官贵人"，当马嘎尔尼发现对其进行区分的"重要性"时，便把这些人分为汉人和满人。另外两类是为皇帝服务的外国传教士和广东的外国商人。

使团到达中国南部海岸时，马嘎尔尼打发斯当东去澳门了解一下他泊船天津的计划是否行得通。斯当东除了带回肯定的答复之外，还报告说使团的到来"在澳门的欧洲人心中激起了强烈的嫉妒和忧虑，尤其是荷兰人和葡萄牙人"。荷兰人没有引起马嘎尔尼的丝毫忧虑。马嘎尔尼曾在巴达维亚停留过，那是荷兰人在爪哇的殖民地。在那里，他已获得殖民地总督对他的使命的书面允准。因此，马嘎尔尼认准荷兰贸易商将采取有效的中立立场。但葡萄牙人则是另外一回事了。对于北京的葡萄牙传教士，马嘎尔尼对其动机保持戒心，并一直待之以审慎的态度。①

北京的传教士都是罗马天主教徒，主要可分为法国人和葡萄牙人，马嘎尔尼视前者为朋友，视后者为敌人。法国传教士有约瑟夫－马里耶·阿米奥（Joseph－Marie Amoit），让－约瑟夫·德·格拉蒙（Jean－Joseph de Gramont），路易斯·德·普瓦罗（Louis de Poirot）和尼古拉斯·罗（Nicolas Raux）。阿米奥认为使团到来的时间并不适当，他给马嘎尔尼至少写过一封信，并且在热河觐见后不久就与之会面。在这次会面中，阿米奥举出许多理由以说明为什么使团所取得的成就是十分有限的（参见下文第八节）。

其他法国传教士对马嘎尔尼影响也很大，譬如，格拉蒙就建议他给与他交往的高级官员赠送一些高级礼物，同时，格拉蒙还鼓励马嘎尔尼的这种倾向，即把世界分为两大阵营，赞成

96

---

① 《马嘎尔尼日记》（63）和《印度事务部马嘎尔尼通信》（20：106a）。有关荷兰人，见 Lamb（1958：57－68）。

他或反对他的集团。有一次，他告诉马嘎尔尼，有个叫约瑟夫－伯哈·德·阿尔梅迪亚（Joseph－Berhard d'Almeida）的葡萄牙人被清廷指派到热河会见使团。他坚决反对英国，马嘎尔尼与他见过面后，也得出了同样的结论（《马嘎尔尼日记》，94）。另外一次，格拉蒙确认了马嘎尔尼关于徵瑞对使团的态度的评价。罗和普瓦罗充当了使团与清廷官员之间重要的中间人，罗参与关于中国人行为的讨论，确认了马嘎尔尼的读史所得。他还协助马嘎尔尼把对即将到来的觐见皇帝一事的建议译成汉语，又与普瓦罗一起把皇帝对乔治三世的回信从汉语译为拉丁语（《马嘎尔尼日记》，99，102－103，372）。普瓦罗后来写信给马嘎尔尼，他对阿尔梅迪亚的看法与格拉蒙正相反（参见普里查德，1935）。其他的传教士，就如同随后在热河看见的来自"东方"国家的使臣一样，几乎没有引起马嘎尔尼的注意。阿尔梅迪亚是个例外，与他的接触对马嘎尔尼造成了影响，使他更加确信"葡萄牙人已经形成了一种体制，使其他国家被憎恶并被排斥在中国大门之外"（《马嘎尔尼日记》，103）。

总之，在马嘎尔尼的叙述中，法国传教士占据的部分就如同汉人官员王文雄和乔人杰一样多。在一个偏向满人的朝廷里，传教士和汉人一样都是局外人。但也有佩戴着象征官位的顶戴花翎的局内人。马嘎尔尼分辨出朝廷官员中的汉人和法国人对他的使命抱有同情，便依靠这些人，把他们当作可靠的消息来源。但同时他与他们保持着一定的距离，在他评价那些不怎么合作的清廷官员的行为时，这些汉人和法国人就是参照物。

第四节　觐见谈判：谈论公共领域

马嘎尔尼认为，通过建立一系列的可供参考的标准，无论一个地方的信仰、天性、经度、纬度或物产是什么，如果他必须对这个地方施加影响的话，他都能够驾驭有余。于是，他在谈判中就处于有利地位，不必耗费太多心力。他观察入微，却不再仅仅是个被动的接受者——他提出许多建议，并据理力争。这一切努力所围绕的焦点是觐见皇帝时他应遵守的礼仪。

8月15日，使团快到北京东郊通州码头时，觐见问题首次出现。徵瑞、王文雄、乔人杰来到马嘎尔尼的船上，向他说明各种各样合乎情理的安排和参加在热河举行的皇帝生日庆典的计划。他们介绍宫廷礼仪时的那种"精微、灵活和巧妙"，令马嘎尔尼不得不叹为观止。清廷官员注意到各国服饰不同，便说他们还是喜欢自己的服装，因为它"宽松自由"，不会在给皇帝磕头时碍手碍脚。既然英国人的服饰行动起来不甚方便（如膝扣和吊袜带），那么可以在见皇帝之前把这些服饰去掉。

马嘎尔尼不愿奉行汉人在皇帝面前的礼仪，他认定"皇帝更乐意接受我的鞠躬礼或屈膝礼，我向我自己的君主行的正是这种礼"。他的态度使官员们推测：也许英国礼仪与中国差不多，但是，

在中国，礼仪形式是双膝下跪，三跪九叩。这项礼仪从来没有也不可能被豁免。我告诉他们，我们的礼仪有所不同，尽管我愿意以最大的热忱去取悦中国皇帝，但我的

首要职责是取悦于我的君主，如果他们确实非常反对我奉行英国礼仪的话，我一到北京，就会给他们送去我的书面答复。

那时徽瑞提出，马嘎尔尼的旅程既漫长又危险，他的君主可能非常盼望他的归去。马嘎尔尼答道，他必须等到见到皇帝，他必须完成他的君主交给他的使命。然后，他仿佛突然想到了"东方习俗和思想"，于是，他说，他的"目的在于向我的君主描绘皇帝的无上荣光和美德，帝国的权势与壮观，法律及道德组织的睿智，远播四方的赫赫威名"（《马嘎尔尼日记》，84－85）。这当然是阿谀奉承，但亦有他意。马嘎尔尼所奉上的阿谀之词，正是清朝皇帝希冀在全球范围内都能听到的。

三天后，使团到达通州，王文雄和乔人杰又提到礼仪问题，"看来他们认为这是件严重的事"。马嘎尔尼观察到：

　　这是他们极为用心关注的一点，我觉得他们极为热忱地要遵守这项礼仪，并说这仅仅是微不足道的细节。他们自愿为我演示，并请我试一试能否做到（着重号是引者所加）。

请注意马嘎尔尼是多么详细地描述了清廷官员对礼仪的关注，却只字不提他本人对礼仪的看重。在他处理这些异域事务时，他确认汉人的一个特点，即他们"在说实话这一点上并非一丝不苟"，他们"并不认为有说真话的义务"。当他暗示他们在"对英事务上有自相矛盾或违背承诺之处"时，他们"毫不在乎"并且"认为无关紧要"（《马嘎尔尼日记》，90；孟德斯鸠，1748：304）。

此事就此搁浅，直至使团到达北京。8月29日，马嘎尔尼在使团住所撑起英国华盖，把英国国王和王后的画像悬挂在待客厅里，并实践他的诺言，递交了一份书面答复。这封信由罗译成汉语，由从前学过汉语的小乔治·斯当东*抄录，装在一个黄色信封里。① 信中，马嘎尔尼坚持他在他的君主面前的礼仪，在意义上可与中国的礼仪相等，他建议互换礼仪以便打开僵局。马嘎尔尼确信中国皇帝无意令他做出"与他的主人作为独立自主的君主所拥有的崇高地位不相称的行为"，他建议通过帝国如下的安排来避免这种无意的举动可能带来的危险：

> 即让一位地位与大使相当的清廷大臣身着英国服饰在马嘎尔尼北京的住所里，对着英王陛下的画像行礼，而大使本人则在中国皇帝御座前演示同样的礼仪（《印度事务部马嘎尔尼通信》，20：153）。

建议送达徵瑞，得到了否定的答复。而王和乔却赞成，并且愿意由他们本人在使团住所行礼。马嘎尔尼拒绝了他们的提

---

* 小乔治·斯当东是使团副使斯当东之子。

① 《马嘎尔尼日记》（99 – 100），《印度事务部马嘎尔尼通信》（20：112B）。该译本既不见于伦敦的《印度事务部档案》，也不见于北京的清代档案，有关进一步讨论见第七章。

议，因为他们的地位显然与马嘎尔尼不相当（《马嘎尔尼日记》，99－100）。在写给邓达斯的信中，马嘎尔尼解释说，他要做的将比他要求中国人做的更多。清廷大臣的"跪拜"在一个"隐秘"的房间里进行，而马嘎尔尼的"跪拜"则在正式的节日上，在全体朝贡使臣和清廷重臣众目睽睽之下，并且将被记载在官方发行的邸报上（《印度事务部马嘎尔尼通信》，20：112b）。

　　9月8日，使团到达热河。觐见礼仪的问题必须得到解决，而徵瑞宣称，他必须将马嘎尔尼的建议公之于众，这使问题更加复杂。由此，一场错综复杂的斗争开始了。徵瑞认为，马嘎尔尼应亲自将信送给宰相和珅，以便取得答复。接着，王和乔拜访马嘎尔尼，告诉他，和珅因伤不便出门，希望马嘎尔尼去拜访他。马嘎尔尼对此表示异议，说他打算派斯当东去。当天下午，和珅约见斯当东，开口便问英王给大清皇帝的信里写了些什么。当斯当东答应送呈信函的副本后，和珅就试图"寻求一种方式以避免"对乔治三世画像行礼。斯当东怀疑徵瑞实际上已经把马嘎尔尼的提议告诉和珅了。但是，遵照大使的安排，他还是正式呈上那份提议的新副本。第二天，徵瑞请马嘎尔尼放弃相互进行礼仪活动的想法，提出了供大使单方面进行的其他形式的礼仪活动（《马嘎尔尼日记》，117－119）。

　　正当双方互不相让的时候，马嘎尔尼收到一份可能是传教士写来的报告，这份报告支撑起了他的自信。报告中说，"皇帝并不了解此事的困难，我估计，一旦他了解了，他的态度将有所缓和"。显然，在马嘎尔尼于9月10日上午与徵瑞、王和乔见面前已决定在谈判中把握住这一点。马嘎尔尼认为，双膝下跪并磕头与单膝下跪相比，不仅仅有性质上的区别，更有数量上的不同。他坚持说，期望一位大使对一位外国君主比对他自己的君主表现出更多的恭顺，这是不合天意的，除非有相当的回报使他觉得有理由这样做。清廷官员问起在英王面前的礼仪，马嘎尔尼解释说，他总是单膝下跪，行吻手礼。当被问及是否乐意在中国皇帝面前行同样的礼时，马嘎尔尼作了非常肯定的答复。后来，徵瑞对马嘎尔尼说，可以采用英国的礼仪，但是要免去吻皇帝的手（《印度事务部马嘎尔尼通信》，20：113a）。

同一天下午，徵瑞宣布可以采用英国礼仪，但是既然吻皇帝的手不合中国的习俗，马嘎尔尼就应该双膝下跪。马嘎尔尼断然拒绝，徵瑞又同意只单膝下跪，并且不吻手。马嘎尔尼记载说：

> 对此，我同意了。我说，就如你所愿，但是要记住，是你要这么做，这样做只实行了一半的礼仪，而我本来乐意实行全部礼仪。由此总算结束这场严肃的谈判。这场谈判，使我对清廷官员及他们引以自傲的政治技巧有了相当的了解（《马嘎尔尼日记》，119）。

然而，斗争并未结束。9月11日马嘎尔尼会见了和珅、军机大臣福康安和礼部、户部大臣。和珅解释说，考虑到使团的长途跋涉和它所代表的"高度价值"，朝廷决定变通某些中国惯例，以便英国人在9月14日的重大觐见中，可以实行英国的礼仪。在接下来的谈话中，和珅注意到交趾支那是中国的

"进贡国"，就问，意大利和葡萄牙是不是英国的"进贡国"。马嘎尔尼回答说，尽管英国时常为意大利和葡萄牙提供保护，但它们不是进贡国。从这次讨论中，马嘎尔尼了解到，"一种涉及帝国权势与独立的公开宣称的且有倾向性的观念是：帝国与外国的任何一项贸易都不是为了互惠互利，而是源自前者对后者的仁慈与恩赐"①。

101

　　然而，有关礼仪问题的"谈判"使马嘎尔尼确信，只要他一直像这样妥善处理事情，清廷是可以打交道的。谈论公共领域，仔细地收集和分析情报，这些活动使马嘎尔尼得出最终结论：

　　　　他们有一些永恒不变的原则，我不知道什么样的原则是永恒不变的，但我认为"永恒不变"这个词并没有非常准确的意义，不过是一块用以抗拒理性和争执的盾牌。据我们所知，他们已经打破了一些据称是不可改变的原则。我亲历的关于礼仪的问题就是一例，更不用说其他例子。在满人入主中原的过程中，他们一定有过许多灵活变通原则的例子（《马嘎尔尼日记》，153－154）。

　　尽管实际上马嘎尔尼并没有达到打开商业往来大门的目的，而是被特许按照英国礼仪觐见中国皇帝，但他忽略了这一点，一厢情愿地相信他的辩才和策略证实了他关于中国人及其行为的预设。马嘎尔尼认为，英国人的礼物和制成品给

---

　　① 《马嘎尔尼日记》（120－121）。马嘎尔尼告诉邓达斯，他甚至愿意就承认中国优越性的条件进行谈判，但官员们没有兴趣。见《印度事务部马嘎尔尼通信》（20：113A）。

清廷重臣及一般官员留下了极好的印象，这些礼物胜过皇帝给他的所有赐品，这种想法进一步支持了马嘎尔尼的自信。

第五节 礼物与英国制成品

如前所述，科学仪器、英国艺术品、英国制成品，所有这些，目的在于使中国皇帝及其大臣们感受到大英帝国胜人一筹的发展状况。使团初到中国，马嘎尔尼就下定决心，绝不让任何事情破坏他所期待的礼物带来的效果。为了进一步确保成功，他还添加了一些额外的特殊的礼物，打算以私人名义赠送给皇帝。他从澳门的亨利·布朗（Henry Browne）那里买到一架望远镜，后来又从麦金托什船长那里得到两块"非常精致"的手表（《马嘎尔尼日记》，69 和 101）。他还从麦金托什那里购得"帕克（Parker）的了不起的透镜"，直径为 12 或 16 英寸，是一件"非常令人好奇的玩意儿"，对此，马嘎尔尼说：

> 他担心，如果透镜落入中国商人之手，并通过他们的渠道进献给皇上，那么有可能导致我们的好东西贬值，使之黯然无光。因此，为了公众的利益和使团的声誉，最好把透镜加进礼物之列……我告慰自己，不必担心在北京会出现同类仪器与我们竞争。[1]

①　《马嘎尔尼日记》（169），和《印度事务部马嘎尔尼通信》（20：108A）。马嘎尔尼对邓达斯指出，通过广东官员这一渠道，皇帝已了解了英国技术，他把帝国的收藏称为"科克斯（Cox）博物馆"。伦敦就有这么个实实在在的地方，见 Altick（1978：69 - 72）。马嘎尔尼语意双关，伦敦的科克斯不但设计和展出这些装置设备，而且生产并出口到中国。

如同以往一样，谈起高技术产品，马嘎尔尼的注意力就转到了中国人对英国礼物的反应上。9 月初，他注意到礼物和"各种各样的英国制成品"还有"欧洲人已经司空见惯的实用和便利的小物件""大大激起了"他们的仰慕。特别引起兴趣的是伯明翰的刀剑和精致服装。马嘎尔尼由此建议英国公司增加这类产品的出口（《马嘎尔尼日记》，105）。朝廷官员们也对英国乐器表现出兴趣，他们绘制乐器图样，以便在中国生产（《马嘎尔尼日记》，104）。马嘎尔尼并没有被这个新发现（即如果他们需要英国产品，他们就会仿造）弄得烦恼不安。他得出结论说："如果抛弃其虚荣和自负，他们还是可以教化的。"（《马嘎尔尼日记》，104）这个评价相当说明问题，因为它暗示"商业往来"有可能包含着一方对另一方的教导，它正体现了互惠互利（见第八章）。

马嘎尔尼自信能充任在华的第一批英国教师，他注意到，尽管中国人对高级的英国制品十分好奇，摆弄起来却有几分笨拙和尴尬（《马嘎尔尼日记》，105）。马嘎尔尼开始感到使团"受到严密的观察"。他变得更为关注朝臣、官员，还有更令人不安的其他无法归类的人表现出的好奇程度。到马嘎尔尼住所参观国王和王后画像的人数量如此之多，以至马嘎尔尼不得不请王文雄"设法控制参观者的质量、数量和参观时间"（《马嘎尔尼日记》，104）。

然而，这种烦恼很快被一种信心消除了。马嘎尔尼确信，礼物中的核心物品，如天象仪、太阳系仪、地球仪、闹钟、枝式挂灯一定会引起轰动。譬如，马嘎尔尼被领到圆明园里的大殿，那里被定为展出英国制品的地方，他看到一架英国制造的

103

式样陈旧过时的音乐钟。在记下他带来的物品将展放的地点后，他得出结论说，他相信，"在全世界任何别的地方都不曾聚集过如此众多的精巧、实用、美丽的制品"（《马嘎尔尼日记》，96）。

礼物在圆明园展出的那天，实际情况验证了马嘎尔尼对礼物的轰动效应持有的信心。斯当东陪同英国艺术家（包括约翰·巴罗和詹姆斯·丁威迪）去指定的大殿，并汇报了下列情况。由于担心中国工匠不善于处理如此精致的物品，巴罗和丁威迪坚持拒绝拆开包装，在组装好之前，由英国人守护。徵瑞调解道，这些礼物全都是给皇帝的贡品（Cong - So），因此，英国人与它们不再有任何关系。翻译答道，它们不是贡品，而是礼物，"在这一点上，金简（马嘎尔尼以为他是军机处的官员，而实际上他是内务府的官员）说，叫贡品（Song - Lo）或礼物都可以，这样才结束了这场争论"（《马嘎尔尼日记》，97）。

早些时候船队在北河行驶时，马嘎尔尼曾不得不容忍那些旗帜悬挂在船上，有人也许认为这事会让马嘎尔尼忧心忡忡，但实际上他没有。也许是成功不言而喻，因而不需要注解；也许是他认为清廷官员通情达理，他不必反复说明那些明显的事实；也许外在表现令他很满意，所以他不再深究。不管是哪种原因，除了徵瑞的几分不合作，除了间或对中国人难以捉摸的性格感到担忧，以及由于受到严密的监视而有所不快之外，马嘎尔尼几乎没有丝毫理由怀疑他的吸引中国皇帝注意的策略有什么差错。在取得觐见礼仪谈判的胜利之后，马嘎尔尼无比自信地走向乾隆皇帝。他坚信，科学自然主义和公共领域价值观

将使觐见按照他所期盼的方式进行。马嘎尔尼信心十足地走进
觐见大殿，相信他一旦成功地维护了他的君主的统治权，使团
的使命也将相应地顺利完成。

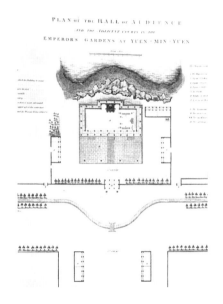

图 3　圆明园皇家园林大殿和毗邻庭院平面图

第六节　马嘎尔尼觐见乾隆皇帝

1793 年 9 月 14 日清晨 4 点钟，英国大使在王文雄和乔人
杰的陪同下，坐上轿子出发去觐见中国皇帝①。马嘎尔尼身着
天鹅绒上衣，佩戴巴斯勋章、钻石勋章和钻石星，头上戴着翎

105

---

① Anderson 叙述了去御幄的队列杂乱无章的情形，他的叙述与马嘎尔尼的叙述形
成鲜明的对照。见 Anderson（1795：180）。

饰繁多的帽子。斯当东也穿着天鹅绒衣服，披着牛津法学博士的红丝绸。马嘎尔尼写道，他之所以如此穿戴，是为了表明他尊重"东方习俗与思想"（《马嘎尔尼日记》，122）。觐见将在一个大蒙古包里进行。大使到达后被领进旁边一个小一些的帐篷，他在那里约等了一个小时。鼓乐齐鸣宣告皇帝到来，英国使团离开帐篷前去迎候圣驾。其他人都匍匐拜倒，马嘎尔尼及其随员则单膝下跪。

皇帝一坐上御座，马嘎尔尼就开始朝御幄走去，并走进御幄。他捧着以珠宝嵌饰的金盒子，里面装着乔治三世的信函。他"庄重地走着，走上通往御座的台阶，把信交到皇帝本人手中。皇帝接过信，把它交给大臣和珅，和珅把它放在一块垫子上"。作为回报，皇帝赐给他一柄绿如意，马嘎尔尼称之为"ju - eo - ju"或"giou - giou"。尽管中国人把它视为和平与繁荣的象征，但如前所述，马嘎尔尼认为它"价值并不高"（《马嘎尔尼日记》，122）。马嘎尔尼初到中国时，对于梁肯堂给他的礼物，他的评价亦是如此。然后，马嘎尔尼把从麦金托什那里得到的两块珐琅手表送给乾隆帝。

又一次，马嘎尔尼没有想到已获得的成功，没有想到已达到使团的一个基本目标——在他看来，在皇帝伸手接过装有英王国书的盒子那一时刻，两国已达成主权平等关系。相反，他的注意力迅即从最激动人心的时刻转移至物品及其价值上，转移到去暗中比较饰有珠宝的金盒子、饰有钻石的表和绿如意这些物品的价值上。马嘎尔尼显然违背了约翰逊博士的名言，情不自禁有了商人的想法，情不自禁地从市场交换的角度来比较手表和绿如意，而不管绅士式的理想和博物学家的道德如何强烈地抵制这种低级评价形式的点点滴滴。或许，一旦从单膝下跪的状态中站起来，他必须恢复自己的东西，恢复自己的气势，在这位光芒四射的东方专制者脸上找到某种保护自己的东西，恢复内心的平衡和善于洞察的眼睛。呈现在他面前的一切是那样壮观，优雅，富于魅力。

106

> 挂毯、帷幕、地毯、灯笼、流苏、丝带布置得如此和谐，颜色如此丰富、富于变化，光与影的安排如此恰当，整个场景赏心悦目，华丽的光彩和众多的装饰并不影响在头脑中扩散开来的安宁与祥和（《马嘎尔尼日记》，124；重点号为引者所加）。

这一点上潜藏着危险。东方式的光彩辉煌令人愉悦，激起美感，使理性变得混乱并暂时离场。在这种时候，一个人不再小心翼翼地防范诸如"光彩"或"过分的装饰"这类外在表现，而是被东方式场景深深地吸引。马嘎尔尼告诉我们，"每一个程序，每一种行为"都"沉默而庄严，在某种程度上就像庆祝宗教节日"，"压倒一切的特征是体现着亚洲的伟大的那种冷静，高贵，庄重和壮观，是欧洲人的彬彬有礼不曾达到的"（《马嘎尔尼日记》，124；重点号为引者所加）。如果约翰逊博士还在世并读到这几行文字，不知他会有什么感想。他会如何评价博物学家眼中的东方或马嘎尔尼感受到的宁静。还有伯克，他能发现这种对权力的特别"包装"具有如此之大的魅力吗？

就在马嘎尔尼完全被吸引，沉浸在欢乐之中时，他忆起了在场的其他大使，"但他们看起来并不十分光彩照人"。这种意识将他带入了另一个时空，在那里，一切行为和程序都重新安排，使他的矫饰打了折扣。

> 由此我看到了"光彩炫目的所罗门王"。我用这个词，是因为这场景令我忆起孩提时代看过的一个同名木偶剧，这名字给我留下极深的印象，我认为它真切地表达了人类的伟大和智慧能够达到的最高峰（《马嘎尔尼日记》，124）。

也许这是一种奇特的联想，但是考虑到马嘎尔尼对外交"礼仪"的关注和对清帝国组织结构的预设，这种联想是意味深长的。马嘎尔尼沉浸在"令人不安"的东方式辉煌中，这107 时，一个理想化的少年时代的记忆浮现出来，使他能保持客观的态度。他把当前所看到的场景放置于过去的时光，暗示着尽管表演达到高峰，但皇帝及其宫廷仅仅是供小孩观赏的戏剧，或者说他们本人就是孩子。换言之，他从一度沉湎的似醒非醒的梦幻状态中恢复过来，很快就再次产生了有用的知识。

譬如在游览热河的皇家园林时，马嘎尔尼发现，中国的园林"非常缺乏富于想象力的描绘，而阿特瑞特神父和威廉·钱伯斯爵士把这种想象出来的描绘当作现实留在我们的印象中"（《马嘎尔尼日记》，133）。马嘎尔尼还与一个叫松筠的蒙古人（他叫他鞑靼人）有过许多富于成果的交谈。松筠对他曾出使俄国极有兴趣。松筠彬彬有礼而又不失明智地谈起他曾在恰克图与俄国人谈判，看来松筠似乎想交流彼此的看法（《马嘎尔尼日记》，127）。另一次，一位大臣告诉马嘎尔尼，皇帝是忽必烈可汗的后裔，并相信 Fo－hi（他用的术语，意近佛陀）的灵魂已"转到皇帝身上"（《马嘎尔尼日记》，130，136）。马嘎尔尼还参观了喇嘛庙，在那里，他了解到喇嘛们的仪式类似于"天主教"，崇拜 Fo－hi 是鞑靼人的宗教（《马嘎尔尼日记》，135－136）。9 月 17 日，马嘎尔尼参加了皇帝的生日庆典，他称皇帝为"尼布甲尼撒"，并进一步远离这种东方式辉煌的影响（《马嘎尔尼日记》，131）。在一则稍欠得体的记录中，马嘎尔尼又写道，他还发现，园中大殿里随处可见地球仪、太阳仪、钟、音乐自动装置，它们如此精致，如此丰富，以致我们的礼物必会相形见绌，"不得不惭愧地把脸藏起来"（《马嘎尔尼日记》，125）。

第七节　谈及商业

在游览皇家园林时，陪同马嘎尔尼的是和珅及其他高级官员，这使他有机会了解并判断他期望与之谈判的人。譬如，他形容和珅是一位教养良好的大臣。然而当马嘎尔尼提出，他认为这个园林是康熙皇帝的成就之后，他注意到和珅对他态度冷淡。这种嫉妒在福康安身上表现得更为明显。福康安是前任两广总督。马嘎尔尼形容他"拘泥刻板，令人憎恶"，"冷若冰霜，充满了不可理喻的自负"。马嘎尔尼认为福康安厌恶使团，很快这种猜疑就得到了证实。在与和珅谈到珠山的两艘船时，马嘎尔尼问能否让"印度斯坦"号船长返回他的船，福康安立即予

108

以拒绝，说这样做不合适，且有违中国法律。马嘎尔尼没能改变福康安的决定（《马嘎尔尼日记》，127－128）。

在这些接触中，马嘎尔尼不止一次试图谈到使团的商业使命。眼看官员们含糊其辞，躲躲闪闪，他不得不寻求与和珅私下约见。和珅答复说，因为忙于皇帝的生日庆典和不久之后起驾离开热河，他不能答应大使的见面请求。但和珅同意接受马嘎尔尼的便笺。9 月 18 日，马嘎尔尼及其随员应邀参加作为生日庆典一部分的一次觐见。马嘎尔尼被乾隆皇帝招至御前，他试图把谈话转到使团的商业目标，皇帝却再次赐礼物给英国国王、大使及其随员。庆典接近尾声，王文雄宣布在热河举行的礼仪业已结束，皇帝准备 9 月 24 日离开，贡使的起程日期比皇帝早三天（《马嘎尔尼日记》，128－129，134，137；《印度事务部马嘎尔尼通信》，20：115a－116a）。

由此，在热河的日子匆匆结束，没有谈及商业，马嘎尔尼立即写了和珅已同意接受的一封信。在信里，他有如下请求：允许麦金托什去珠山，允许"印度斯坦"号在那里进行贸易活动，允许船上的两个欧洲传教士上岸并在帝国履行圣职，允许他与广东的英国公司自由联络（《马嘎尔尼日记》，141；《印度事务部马嘎尔尼通信》，20：155）。

9 月 19 日晚，徵瑞从口袋里掏出一张纸，通知马嘎尔尼，麦金托什不准离开使团，但其他人可以便宜行事。譬如，"印度斯坦"号可以在珠山进行免税贸易（《马嘎尔尼日记》，142）。显然，马嘎尔尼热切希望能够拥有获准贸易优惠的书面凭据或表明商业实际上已经进行的标志，他请求要一张徵瑞手中的文字的副本。徵瑞拒绝了，马嘎尔尼由此认为他对使团仍有敌意。但是，徵瑞只是引起猜忌的小小的刺激因素。通过不能证实的消息来源，马嘎尔尼获悉和珅、福康安和广东刚刚从牢里释放出来参与此事的失宠的伯和（Hoppo）开了一次会（《马嘎尔尼日记》，142）。尽管马嘎尔尼并不清楚这次会议的具体内容，却感觉到它预示着使命的失败。

9月20日，皇帝给英王的礼物被装箱，马嘎尔尼让每只箱子上都注上"乔治三世·瑞克斯"（George Ⅲ Rex）的字样。礼物本身看来并不特别好，但运送礼物的人都"假模假样地认定它价值连城"（《马嘎尔尼日记》，142）。同时，使团起程的准备工作已经就绪，徵瑞拜访马嘎尔尼并通知说，他将陪同使团返回北京。就这样，马嘎尔尼离开了热河，除了遵照礼仪把英王的信函交到乾隆手上之外，他几乎没办成别的什么事。

第八节　在北京发生的事

9月28日，马嘎尔尼回到北京，他忍着痛风的折磨，把注意力转向在圆明园尚未装配完毕的英国礼物。马嘎尔尼依然希望礼物能够打动皇帝，讨他欢心，这样可以促进谈判的进程，因此，当他得知清廷官员催促英国艺术家尽早完工以便皇帝一回到北京就能观赏时，他十分烦恼。当官员们被告知需要更多的时间方能完工时，他们十分诧异。马嘎尔尼注意到这件事再次表明中国人的愚昧无知，表明他们认为是劳力而不是技巧才是"唯一必要的东西，因此在他们眼中，复杂如天象仪一般的机器完成起来就像摇起千斤顶那样简单"（《马嘎尔尼日记》，145－146）。接下来是进一步的失望，当皇帝最后终于参观了展出的礼物时，詹姆斯·丁威迪认为，他根本就没有对英国人的天才肃然起敬。据说，皇帝的评价是："这些东西好得足以逗乐小孩。"（Proudfoot，1968：53）

仿佛在伤口上撒上一大把盐似的，9月28日，马嘎尔尼从不能证实的消息来源获悉，高级官员们宣称，依照中国的法律，使团在中国的停留最长不能超过40天，因此英国人应该返航了。马嘎尔尼立即送了一张便条给和珅，他对珠山的贸易优惠表示感谢，再次请求派麦金托什去那里，因为只有他才能确保友好的商业往来。然后，马嘎尔尼说他决定过了新年就离开北京，由陆路去广东，费用自理。和珅答复说这需要第二天在圆明园开一次会才能决定（《马嘎尔尼日记》，146；《印度事务部马嘎尔尼通信》，20：157）。

1793年10月2日的会面，被证明是英国大使与在京官员商谈"商业"事宜的唯一机会。在场的有和珅、福康安、福长安。会面一开始，就收到从广东来的几封信，马嘎尔尼应官员们的要求，宣布了信的内容并"坦诚"地把信放到和珅手里。这些信是阿德米拉·高尔（Admiral Gower）写来的，他已经到达浙江沿岸的珠山岛，给"狮子"号补上了给养，水手们休整一番之后，现在准备起航。"汉德斯坦"号也在珠山，还等着麦金托什船长回船。和珅说，希望"狮子"号尚未起航，因为他确信马嘎尔尼急切盼望回家。和珅说，皇帝知道北京的气候不太适合外国人，因而很关心马嘎尔尼的健康。因此，马嘎尔尼没有理由推迟行程，尤其是新年的庆宴与马嘎尔尼在热河见过的庆宴差不多。

马嘎尔尼撇开关于天气的话题，提醒和珅，他曾承诺一旦返回北京就提供谈判的机会。马嘎尔尼解释说，他可以自己掏钱以便在京多待几天，目的是加强英王与中国皇帝之间"牢固的友谊"，他的君主盼望接待中国的回访。和珅避免做直接回答，而是又将话题转移到皇帝对大使健康的关心，这使马嘎尔尼得出结论，官员们极不乐意处理商业事宜。然而，当他起身告辞时，和珅及其他官员对他格外彬彬有礼、讨好奉承。马嘎尔尼的翻译向他表示祝贺，解释说这类谈判只能导致"最快乐的话题"（《马嘎尔尼日记》，147－148）。

马嘎尔尼返回住所，得知皇帝给英王的回函已经写好，只需要译成拉丁文就可以了。马嘎尔尼认为这是使团起程的一个信号。王文雄和乔人杰的来访增加了他的忧虑。他们垂头丧气，马嘎尔尼认为原因在于丧失了使团成功可能给他们带来的好处，在于不能因参与接待使团而获得提升。王和乔通知他，第二天他将被传召进宫接受皇帝的信函。第七章将评述接下来发生的事情，包括马嘎尔尼写给和珅的请求和起程仪式。在此只需注意大使在实现目标的过程中接二连三遭受的挫折。

值得一提的是，马嘎尔尼在 10 月 4 日晚与阿米奥神父的会面。阿米奥说，中国人看重使团一时的礼仪，却没有兴趣订立长久的条约，因此，不能在短时间内期待他们做什么，而是需要长时间的耐心、谨慎和灵活。可以通过两国君主的经常通信来加强使团已经留下的良好印象。阿米奥建议，可以指定一名英王特使常驻广东，以便促进更进一步的交流，并使英国有一个代表能参与事关朝廷的活动。在这一阶段，马嘎尔尼不应该失望或沮丧。不要在乎眼前的得失，"重要的是通过精心安排的行动而带来更为

111

巩固、更为永恒的利益"。阿米奥力劝马嘎尔尼请求获准起航(《马嘎尔尼日记》，151)。①

尽管马嘎尔尼似乎赞成神父的意见，认为使团已成功地达到了目标之一——给帝国留下深刻印象，并对此感到满意，但实际上，由于对成功的期望如此之高，马嘎尔尼不容易使自己接受使团已完全失败这一事实。见过阿米奥神父之后，马嘎尔尼反复思考为什么会失败。神父提到，法国大革命时欧洲的混乱曾引起清廷的关注，欧洲发生的事情使中国人在这段时间里对所有欧洲人抱有偏见。马嘎尔尼很相信这个看法。另一个合乎情理的理由是朝廷有猜忌心理并固执地坚持不变的原则，当然，大使本人也有些"微不足道"的失误。然而，马嘎尔尼得出结论，最重要的原因是朝廷拒斥革新，尤其是在皇帝生命的暮年，还有他所猜测的朝廷重臣们种种不予合作的阴谋(《马嘎尔尼日记》，153)。

在接下来的几个月里，马嘎尔尼写信给邓达斯，反复提到上述观点。他特别强调朝廷里的不合作，也就是中国官员的故意阻挠，这是使团失败的主要原因。随后，当他在广州获悉英国努力调停西藏与尼泊尔的冲突的细节时，他确信在西藏指挥军队对廓尔喀人作战的福康安是许多针对他的阴谋的幕后指使者。马嘎尔尼认为福康安之所以这么做，是因为他害怕一旦真相大白，他将失去从战争中捞到的荣誉和功绩，因此，他必须尽快把使团打发出北京(《印度事务部马嘎尔尼

---

① 马嘎尔尼立即草拟了这样一份请求，并派人送到和珅那里。《印度事务部马嘎尔尼通信》(20：163)。

通信》，20：194）。①

　　也有让人宽慰的事情。马嘎尔尼发现许多中国官员对外国人并无敌意。同样令人鼓舞的是，他能区分中国人。"至于较低阶层的人们，他们都倾向于进行商业交易，在我们泊船的每一处，看来没有什么比看见我们的船经常停在他们的港口更让他们高兴的了。"马嘎尔尼的这些评论，再现了他到中国来时随身携带的关于财富和国际商业往来的种种预设。这里再次出现了熟悉的分类：政府首脑，难对付的官员和心理上易于接近的较低阶层。在此，他亦断言，在坦诚和合乎情理的基础上，与某些"好中国人"对话是可能的。遗憾的是，这些好官员的地位太低，不能立即帮助使团。而围绕在年事已高的皇帝身边的又是一些猜疑和嫉妒的官员②。

113

　　1793 年 10 月 7 日，使团离开北京。徵瑞伴着使团一直到天津，在那里，马嘎尔尼在热河时就已印象颇深的松筠接过了护送的职责。使团到达天津时，马嘎尔尼与松筠进行交谈，并

---

①　清廷已收到在西藏的清军指挥官福康安的报告，谈到他与孟加拉方面的接触。他说，加尔各答长官，皮楞人的头目，劝说廓尔喀人停战。福康安认为这标志着皇帝德泽远播，并补充说，加尔各答的皮楞人也许在与广东贸易的人有关系。然而，他并没有直接把皮楞人与英国人联系起来。（《廓尔喀纪略》，51：4b - 5a，7a - 8a）。亦见 Rockhill（1910：58 - 62）和 Fu（1966，1：324）。
　　很难辨析这种形势如何影响了清廷对待英国使团的态度，但马嘎尔尼离开北京之后，朝廷曾咨询过一个叫冈格勒·塔哲西江（Ganggele Tazhexijiang）的廓尔喀人，问英国人是否就是来自加尔各答的皮楞人。他说不是，皮楞人其实是对某一种人的贬称。但他又说，他在北京见到的英国人相貌、服饰都与加尔各答来的人差不多，因此也许他们是同一种人（《宫中上谕》，QL58.9.14；68：85 - 86）。

②　10 月 6 日《马嘎尔尼在日记》中写道，许多朝廷官员对使团颇有好感并希望英国人多留几天。这些官员是哪些人，这条消息从何而来，日记里不清楚。见《马嘎尔尼日记》（155）。

受到盛情款待，这使马嘎尔尼不禁回忆起清廷对他的接待。他在 10 月 13 日的一则日记条目中写道：

> 以最高级别接待，表现出无微不至的周到与关心，宰相和珅亲自做向导，领我们参观了两天宫殿和园林，用丰富多彩的娱乐活动来款待我们，对我们说看到如此壮观的使团多么令他们欢喜，赞赏我们的言谈举止，取悦我们。然而，不到两个月，他们就明显地表现出希望我们赶紧告辞。毫无保留、毫无理由地拒绝了我们的请求，催促我们起程，心怀不满地打发我们走。然而，我们一离开北京，一路上的接待却又分外慎重，分外高级别，所受限制也比从前少。如果能做到的话，我必须去探求这是怎么一回事。也许他们不得不接受一种他们无法抗拒的印象，却又羞于承认；也许他们开始意识到他们错了，希望能予以弥补（《马嘎尔尼日记》；164；重点号为引者所加）。

作为对中国经历的总结，这段话很好地结合了马嘎尔尼的困惑和他所宣称的中国人行为中的矛盾。在这里，就像在别的地方一样，他把由于他自己的局限而引起的问题的责任推给了别人。有鉴于此，他的结论可谓给他所借以理解中国的分析工具做了一个意味深长的评判。他试图以博学家的眼光去观察，却未能发现真相，相反，他眼中的别人充满神秘，诡计多端，有心理缺陷，他的困惑亦源自对清廷的绝对把握和优越感，这两种感情贯穿于使团的计划和组成的全过程。这种态度又被深深地嵌入公共领域理论之中，然后与马嘎尔尼非常有效地予以表述的帝国理论结合起来，并借之与另一个帝国构建进行接触。到此，可以暂时搁下马嘎尔尼使团的有关叙述，从清帝国的角度更详细地考虑一下它认为合适的给予使团的接待级别。 115
在回顾清帝国的扩张尤其是与其他王国的关系的特色之后，我将考察构成宾礼的原则，与其他领主的关系正是借宾礼来规范的。在下一章，我将利用现存的清帝国的有关记载来重建中英会面，偶尔用一些英国方面的记载，旨在彰显而不是调和双方记载上的差异。

第五章　宾礼与各领土之间的关系

在乾隆帝统治的 60 年里（1736 ~ 1796），就如同整个清代一样，朝廷总是将各个外族领袖纳入帝国政治运行轨道，在这一过程之中，满－汉帝国礼仪是一种主要的表现方式，正如导言（第五节）和第二章所述，清廷在"宾礼"的名义下安排皇帝与其他领主的会面，宾礼是五类帝国礼仪之一。在宾礼中，皇帝居于最高①之位，藩王则是来宾。不同的文献材料（包括下文叙述所依靠的主要资料来源《大清通礼》)② 提供了组织这些场面的丰富

翔实的资料。

---

① 在许多觐见场合，君主被称为皇帝。宾礼只是其中一种场合，朝会也是。帝国的朝会或觐见见于有关嘉礼的文献。作为嘉礼的一部分，朝会分为大朝、常朝和听政。大朝在每年的第一天、冬至和皇帝的生日举行，常朝一月举行两到三次，听政每月举行几次，以便呈递奏折，传发敕令。藩王及其使臣可以参加大朝或常朝并有相应规定。见《大清通礼》第 18、19 章。

② 《大清通礼》最初是在朝廷的支持下编修而成，于乾隆二十年（1756）出版。我在本书里引用的是 1883 年重印的 1824 年的修订本。1756 年版本亦在《四库全书》里印了（见文献目录中的《大清通礼》)，但与 1883 年的重印本有些差异，在此提到的差异与一种观念一致，即礼仪应随宇宙—世界状况的改变而有所变化。亦见《钦定大清会典》（卷 56）《礼部则例》（卷 180）和《皇朝通礼》（卷 46）有关宾礼的内容。

本章试图更详细地探讨宾礼的文献资料以及形成清廷宾礼行为的形而上学的预设。我的写作尽力不超出宾礼的内在逻辑。在下面的清廷官方文件里，可以清晰地看出这种内在逻辑。在第二章和第六至第八章里，我努力从清廷的汉语记载中重建英国使团访华经历，在这几章里可以发现有关宾礼的内在逻辑的例子。

在讨论构成宾礼的原则之前，有必要讲一讲我所使用的术语"宾"。在英语中，宾客的含义比较狭窄。通常，它指受邀至家中或至某一公众场所并受到款待的人。一般情况下，我们认为受邀宾客与我们的社会地位差不多。如果不是，就会在"宾客"前冠以"嘉"或"特别"等字样以表明（不管这种表明是多么含糊）彼此的差异。然而，在我们的观念中，宾客意味着我们对此人有所了解（无论是根据经验还是通过彼此的交往），并且预设宾主是平等的。然而，由于下述原因，帝国的宾礼则不存在同样的预设①。

第一，宾客不是受清廷邀请而至的。相反，是外藩领主请求获准进入帝国统治区域，必须得到允准。第二，整个宾礼过程旨在建立一种上/下关系，因而平等是谈不上的。第三，宾礼的这些特色看来充满了清晰的道德寓意，由道德原则来支撑，而不是受可能（而非必然）的礼仪或行为方式的影响。最后，"宾客"一词，暗示有主人存在。把宾礼中所构建的皇帝诠释为主人，这是一种极大的误导。它可能使人认为皇帝在这群人中相当于一家之长，这种看法模糊了礼仪中一人（皇

---

① Hocart 指出，在希腊的宾礼观念中会出现类似的情景。在荷马时代，"宾客"是受宙斯保护甚至可能被看作神。错待陌生人是不敬神的行为，见 Hocart（1952：78 - 86）。

帝）与众人（藩王）之间的根本区别。《大清通礼》的宾礼部

117 分，开篇即强调了这种极大的区别。

第一节　清帝国话语中的"宾礼"

《大清通礼》的宾礼由两章组成（45 和 46）。第一章涉及皇帝与宾客的会面，这是本章的重点，后一章涉及皇帝以下各类人的不同头衔。第 45 章开篇就谈到周代的礼仪。

> 《周礼》中，掌管礼仪的是大行人①。九州之外的王国称为外国（藩国），每一个藩国要带上它最宝贵的东西作为礼物（贽）（《大清通礼》，45：1a）。*

序言暗示《大清通礼》的内容与《周礼》有关，接着便解释为什么藩王要朝觐。

> 在我们的时代，帝国的教导（国家声教）远播四方诸国，他们以宾客的身份来到帝国朝廷。来自天涯海角的王国表明了这一点。一百多年以来，依照帝国的常规，由礼部负责宴请并奖赏他们（《大清通礼》，45：1a）。**

---

① 《皇朝文献通考》补充说，大行人"治神人"，"和高低"（115：1a），这里的领袖指宗伯。见《五礼通考》（220：1a）。

* 该段汉文原文为：《周礼》大行人掌宾客之礼仪，九州以外，谓之藩国，各以其贵宝为贽。

** 该段汉文原文为：国家声教既讫，四夷来宾，徼外山海诸国，典之礼部，百数十年来，敕封燕贽诸典，仪文祥洽爰辑为宾礼。

由此，通过编修文献，制定礼仪，以不同的方式安排皇帝与不同级别的藩王见面，就把帝国本部与外藩联系起来。

> 各种有关礼仪规范的文献经过检验、融合，被编制为宾礼。还有适用于各级官员、绅士和布衣百姓之间互访的礼仪，也附在宾礼后面相应的正确的地方（《大清通礼》，45：1a）。[*]

118

接下来，序言又更详尽地描述藩王及其贡品。

> 在向朝廷献上最珍贵的礼物的礼仪中（朝贡之礼），四方的外国人（四夷）被归为"国"，按季进贡。这些国的（国王）派遣仆从进呈陈情书（表文）与地方特产（方物），他们来到我们位于京师的宫廷（《大清通礼》，45：1a）。[**]

上述文献中，第一，令人注目的是，它开篇即援引《周礼》。这一举动相当耐人寻味，因为序言后的帝国宾礼在特点上更类似于唐代和明代而非周代的宾礼。另外，比起唐代和明代的文献，清代编纂者作了相当多的改动，其中最重要的是增加了礼仪种类。编纂者基于对《周礼》（编纂于公元前2~3世纪）中宾礼的理解，不但增加了有关皇帝之下各级人员的

---

[*]　该段汉文原文为：仪文祥洽爰辑为宾礼，而百官士民相见仪节，以类附于后。

[**]　该段汉文原文为：朝贡之礼，凡四夷属国，按期修职贡，遣其陪臣齐表文、方物来朝。

礼仪内容，也增加了有关遣使赐封外国君主的部分。这些增加的内容表明了乾隆时代的一个大趋势，即超越前代。即使不能恢复周礼的准确形式，也要恢复其精神①。

第二，文献解释了为什么人们来朝觐"清帝"，暗示有某些吸引力远播四方。这意味着某种类似于德的东西（通常意译为美德），威利（Waley）把德译为具有道德感召力的权力（1958：89，93）②。这些术语令人想起"阐释详尽的帝国大家庭学说"。尤其，这些阐释看来体现了"面南之君"的特征，体现了朝觐中皇帝占据的地位③。在各种形式的朝觐中，皇帝对臣下进行教导、劝诫、轸念和赏赐，以这些方式向帝国疆域和全世界发表意见④。在位的皇帝在其训诫中既有自己的训示，也继承了历代皇帝的见解。他的训诫传至全世界（四夷，四个方向）。最边远的国家也会记录下最高君主的教导。他们的统治者被吸引到朝廷中来，在那里皇帝安排他们受到赏赐。下文还要详述这一过程，这里的引文表明皇帝

---

① 见《大唐开元礼》宾礼部分（81 - 90）和《明吉礼》（30 - 32）。唐、明和清的礼仪文献中，五礼的顺序有所不同。除《周礼》之外，这些朝代的礼仪专家也许还参照了《礼记》和《仪礼》，后者含有大量的主宾礼仪内容。英译本见 Gingell（1852），Legge（1967）和 Steele（1917）。

② 《皇朝文献通考》有关帝王礼仪的部分这样描述皇帝应遵循的礼仪过程：

礼仪活动从高到低。因此从朝廷传达到藩王、大人、皇帝的臣仆、平民，通过礼仪把全部人联系起来。探讨礼仪并做出评价，检验文本，以便把"上天之赐"归于上天（115：1a）。

该段汉字原文是：礼之通乎上下，故自王朝达乎诸侯大夫及庶子，咸共由之，而议礼制度考文则归于首出庶物之天子焉。——译者注

③ 有关"面南之君"的更多注解，见《礼仪之书》（the Book of Rites），Legge（1967：61）。

④ 皇帝的这些特点可以与他在另外一些时候的特点相互对照，比如当他以天子的身份祭天时或当他以继孝子的身份祭祖时（见《大清通礼·吉礼》）。

的教导体现了一种贤明公正的统治，因而有权支配其他人，包括藩王。

第三，外国领主及其臣民被归入一个通称——"夷"，意指上述"外国人"。"夷"有时被译为"野蛮人"。然而，我相信就宾礼的上下文而言，后一种翻译不甚妥当，尤其是其他文献表明礼仪的目的在于亲近其他国家（以宾礼亲邦国；譬如，见《五礼通考》，220：1a）。作为名词，"亲"通常被译为家庭或亲属。在此，它用为动词，意为"爱"、"亲近"，就像对待自己的亲人一样①。无论哪一种情况，运用这个词，再加上别的涉及善待藩王或轸念他们的词，看来都是指一种包容的过程，而非确认文明与野蛮之分别②。藩王的王国被称为领土，这一称号也适合于清帝国。这意味着，世界被设想为由众多各治一方的领主构成，每个藩国都是帝国的一部分。我相信，这种设想蕴涵着一个观念，即藩王的统治与最高君主的统治有着某种程度的联系。

第四，藩王据称是前来朝觐并进贡，亦即他们呈上陈情书和地方特产（方物）。"方物"这一概念特别令人感兴趣，它意味着一种把一国与另一国区别开来的方式。同一术语"方物"亦用来表示帝国境内各方的"贡品"。

总之，序言的大体结构表明了下述模式：帝国教化远播四

① 这亦是《大学》中最有争议的一个词。从程颐（1033～1107）开始，新儒家倾向于把它理解为"新"，革新人们，而不是爱他们。见 Chan（1963：85）和 Gardner（1986：98－90）。

② 有些资料把其他领土的藩王称为"诸侯"——中国古代的"封建"藩王，这时这种区分更难以不受到质疑了，见《五礼通考》（220：1a）。这些藩王在四季中的每一季来到天子朝廷，参加与每个季节相应的觐见。

方，引来外藩对帝国、下属对上司的仰慕和进贡①。因此，对于构成宾礼过程的关键性原则和模式，第 45 章的序言是一个有用的指引。然而，这只是它的一部分意义所在。回顾一下导言中有关礼仪中宏观世界—微观世界的讨论（第一章第五节）。在那里，我认为宇宙观总是存在于世俗的形式之中，因此将宇宙的原则贯穿于整个礼仪之中，下面，我将转向礼仪过程之中的形而上学（metaphysics）。

第二节　礼仪的形而上学和帝国礼仪

121　　帝国理论宣称君主是宇宙与人间的中枢，离开这一点，就不能理解任何有关帝国统治的礼仪文献。帝国礼仪是一种恰当的行为，用以构建本体与现象、不可见的规律与世俗事务之间的关系②。礼仪文献和关于外国使团的满—汉记载在帝国礼仪行为这一更大的语境中各自占有自己的地位。

　　某些宇宙原则构成了礼仪并包含了我所称的"模式化话语"③。第一，不可见的规律存在于可感知的世界之中，表现为人与事物的关系的模式。第二，事物的名称、事物本身和阐

---

① 这当然是《大学》的结构性逻辑（structural logic）。《大学》因其与考证学的关系，在清代非常重要。见 Peterson（1975）。
② R. Smith（1993：167），清楚地阐明了这一点。他还把它扩展至占卜。
③ 这一观念源自下列两大资料。第一个是 Reiss 对欧洲在自然科学方法兴起之前的话语秩序（discursive order）的讨论，见（1982：21 - 54）。欧洲发展的这些特点显然与中国有很大的差异。第二个是 John Hay 的著作，尤其是（1983a 和 1993：66 - 76）。如上所述，Hay 认为他所阐明的那些形而上学的原则都隐含在绘画、书法及其他活动形式里。我想它们对于理解广义上的礼仪和特定的帝国礼仪都很重要。

释者全都是同一本体论秩序中的一部分。第三，当现象表现出来时，模式被感知并据各自的不同特点予以分类。第四，表现出来的模式源自一种产生、再生和变化的过程。第五，模式并不是只能被人们认识，实际上人类社会与宇宙模式密不可分，最后一个假设蕴含着这样一种看法，即人类通过有目的的行为，对所表露的现象进行安排，从而使由宇宙产生的模式更为完善。换言之，毫无例外，人类积极地参与不断前进的宇宙发展过程。因此，人类行为影响并左右这些过程。在对宇宙的想象中，帝国礼仪占有一席之地。

　　道德正确的帝国统治要理解宇宙产生的现象并对这些现象有所作为，由此就有了一个合乎逻辑的观念逆转，即不恰当的礼仪将导致自然灾难，意味着不能胜任的统治者不能管理好人间事务。因此，宇宙中有一种循环往复的模式（如冬去春来，春后是夏等），与此相应，模式也有明显的和连续的变化，如果对此认识有误，就将招致混乱、统治崩溃，最终被另一个王朝取代。

　　帝国文献里对模式的认知被译为分类（属）。分类用于按照宇宙模式来组织（而非固定）人与事（如同逐渐展开的时间历程一样）。宇宙模式与人类分类之间的契合（engagement），不断地引导行为远离极端，朝向一个可能的空间上的中心，这个中心应时地形成了由宇宙、尘世和人类构成的宇宙—道德秩序。在各类文献资料中，这一过程清晰可辨，被归入"丰俭适中"这一标题之下，意指在过度与不足之间取一个中间值。"适中"一词警示人们做事不要太过火，也不要做得不够，提醒官员不要太谦卑也不要太傲慢，

122

划分事物之重大与细微亦要适中。总之，一个人应该持中而行，避免过与不及。另外，适中似乎还使帝国的许多活动有了捷径，可以把官员们最世俗的事物与宏大的宇宙进程联系起来。①

　　在下一章里，通过描述马嘎尔尼使团的细节与特色，"适中"一词的意义将会分外明显。现在，只需要注意这一点就够了，即全体参与者不断地审视，看有没有导致走向极端的过分或不足的迹象。可以说，人类行为被引导着行进在两种极端之间，体现着适中的过程。在这之中，这种引导组织起等级关系，在礼仪中，等级关系被认为是恰当的世界秩序。换言之，适中的过程允许外藩领主的权力采取上下级关系的形式被包容进皇帝的统治系统。

　　将不同藩王包容进帝国统治之内的各项原则（这些原则似乎为全部帝国礼仪所共有）远远不止涉及相互交往时的措辞和形式的安排组织。这样形成的关系有如下特点：上级的权力在于他有能力制造那些包容下级的必需条件，下级的权力在于他能将上级的意图付诸实践。满—汉帝国权力构想就采用了这种形式。

　　这种不对称的和相互依赖的上下级关系，在帝国礼仪中有如下几个方面的体现。第一，并且也许是最重要的，并非每个人都是天子或最高君主，每个人的知识和天赋并不相等。换言之，当皇帝面北祭天祭祖，或是面南训诫臣民时，他作为天人之间的枢纽，其意义与家族首领的类似

---

　　①　见 Rowe（1993：10. n. 6），从官员参与经济活动的角度来谈这个问题。

举动的意义是完全不一样的。同时，他人进行的礼仪程式与皇帝本人并非毫无相关之处，他们是部分—全部（提喻式的）和类似的关系。如此这般的隶属关系表明，如果没有忠诚下属的参与，无论帝国秩序还是世系都将难以维持。上级提出意图并使之启动，是开始；下级付诸实践，是结束。在此，我特别强调的是，在帝国礼仪登峰造极之时，显现出人们形形色色的代理作用及其性质——依靠上述构建的关系，人们既可以充当发起者（generator），又可以充当完成者（completer）。正是在礼仪之中并通过礼仪这种形式，人类才可以做到这一切并以特定的方式塑造世界。礼是一种名称，用以指陈有目的的人类活动，这种活动构成宇宙—道德秩序。

仔细观察大祭祀，我们也许能发现礼仪活动构建宇宙—道德秩序的一种方式。在冬夏二至和春秋二分之时，皇帝走出宫殿，朝东南西北四个方向各走几步，中间构成一个中心。在仪式中，设定上天（南），祖先（东），皇帝以天子和帝位继承人的身份，面向北面完成礼仪。接着，皇帝转身面向南面，祭地（北），祭土，祭谷（西）（Zito，1984：76）。仿佛是为了突出皇帝的枢纽位置和众多的代理人的地位，冬夏两至祭祀之后是大朝和大宴。在后一礼仪中，皇帝的位置在北端，处于觐见大厅的中心线上，面向南面，面对全部尘世人事。在此，他是最高君主，君主中的君主，创造的本源，在他面前的是他的臣下，他们负有实施的使命。作为发起者，皇帝安排众多官员 124 的集会；作为完成者，官员们聚/会集在皇帝的东西两侧，三跪九叩。

第三节　君主权力与宾礼

并不是所有下属都能适时恰当地胜任完善之使命，也不是每个人都能进入这种关系并在皇帝面前匍匐拜倒。必须从下属领主中挑选那些有如此能耐的人。这样做的理由有几个：藩王有其属地，亦即他们统治着一定区域内的人民，控制了该区域内的资源；藩王们与皇帝一样具有统治他人的能力，并且，这种能力就像帝国的权威一样，是其建立军事实力的基础；另外，无论是最高君主还是藩王，其军事力量一旦集中，就可以（事实上也是如此）经常用以对付其他藩王。

藩王权力的军事实力提供了某些线索，表明战争的目的是什么。很明显，一个人不可能彻底地消除对手，但一位领主必须显示他比别人更善于统治，并将被击败的对手包容进自己的统治范围之内。然而，这样的包容必须不断予以管理和调整，因为权力关系处于不断的变化之中①。换言之，要不断适时变化才能维持统治权的完整。在这个意义上，即使完成了权力的包容，藩王之间的关系也是有内在争议性和矛盾性的。仅仅把其他藩王编入朝贡之列，是完全不够的（借用朝贡体系的语言）（Fairbank，1948：133）。藩王之间的关系是变化莫测和暂时的，需要随环境、条件的变化而不断予以协调和改变。

藩王为获得最高统治权而相互竞争，在这种情势下，皇

---

① 这种变迁的一个极佳例子是乾隆帝与亚洲腹地藩王阿睦尔撒纳（Amursana）的关系。见 Hummel（1943：11－13）。

帝要拥有最高统治权，就必须妥善处理与其他藩王的关系。他必须包容且不削弱其他藩王的权力，以便必要时可以借助这些力量巩固其统治。也就是说，这毕竟是天命，如果不能包容其他藩王的权力，那么，他的统治将是虚弱的，他的政权将是不稳固的，这样的实例并非没有。任何一位藩王，尤其是作为握有统治权的皇帝的下属时，在适当的情势下，如果发现皇帝上不能通天，下不能治国，那么，他就有可能谋求最高统治权。对满族皇帝而言，这不是件微不足道的事，因为清王朝本身正是取代明王朝而建立起来的。

　　宾礼提供了这样一种语境，即藩王的力量经过改造和引导最后被认可（即有别于其他藩王的权力）并成为帝国统治权的一部分。宾礼也显示了某种军事因素：藩王展示出他的军事力量，却发现皇帝的力量超过他[①]。皇帝力量的展示通过下列方式实现：第一，在觐见时，藩王被安排在西侧，那是武官的行列，与之相对的东侧是文官行列；第二，藩王觐见时，有大批帝国卫队侍立在旁；第三，藩王赴京和离京途中，有时沿途列有兵士。最后，觐见时可能不止一位藩王在场。这样就表示，其他藩王亦宣誓效忠皇帝。

　　最高君主以发起者（generator）的身份开始宾礼的过程。他构建天、地、人三者的关系，在宇宙秩序中拥有中心地位。他之所以能够做到这一点，是因为他具有榜样的感召力（德），这种感召力充溢着整个世界，源自皇帝在礼仪中的表

125

[①]　宾礼的这一方面在马嘎尔尼使团一例中表现得分外突出。见下文，尤见第八章。

现。许多文献告诉我们，藩王真诚地愿意转化（向化之诚）。他以进贡、归顺、诚恳、忠诚等形式来表现他的诚意，并来到皇帝的宫廷呈上贡品①。受到感召之后，藩王还需要经过允许才能进入帝国境内。他前往朝廷的请求被帝国理解为他愿意继续他本人及其王国的归化历程，他通过认可皇帝的创设能力而实现这种归化。最后，他要感谢皇帝的广播四方、润泽及（达）他的恩泽。皇帝构建了宇宙—道德秩序，并由此创始了一个历程，而藩王则使这个历程的某些部分达到顶峰。这种特别的程序在《大清通礼》和有关马嘎尔尼使团的文件中均有描述。

从礼仪及相关文本，我们可以看到上级和下级之间的关系随形势而变化。皇帝是赐恩的人，作为赐恩者，他赐封藩王，赏给服饰、绿如意、御笔墨宝、历书和食物等。皇帝亦允许藩王参与各类礼仪活动。藩王作为完成者，进献贡品给皇上，贡品包括他的宗谱和王国特产，藩王还要对皇帝远播四方的恩泽表示感谢。别人通过藩王的行为举止，包括服饰、言谈、动作（如叩头）来了解他所表现出来的忠诚。于是，下级权力中心（即藩王及其王国构成的体系）就这样被包容进更大的权力系统：藩王以其行为举止表明接受归化，并显示出其地位的差异（藩王权力中心与身处觐见地点中线之顶端的皇帝所构成的最高权力中心保持着一段距离）。

在宾礼过程中，帝国官员们掌握着各种关系的分寸，不断考虑空间位置上的不对称原则。譬如，通过空间安排的或高

---

① 有关马嘎尔尼使团的例子，见《掌故丛编》（5a）。

或低，或远或近，来处理礼仪活动中的偶发事件，并通过比较此次会面与本朝或前朝有过的其他会面（先例）来解释这些安排。

在此，另有值得注意之处。（天的）儿子变成父亲，臣下变成藩王。我们看到在礼仪中产生或运用了得体的状况特征，把那些使礼仪活动达到顶点的人（儿子，臣下）转变为发起者（父亲，藩王）。颐和园（北京）和万树园（热河）中的完成者成为朝鲜、越南、喀什噶尔和葡萄牙等地的发起者。换言之，礼仪活动使世界的宇宙—道德秩序有可能在时间上延续到未来，在空间上扩展到藩王属地。

第四节　宾礼和统治权的构建

如前所述，宾礼并不涉及对待文明与野蛮之间的粗暴的区分，而是通过划定中心，把各权力结合进清帝的统治权之中。在这种构建中，上级与下级、领主与臣仆平等地参与权力结合的过程，形成有差别的等级。这样做之所以可能，关键在于藩王方面要认可（无论起初多么勉强）他所参与的过程的性质。皇帝德泽远播，促成并保证这种认可，在实践中由藩王的创设行为来延续。藩王自身的特点和皇帝的品质发生共鸣，使藩王领悟到某些知识，表现出来就是这类行为。显然，藩王请求朝觐的举动可以以上述方式去理解，但其中还有别的意义重大的迹象。

其中之一是，他的请求充满了与臣仆身份相当的真诚的态度与感情，它们充分表现在他呈给朝廷的信函（表）中，同样有意义的是藩王带去的进贡的物品，藩王的礼物被称为贡品（礼），一般是地方特产或土产。还有，藩王们被鼓励把这些地方特产视为他们领地上的最珍贵的物品。这表明，不管这些物品是什么，他们都不止有交换价值或象征价值。礼仪文献中对贡品的定义表明，这些物品必须经由人类劳动才能生产出来，他们就像艺术品一样，既有天然特色，又体现了人的聪明才智。

鉴于上面说到的皇帝德泽远播，以及对贡品应当是进贡藩王的地方特产的明确规定，我认为，还有一种可能性，我觉得它与来自清帝国疆土之内呈奉的贡品一致，礼仪活动与农业季节相联系，表示帝国关心农事，滋养庄稼使之获得好收成。收成中的一部分将作为礼物呈给朝廷。在朝廷里，这些物品就成为适时组织活动、管理领地的具体表现。在更高级别的礼仪活动中，这些礼物被皇帝以臣仆和孝顺的继承人的身份献给上天和祖先。在宾礼的其他场合，这些礼物被赐给其他藩王。[①] 与藩王的关系被表达为类似的情况。

帝国恩泽远播，使藩王有与皇帝相似的行为。在他的能力范围内，他也可以开始一个滋养本国土地的过程。然后，他收集王国内特产（仿佛这些特产本身足以表现滋养土地的过程），并把它们作为礼物用于祭祀。但是要做到这一点，他必须有能力认可这些礼物有这样的功能，必须有能力理解它们是这些复杂的过程授予的，而正是这些过程使它们具有上述功能。

---

① 有关上述最后一点见 Havia（1993a：75）。

这种认可，正是帝国在与藩王的对话、在评价藩王的使臣和礼物时，竭力想要查明的。这说明了为什么不是任何礼物都可以充当贡品，礼物必须明显具有藩王领地的特色，必须与其他领地的物产有所区别，必须以某种方式与藩王统治权的组成相连，并且必须有可能对世间无数产物的生产与再生产定位。

与之相类似的是，皇帝的赏赐也应与其统治权有内在的联系，并且与藩王的进贡行为有所区别。皇帝把藩王的礼物认可为忠诚，与此相应，赏赐品的重要性在于，它完成了上级与下级间的等级关系。并且，如同藩王所贡礼物一样，赏赐过程的关键因素在于赏赐之物品。譬如，在赏赐物品清单上，打头的总是丝绸服装，饰有龙的图案的长袍[1]。换言之，有些礼物本来只赐给本土的重臣，但现在也赐给藩王，借此拉近彼此的距离。

129

帝国赏赐也包括为藩王使团提供食宿，对之礼遇有加。朝廷官员通过与使团的谈话来了解使团内部的等级关系，并依据这种等级确定相应级别的赏赐。赏赐的时间、数量和物品种类在不超出礼仪活动过程的范围内，取决于藩王或其随从的意愿。看来，无论以市场价值交换还是象征性的交换都不能承载"贡品"与帝国赏赐所包含的意义，尤其是当那些物品似乎不能象征任何东西，而仅仅是体现某种道德活动时。任何试图把道德意义从这种特定的情景中分离出去的努力都会将礼物和赏赐变成有违帝国理论的东西。

帝国礼仪声称，在权力包容过程中，保留了各权力的差

---

① 见 Cammann 对龙袍及用于制作龙袍的丝绸布料的讨论（1953）。

异，这是由多种因素决定的。第一，帝国理论必须假定存在某种普遍的人类特性和能力，否则帝国的教化就会收效甚微。第二，它必须假定世界秩序有正确与不正确之分，而创建正确的秩序不仅是人心所向，也是非常必要的。第三，它必须确认君主的道德必须经由帝国理论所确定的规范才能生成。第四，它可以关注和容纳其他事物但不能采用专制的方式。没有牢不可破的世界，没有不可改变的差异，里外原本是相互关联的。如果礼仪在某方面失效，帝国理论的实践者就会被迫反省自己的行为，以找出不妥之处。既然这种理论认为没有绝对的内外之别。因此，即使认定藩王及其仆从是野蛮人，也不能一味斥责。

第五节　作为行为的礼仪

通过划定中心而达到的宇宙的整合及其在时间上的延续，产生了一种差异秩序，这种秩序具体体现了人们对事物的真实的、正确的和恰当的处理，也体现了礼仪活动中礼仪范围内的事物，这种秩序是等级制的，展现了不同情势下的上下级权力关系，在此谈及的等级制，被嵌进并源自代理原则，即在结合和延续宇宙的过程中，人类是上天的代理人，这种代理关系原则可以在逐渐发展的过程中看到。个体代理人的地位依形势而变化，通过人和事的上/下—里/外安排，个体代理人各得其位，其他人因此得以定位，这样反过来又形成差异秩序。

差异秩序融合了复杂的权力关系，这种权力关系源自各个代理人彼此不同的知识和经历。个人积累的知识和经历是从前

130

所拥有的地位的产物，因此它们能引致有效的行为，并为这些行为提供评判标准。拥有最高权力所依靠的不是预先给定的金字塔似的强迫型权力关系，而是借助知识和经历不断做出恰当的行为。在不断调整等级形式的过程中，明智审慎地对待各级各类事物，产生了社会关系。由于与其他人特定的约定：他们的权力不仅是因为地位而且是因为知识水平和社会阅历才受到限制，这样才能建立差异秩序。

这样的约定，其产生过程既自由又受到约束。自由是指，在整个时间过程中代理人都可以做出选择；约束是指，在任一时刻可供选择的种类有限。选择是在礼仪过程的特定时刻里，由各类的事物构成的。因此，最好是把礼仪行为看作有关代理人和人类能力的理论，而不是生搬硬套的固定规则或是用以掩盖"真实"活动的理想化的面具。

上文既已阐述过模式和划定中心的过程，因此不宜再用我们所熟悉的社会科学中的二分法来探讨礼仪文本及其与实践的关系。启蒙时代的认识论所阐释的模式，在形式与内容、理论与实践、象征与真实、理想与实际之间画出一条界线，这样的模式对于清帝国的宇宙秩序论，就如同对基督教教义一样毫不相干。即使一定要在礼仪文本和礼仪实践中画出一条界线[①]，那么这条界限也应建立在下述关系基础之上，即暂时以语言表现的固定的实践和通过语言与其他形式（如身体的动作）而实现的实践，或将文字诉诸实践的过程这两者的关系。我们可以把礼仪文本和礼仪本身看作一场对话，前者设想出一系列行

131

---

① Zito 所指的文本/实践见 1989 年和即将出版的著作。

为动作及其先后顺序（节），后者予以实现。这种关系的要义在于，若要划定中心，则必须使礼仪保持可调整性。如果在活动开展之前就做出行为限制，那就意味着，旨在调和极端的过程从一开始就引入了过分与不及。

宾礼就像其他所有帝国礼仪一样有顺序。在礼仪手册或任何一本有关藩王使团的朝廷记载中均可找到这种顺序的逻辑。只有在参与者不清楚顺序或礼仪明显偏离了预定的方针，即组织一个相对的中心时，这种逻辑顺序才派得上用场。

《大清通礼》描述了宾礼的时间顺序，以藩王的入境请求开始，跟着是帝国的答复。[①] 接下来是使团到达帝国边境时的致意，呈递国书、礼单、使团成员及其官衔的名单，驻边官员检查并翻译有关文件，向朝廷汇报使团的行进情况以便朝廷做出相应的安排，沿途官员均要检查、安排和照料使团及礼物，一个接一个把使团送往朝廷。当使团往朝廷进发时，有关使团及其礼物的觐见准备工作也在进行。在觐见中通过各方的交谈建立起帝国与藩王的关系，这种关系在空间上体现出来（相对的中心）。使团被赏赐酒宴以示君恩，对藩王的酬劳包括赐封文书和象征统治权的徽章，最后由清廷官员护送他们越过重新划定的边界返回故土。

在《大清通礼》的宾礼部分和马嘎尔尼的叙述中，均能找到上述种种行为。我们可以通过考察一个使团的记载来研究顺序，但是，因为礼仪活动本身并不是目的，因为它涉及构建一个令上天满意的世界秩序，因为设想这个世界永远处在不断

---

① 见 Wills（1984）对使团路线的描绘，亦见 Fairbank 和 Teng（1941）。

的变化之中，所以礼仪文本所规定的顺序并未指明该如何处理正在进行的特定的会面才是最恰当的。它能建议一些可行之处。人类在塑造他们所居住的世界时，在一定的情势下，在应该达到的目标和实际实现的结果这两者所限定的范围内，礼仪变得十分切合当时的历史环境，并深深植根于社会生活实践之中。只有这样认识礼仪行为，才有可能避开现代史学的偏见来看待清帝国和其他王国的会面。下面我要转而考察清廷对 1793～1794 年英国使团的记载，以便了解如何安排会面，如何展开礼仪过程，以及在此过程中各个代理人分别做出了怎样的选择。

133

第六章　沿中线而行：问候与准备

第一节　初次接触：通告与进入帝国的请求①
(1792 年 10 月 22 日～12 月 3 日)

外国使团在进入清帝国境内之前，藩王必须先呈交一份书面请求，请求允许进入并觐见皇帝，因为允许并非自动获得②，所以通告和请求对于最终能否进入十分重要。详细地考察广东及朝廷官员如何对待表书，可以清晰地看到，宾礼所规定的请求这一程序使帝国有机会考察那些寻求帝国觐见之人的动机。

东印度公司（EIC）的负责人与广东官员正常联系方式是

---

① 《大清通礼》并未提到礼仪的宣告和请求部分。但在朝廷有关马嘎尔尼使团的记载里，有充分的证据表明宣告和请求的重大意义及它在整个宾礼过程中的重要性。

② Mancall 引用 17 世纪俄国使团的两个例子，他们获准赴京，但未被接见，原因是他们的陈情书和国书有诸多问题（见 1971：44 - 56）。1816 年的阿美士德使团在抵京后也遇到许多困难，最后亦未获准觐见，见第九章第一节。

通过公行的商人传递请求（禀）。1792 年 9 月 20 日到达广东的秘密与监督委员会不愿意以这种方式传递文书。相反，通过 **134** 商人蔡世文，他们请求会见两广总督郭世勋，声称他们是替国王传信的。清廷官员拿不准这信的性质，又不能有违帝国"怀柔远人"的规定，于是决定允许见面。

　　清廷官员所允许的与东印度公司的会面带来了一些麻烦，在 1792 年 10 月 22 日郭总督与粤海关监督盛住的联合奏折中总结了这些问题。布朗、杰克逊和欧文声称他们携有国王之信函，但信的落款是弗郎西斯·巴林（Francis Baring），他是一位商务公司经理。这就使人怀疑信使、巴林与英王的关系，广东官员不能把他们归入英王信使之列，只好称他们为"野蛮人"或"外国人"（夷人）。据英国人的叙述，他们被从觐见大厅转移到旁边的接待室，在那里，对他们的接待可以不必很正式①。

　　当巴林的信从拉丁语和英语译成汉语之后，麻烦又来了。郭和盛注意到使团提出的造访理由（恭贺皇帝八十寿辰），于是想起处理这种事情的正常方式。和请求书一道的应该还有国王的信函（表文）和礼物清单（贡单）。不但这些文书一样没有，就连信使对它们也知之甚少（《掌故丛编》1b），问及礼物和使团何时可到，信使解释说，他们在使团

---

① 秘密与监督委员会对广东事件的记载见于《印度事务部马嘎尔尼通信》（93：25 - 36）。布朗和其他人写信给伦敦，报告说，最后他们接到了通知，将按他们所请求的方式接待使团。尽管委员会认为地方官员对此心生猜忌，故意阻挠，却坚信，只要他们的吁求直接传到皇帝那里，皇帝就会比他的官员们更倾向于接触（93：121）。

出发前就已经离开了，因此只能估算使团到达的大致日期。至于礼物，他们只知道其中有一些很重，如果从广东取陆路赴京，礼物可能会受到损坏。

接下来的奏折说，英国人很早以前便来到广东做贸易，并暗示此地是其入境的理想地点。但这一次英国人却打算在天津登陆。官员们知道自己在所管辖区域内的职责，必须妥善地关照使团，官员们指出他们对目前情势以及可能会给朝廷带来的后勤方面的问题很关注。他们指出，要阻止使团可能有困难，应把它引往广东，沿海各港口均应该做好准备以便接待英人(《掌故丛编》，1b–2a)。广东官员对请求书的评价是，它反映了英王的忠诚和感激。奏折、巴林信函的原本及译本都被送往北京，1792 年 12 月 3 日朝廷对此做出指示(《掌故丛编》，2a)。

皇帝从当天军机处的奏折里获悉了英国人的请求。军机大臣说，请求书的拉丁文本和英文本已给了在皇宫里任职的西洋人（欧洲传教士），他们只能翻译拉丁文，提供了下列有关英吉利王国（英格兰）的情况。译者称英国是位于遥远的西北端的"红发国"，并说英国的宗教信仰与其他西洋王国不同，此前从未遣使到过中国，没有英国人在宫中任职。军机大臣确认广东和北京对拉丁文本的翻译是一致的，然后概述了英国人遣使的理由和因礼物非常精致易于损坏而请求在天津登陆的事(《掌故丛编》，3b)。

同一天，皇帝对郭世勋的奏折做出批示。通过军机大臣阿桂与和珅①，乾隆把他对英国通告的看法和有关使团的决定告知沿海各省官员及长芦盐政使。皇帝注意到请求书中所表达的"高度的恭敬、顺从、诚恳、忠诚等情感"，所有这些都表明他们"真心愿意转化"（向化之诚）。既然他们不远万里来到中国，皇帝就应该准其所求。考虑到海上航行的风险，他提醒官员们，使团可以在任何时候、任何港口停泊，地方官必须妥善接待。登陆之后，由认真负责之人稳妥地安排使团及其礼物。该官员必须护送英国人赴京，不得有丝毫延误。

皇帝指示沿海各省官员通知下属，随时报告情况。如果轮船在天津靠岸，长芦盐政使必须注意使小船能将比它大的礼物运到岸上。最后，应委任官员护送贡使到京，避免卸船延误②。随着1792年12月3日皇帝做出批示，宾礼规定的通告/请求阶段宣告结束，整个沿海动员起来准备接待英国使团。

可以考察一下地方官员和清廷对待请求书的方式。广东省的官员们本来能够非常熟练地妥善处理使团，但这一次却遇到了不合常规的事情。如前所述（第二章第四节），广东官员们能够训练

---

① 从这时起到1793年10月为止，阿桂的名字再也没有在上谕中出现过。有关和珅见《清代名人录》（288-290）。Elman认为，到18世纪80年代，阿桂与和珅分别是帝国官僚中上层集团两个不同派别的核心（1990：283-284）。谈及和珅与福康安的关系，Waley-Cohen认为满族贵族之间的权力斗争在某种程度上导致了马嘎尔尼使团的失败（1993：1541-1542）。后一种观点十分有趣，使团的记载中只有一条材料可以支持这种解释。见第八章。在接待使团的朝廷官员犯了许多错误之后，乾隆帝召来阿桂商议。从那时起，在上谕中，阿桂的名字总是与和珅一起出现。

② 皇帝的上谕见于《掌故丛编》（5a-b）。清代档案里现存三份相应的奏折，长芦盐政使穆腾额、直隶总督梁肯堂、山东巡抚吉庆的奏折。见《朱批奏折》（24，2-4）。这些材料和有关使团的其他中文资料已译成法文，见Peyrefitte（1991）。

有素地想到一系列问题，区分请求觐见的国王与清帝国之外的其他外国人。但这一次，英国人携带的信函似乎把东印度公司的商人与国王的使者混为一谈，于是问题变得棘手起来。广东官员的解决之道是力图把英王与东印度公司信使分开来。同时，郭世勋和盛住询问了信使许多问题，并把巴林的信函的多种译本相互比较，其目的就如同后来清廷的目的一样，在于从英王的请求中找出不合常规之处，以便弄清英王的意图。换言之，广东官员想要尽力从英王的遣使请求中估量他的忠诚。这些官员不能就是否允许使团入境做出最终决定，只有帝国朝廷才有权这么做。因此他们收集尽可能多的情况，列出不合常规之处，提出建议，所有这些写入奏折呈给皇上。同样的过程又在军机处进行了一遍。

皇帝的决定以上谕的形式发给军机大臣阿桂与和珅，他们再把它传递给有关的下属。弘历研究了手中掌握的情况，认为请求是真诚的，至于它的不合常规可能带来的意外，通过地方官的妥善处理即可轻易解决。他要求立即采取有关措施，其中最重要的是保持帝国各级官员之间的信息交流畅通无阻。皇帝要及时了解事情的进展，若有延误，责任必究。同时，随着皇帝允准使团前往天津，沿海各省纷纷行动起来，准备迎接使团可能的停泊。

第二节　准备接待
（1792 年 12 月 ~ 1793 年 7 月）

《大清通礼》对以下各方面都有规定：外国使团从何处进入清帝国、行进路线、负责管理使团的官员的责任等。使团进入地点的文武官员要向礼部汇报，礼部负责签发允许使团进入的允准书，然后使团在护卫下向京城进发。在途中，省级官员负责为使团供应食宿，提供娱乐。在省与省的交界处，使团被移交到下一省，在那里，同样的官方接待再次上演，如此这般直至到达京城(《大清通礼》，45：1a)。

138

同时，在北京，礼部上奏皇帝，获得允准后，就着手准备接待使团。通知工部准备住处，户部供应粮食，光禄寺供应肉类、鱼、酒、蔬菜和水果。使团抵京时，礼部通知鸿胪寺出迎。到达之后，使团被礼部引到宾客住处，那里早已做好接待准备，并可供应膳食(《大清通礼》，45：1b)。

一　沿海省份的动员 (1792 年 12 月 ~ 1793 年 5 月)

马嘎尔尼使团受到了最尊敬的礼遇，与此相对照的，是宾礼的进入礼仪部分对使团的进程只做了非常有限的指导性规定。礼仪文本中简略地谈到这一点，是关于指派人员和负责照管使团的。譬如，6 月，新近被指派接替穆腾额担任长芦盐政使的满洲旗人徵瑞，被指定负责接待和护送使团(《朱批奏折》，24.16)。除了人事安排以外，沿海各省官员来回奔忙，筹集各类水路交通工具，准备食宿，并敦促有关下属密切关注使团船队的靠岸①。

同时，地方官员并不止被动地接受朝廷的各项命令。在1793 年 3 月至 6 月的奏折中，他们纷纷就如何接待使团提出各

---

① 汇报准备工作的奏折 1793 年 3 月起就送达朝廷，此后定期传送直到 1793 年 6 月使团到达华南沿岸，见《朱批奏折》(24，4 - 17)。

自的建议。山东巡抚吉庆早在 3 月就提出，乾隆十八年（1753）
对葡萄牙使团的接待，可以作为此次接待英国使团的先例（《朱
批奏折》，24.5）。到 6 月，援引了葡萄牙使团先例的朝廷指示
已传遍了有关官员①。另外，省级官员们认为有必要在广东之
外安排地方供英国使团贸易（《朱批奏折》，24.11.12）。直隶总
督梁肯堂就是其中之一。如果使团在天津附近登陆的话，他将
负责照看，他还想弄清楚，使团将以何种方式与地方官员交往，
并建议寻求能胜任的译员（《朱批奏折》，24.10）。

　　地方官员所表现出的种种关切说明了一个普遍存在的问
题：他们对于英国使团将于何时何地出现并无明确答案。他们
也问及官员们应如何处理意外事件。在某种程度上，朝廷与省
级官员的对话以及这些对话通过上谕得以广泛传播，可以解释
后来对一些意外事件的处理方式。另外，像《大清通礼》这
样重视实践的文本也为决策提供了广泛的参考。考察一个早期
问题的处理，有助于展示这些方面。

二　关于从事调查之船只（1793 年 6～7 月）

　　1793 年 7 月 9 日，皇帝下发一道上谕，要军机大臣和珅传
给沿海各省总督。在上谕中，皇帝援引了浙江巡抚长麟的奏
折。他报告说，英国船长普罗克特指挥一艘船进入接近宁波的
定海港口。地方军事指挥官马瑜和宁波知府克什纳向长麟报告
了船只入港，并解释说它在寻找可停泊装载礼物的大型船只的

---

① 我找到的朝廷援引葡萄牙使团为先例的第一个例子见于《宫中上谕》（QL58·
　5·12, 67：117－124）。

地方。在接到长麟批准之前，两位地方官员就允许普罗克特起航。浙江巡抚请求查办马瑜和克什那。①

弘历认为长麟的要求有些过分。他解释说，如果外国派遣船只从事间谍活动或者制造麻烦就应该逮捕船上人员并严厉盘查。但是在这种情况下（如长麟应当知道的），英国请求遣使并已获皇帝允准。皇帝说，这属于好事。对船只进行调查，可以被认为是恰当之举。官员肯定应该盘查这类船只，但不应该予以羁押，因为羁押可能使外来者心生猜忌。他批准了长麟关于调查的请求，但制止了对马瑜和克什那的惩处。②

长麟不能正确处理这类事物还表现在其他方面。他还将奏折的内容告知其他沿海巡抚，弘历称这一行为殊属过当。皇帝在与那些知情人谈话时，抱怨说，省级官员常常不是做得过火，就是做得不够。以拘泥著称的官员们经常羁押和盘查船只。这有可能使外来者错误地怀疑自己遭到逮捕和讯问，从而产生疑惧。③

一星期之后，和珅把那天（1793 年 7 月 16 日）收到的上谕告知直隶总督梁肯堂，山东巡抚和新任长芦盐政使。上谕提到长麟的一道奏折，大意是，马瑜报告说，7 月 4 日已看到使团船队离开定海，并与使团联系过。马瑜与马嘎尔尼交谈，后

---

① 长麟 6 月 30 日奏折，抄本见于《朱批奏折》（24.20）。

② 这件事中皇帝对长麟的训斥所采用的形式，与记载的其他场合的训斥有许多相似之处。见 Kuhn（1990）和 Elman（1990：280）。我认为，这样的警告和规劝不止是一种帝王风范，这样做，也是为了持续不断地维护弘历对一切人和事的权威。

③ 皇帝的上谕见《朱批奏折》，8。同一天，军机处回顾皇帝的命令，先指示有关官员负责对马瑜和克什那进行调查，然后得出结论说他们的行为并不十分过火（《掌故丛编》，9a）。梁肯堂在回答皇帝的询问时，认为马瑜和克什那并没有过错，不应受惩罚。见《朱批奏折》（24.24）。

者解释说他的船太大进不了定海港。既然风向正好，他决定在
6 日继续北上。这个情况被归为好消息，据称皇帝为此高兴。
马瑜因为及时报告和妥善处理这件事，皇帝称赞他遇事留心。
结果，无论马瑜还是克什那都未受惩处，调查也停止了。另
外，长麟（这次他迅速地报告了马瑜和马嘎尔尼的会面）和
141　两广总督郭世勋也因为遇事留心而受到奖赏①。

　　清廷有关使团的记载里提供了许多处理这类意外事件的例
子。为此，我想简单谈谈这一事件所反映的若干问题，这有助
于理解其他情势下是怎样处理问题的。皇帝认为英王的请求书
显示了他的忠诚，因而允许使团在天津登陆。沿海各省皆为迎
接使团而动员起来，皇帝希望他的官员们妥善处理（妥办）
并照料好使团，因为这是一件好事。差序包容的原则加上认定
英国人来访是好事，这一切使普罗克特的船与其他擅闯海港的
船区分开来，这艘船进港不会引起麻烦。一旦普罗克特证实他
是使团的成员，他就应该被迅速放行，正如马瑜所做的那样。
弘历指出，最重要的是不要采取任何可能使英国人产生猜忌的
行为。很显然，对于这样一件好事，长麟的不当行为以及由此
可能产生的猜忌心理是非常不恰当的。另外，当长麟的行为符
合使团被认定的性质时，他就会受到朝廷嘉奖。郭世勋因正确
处理英国使团的通告而与长麟同受奖赏，这绝非偶然。

　　有关此事的上谕，提供了一个对宾礼的关键性认识，即宾
礼非常注重通过礼仪活动展示帝国权力。弘历指出，官员的某

---

①　军机处重复了皇帝的决定，并把马瑜的及时报告视为简明报告情况的范例
（《掌故丛编》，10b－11a）。

种行为将使这种行为的指向者产生某种特别的情感。他还指出官员们的行为以及由此而使对方产生的感情将对礼仪活动的正常展开产生有利或不利影响，因此他才予以关注。马瑜事件正体现了这种关注。它表明，恰当引导事态发展以应对意外事件比照搬条文或墨守成规更重要。何谓恰当引导，这在 1793 年 7 月 24 日的上谕中比较清楚，这份上谕由和珅传给梁肯堂和徵瑞。

随着使团日益临近天津，皇帝告诫官员们应如何接待英国宾客。

142

> 在处理与外来者（外夷）有关的事物时，你们必须在铺张浪费与匮乏之间采取中间路线（丰俭适中），以便正确地遵循朝廷的常规（体制①）。各省亦曾有过与不及之不当行为，因此，英使到达之后，接待不可过分铺张。但是英使首次远道而来，不比缅甸、安南或其他进贡多年的国家。梁肯堂和徵瑞必须审慎明智地关照使团，不要过分吝啬，否则这些来自远方的旅行者将轻视我们(《掌故丛编》，12a－b；重点为引者所加)。*

---

① 体制通常被译为"系统"、"结构"、"基本规则"或"基本组织"。Hsu 扩展了这种观念，认为这一术语是指"中国的生活方式和按中国人的观点恰当地处理事情"，体制受到礼的观念的支撑。他把礼译为"礼节"（propriety）(1960：111)。我认为这个定义过于宽泛了，更多的评论见何伟亚（1993a：68）。我把体制理解为"帝国秩序"，但我怀疑它是否也包含了帝国愿望这一观念，或者说它在某些情况下是否包含了皇帝的意图。

* 该段汉文原文为：……但应对外夷事宜，必须丰俭适中，方足以符体制。外省习气，非失之太过，即式之不及。这次英吉利贡使到后，一切款待，固不可踵事增华，但该贡使航海远来观光上国，非缅甸、安南等处频年入贡者可比。梁肯堂徵瑞务宜妥为照料，不可过于简略，致为远人所轻。

弘历后来多次重复这一指示的形式与内容，它可以被视为有关宾礼分寸的连祈文：它概括了行为的导向（在过与不及之间保持适中）以及为此必须采取的措施。前者表明，英国人与其他远人不一样，英国人首次来华，不能将他们与那些经常来华的人同样对待。后者注重帝国官员对待宾客的方式，因为正是这些方式将会影响宾客对我们的认识：如果我们显得吝啬，他们将轻视我们，这在此显示了弘历从前的担心：谨守帝国章程将吓坏英国人。

7月底，英国船队到达天津，顺利登陆，这使地方官员和朝廷都如释重负，此前他们曾十分担心天津港不能停泊"狮子"号①。那时，他们千方百计要让"狮子"号停在通往热河的路上，因为皇帝正在热河，贡使及随从将在那里参加觐见。因为没有先例，所以必须以恰当的方式引导贡使建立上—下关系。这必须在一定的时间内完成。要让英国人实现恭贺寿辰和呈贡的愿望，就得让他们在热河一直待到9月的第二个星期，也就是要待40天左右。另外，朝廷要考虑给予英国人恰当的奖赏，这个奖赏，一方面包含给使团的日常供应，另一方面意味着弄清楚使团成员的尊卑以便使帝国赏赐与个人的头衔相称。葡萄牙人的先例提供了某些指导，但这次有一些特殊情况需要处理（参见《掌故丛编》，11－12）。为了集中阐释围绕礼物、帝国奖赏和觐见准备活动而产生的问题，我将在下一部分（第三节）讨论礼物与赏赐，然后在接下来的部分（第四

143

---

① 7月底的奏折和上谕，明显地表现出对船队能否在天津抛锚的关注。朝廷还准备考虑让使团在山东庙岛附近登陆，见《掌故丛编》（13b、14b、16b）。

节）再讨论觐见的准备工作。要记住，朝廷对使团的记载，在处理这些问题的同时，也构建了礼物给予者的愿望和性质与礼物本身的特点这两者之间的关系。

第三节 英国礼物与帝国赏赐

一 使团携礼物登陆（1793 年 7 ~ 8 月）

除了劳师动众地卸下英国礼物并犒劳使团之外，另一个摆在皇帝特使（钦差）徵瑞和梁肯堂面前的迫在眉睫的问题就是从马嘎尔尼那里获取礼物清单和随从人员名单，包括每个人（甚至普通水手）的头衔。作为内务府官员，徵瑞负责索取清单，梁负责食宿供应①。另外，鉴于时间有限，朝廷决定将礼物分作两批，比较大和比较复杂的留在北京装配，不那么麻烦的则运往热河。②

144

---

① 梁奉命与使团所经之地的官员密切合作，保证事情进展顺利。甚至可能需要动用帝国的储备以满足使团的供给需要，但是如果这样做，就需要地方官员记录精确的账目，如实汇报动用储备的情况。见《朱批奏折》（16b，17b）。

　　梁对事情的处理被归为妥善办理。在过度与不足之间依循丰俭适中，以便在提供物品时既无差错，也不会有所虚报，才可以称为"方为妥善"。这个用语在朝廷记载里时常出现。它似乎是指行为符合规定的规则和惯例。换言之，"方为"一词表明要把近来发生的尚未了结的事情放入早已存在的分类框架之中予以衡量，而这个分类框架正是我以前曾讨论过的（我用的是"俗"这个词），它构成了用以划分种种行为的类别。

② 徵瑞受命向马嘎尔尼谈到这种可能性，并向他解释，把礼物分为两部分会更安全、更方便。见《掌故丛编》（15）。另外，为了迅速快捷地处理事情，从前显然曾遭到贬谪的徵瑞又官复原职，并被额外赏赐（《掌故丛编》，16b），见马嘎尔尼日记里的有关记载（322 – 325）。

供应使团食宿，这使皇帝再次提醒官员们要丰俭适中。皇帝的看法值得密切注意，因为他指出官员们的表现和帝国的赏赐及两者的结合将使贡使产生感激和谦卑。在 8 月 1 日的上谕里，皇帝指出，使团在浙江和山东得到丰厚的供给和热情的接待，到达天津后他们可望得到更多。另外，使团一到热河就会有慷慨的宴会和赏赐，因此没有必要在天津准备盛宴。

他解释说，接待远人时，既不能马马虎虎，也不能一味率直，否则就会阻碍远人的向化之心。可以给予远人很大程度的怜悯，但必须铭记的一点是，使团成员对朝廷的礼仪程序一无所知，因此过分友好会把他们在礼仪中的地位不经意地提升到一个不恰当的高度，致使他们轻视帝国，变得傲慢狂妄（忽）。想到这些，徵瑞决心在迎候使团时，特别留心自己的举止，不卑不亢。这样做，他就能在礼仪方面为英国人做出榜样，显示朝廷怀柔之意。皇帝说这是至为重要的（《掌故丛编》，16b）。①

在同一道上谕里，皇帝还提到时间问题。既然在天津已顺利登陆，去热河的行程就大大缩短了。徵瑞又报告说陆路跋涉的准备工作已经完成。因此，使团的旅程尽可从容不迫。实际上，一切进行得如此顺利，以致皇帝下令放慢传送奏折的速度

---

① 徵瑞还向马嘎尔尼解释，作为怜悯与慷慨之举，皇上已决定额外赏给使团一年的粮食以备返程时所需，皇帝认为这样能让使团加深对帝国轸念远人之意的理解并使他们心生感激（《掌故丛编》，7a）。

(《掌故丛编》，17a - b)①。

　　源源不断的好消息也影响到对礼物的处理。在 8 月 5 日的上谕里，皇帝说，既然最大的礼物天象仪竟能轻而易举的安放在觐见大殿里，那么绝大多数礼物均可直接运往避暑山庄(《掌故丛编》，25b)②。

146

　　皇帝的轻松心情也在一些奏折中表露出来。奏折里说，英使表现出来的特点与英王请求书中的明晰可辨的特点相似。③如此这般的报告，不但赢得了皇帝朱笔一挥，表示首肯，也导致皇帝以仁慈之心看待马嘎尔尼勋爵的第一个请求（如《朱批奏折》，25.6）。因为部分英国船员生病，加上渴望贸易，马嘎尔尼请求允准船队的一部分返回宁波。皇帝没有意识到马嘎尔尼此举旨在使帝国批准新开一个港口供英国人贸易，因此同意了这项请求，并说浙江巡抚长麟会尽力做出安排(《掌故丛编》，26a)。于

---

①　清帝国建立了复杂的体系以通过陆路传送奏折和上谕。在这件事情上使用了最快捷的传递方式，显然是因为不能确定英国使团的登陆地点。有关奏折的传送，参见 Fairbank 和 Teng（1939）。

　　关于这一点，据《掌故丛编》资料，有一份 8 月 3 日的奏折，但编辑注明这份奏折直到 9 月 23 日才签发(《掌故丛编》，18a)。它是关于对英王的答复，来自军机处。Crammer - Byng 在讨论这些文件时指出，清廷在与马嘎尔尼谈判之前已定下了对英国使团的答复（见 1957～1958：138）。根据奏折里谈到的使团陆之后发生的事情，可以设想，这不可能是真的，而是《掌故丛编》编者的失误。

②　另外，钦天监的工匠们奉命前往热河观看英国人安装礼物以便学会将来自己能对其进行维修。朝廷特别注意派遣那些熟悉西洋机械装置的人。被选为领头的是一个供职朝廷的天主教传教士，名叫约瑟夫 - 伯纳德·阿尔梅达（Joseph - Bernard d'Almeida，汉文名字叫索德超）(《掌故丛编》，266)，马嘎尔尼认为这个传教士对英国使团抱有猜忌。

③　见《朱批奏折》里 7 月底和 8 月初的奏折，包括吉庆（24.34）、微瑞（24.35，25.1，25.6）和梁肯堂的奏折（15.14）。

是，从现在起，在衡量宾礼过程中的过与不及时要加上浙江方面行为的考量，因此"丰俭适中"变得更为复杂而难以把握。

二　翻译英国礼单（1793 年 8 月 6 日）

在使团卸船过程中，朝廷的注意力转向英国礼物的性质与数量。对朝廷而言，这是一个很迫切的问题，因为所有礼物都装在箱子里，在到达展厅之前不能拆看。于是徵瑞指示负责与使团日常交往的乔人杰和王文雄，要他们从马嘎尔尼勋爵那里索取英王信函、礼物清单和使团名册①。1793 年 8 月 2 日，马嘎尔尼呈上一份文件，题为"英王陛下赠给中国皇帝的礼物的清单"。8 月 6 日，朝廷收到该文件的英文本、拉丁文本和中文本（《掌故丛编》，21 - 24）。据梁肯堂报告，中文本是英国人自己翻译的（《朱批奏折》，25.9）。

马嘎尔尼以乔治三世的名义写下这份清单。一开始他就解释说，之所以挑选这些礼物，是因为它们展示了"欧洲科学和艺术的进步"，并说，对于两个主权国家而言，交流的愿望比礼物本身更有价值。然后是对礼品的一一详细介绍，重点在于它们的奇妙精彩和无可匹敌（参见第三章第六节）。除了极度赞美各项礼物之外，马嘎尔尼还重申了乔治三世信函中提到的主权国家之间的相互交流和互利互惠。他还竭力显示英国对中国的了解，特别提到两驾马车的主色是"黄色或帝王之色"（《印度事务部马嘎尔尼通信》，20：142 - 144）。

---

①　我将在下文详细探讨这封信。值得一提的是 8 月 3 日的奏折里，徵瑞报告说，据贡使解释，信函被封存在一个盒子里，只能亲自交给皇帝。皇帝的朱批表明，他可以接受这种形式。见《朱批奏折》（25.6）。

朝廷收到清单之后，将它译成中文（可能译自拉丁文本），译者是供职宫中的传教士（《掌故丛编》，22a–24b）。译文最有趣的特点在于它与英译本形成差异的方式。第一，一切有关主权国家相互利益以及黄色马车的表述统统被删除。夸张的语气大有缓和，但依然能令人感觉到礼物独一无二。开头的部分和描述礼物的若干段落变成谈论外国国王给最高君主的贡品，又添加了一些关于使团规模的介绍。

因此，礼单没有引起朝廷的特别注意。看来礼单表达了与英王请求允准派遣使团的信函中一致的意图。同时礼单没有谈到皇帝所关心的某些问题。譬如，它没有提到礼物的尺寸和重量，以及一旦装配好是否便于运用。有鉴于此，皇帝要求获得更多有关贡使的情况。

三 贡使的来意引起关注（1793 年 8 月 9 日）

8 月 6 日，马嘎尔尼勋爵与梁肯堂首次会面，马嘎尔尼对礼仪活动和使团的商业目的做出了明确的划分（参见第四章第六节）。可能就是在这次会面中，梁问到了有关礼物的情况，因为此后第二天，直隶总督就报告说贡使认定要花一个月才能安装好天象仪（《朱批奏折》，25.12）。马嘎尔尼的回答影响深远，最终导致朝廷重估英使的来意，并动员朝廷的力量判断贡使所说的关于礼物性质的话是否属实。同时决定采用原来的方案，将礼物一分为二，一部分运往热河，一部分留在北京。

皇帝在批示梁 8 月 9 日的奏折时指出，一个月的时间也许是夸张，是为了夸耀英国艺术家的精巧手艺。皇帝略带嘲讽地说，如果安装就需要一个月，那么制造就需要一年。想起早些时候那些报告说英使是如何恭顺，而现在突然变得如此傲慢，皇帝决定减少梁肯堂有关接待英使的事务与责任。他说，过多的高级官员陪同马嘎尔尼去热河，将会"助长他的炫耀与傲慢"*（《掌故丛编》，27b）。礼仪过程进行到现在，皇帝的想法首次表明，贡使的来意是值得质疑的。于是，皇帝就未来如何打算和如何应对可能发生的事件展开讨论。

但是，为什么马嘎尔尼的声称会导致清廷方面如此众多的思虑呢？至少有三个相互关联的因素可以解释弘历的反应：首先，据已知情况，很难把尚未见到的天象仪及其他礼物与宫中已有的欧洲设备区分开来。礼单和梁肯堂的答复又未能澄清这一点。他们似乎怀疑马嘎尔尼所宣称的礼物的独特性，由此虑及也许这些东西根本就不是非常具有地方特色的①。其次，较受关注的是礼物本身的性质与赠送者的特点这两者的关系。这种关系是朝廷用于衡量外国国王是否愿意与皇帝结成上下级关系的一个尺度。如果朝廷确认马嘎尔尼的宣称并不真实，就会考虑英王遣使的其他动机。最后，如果贡使实际上是真诚的，天象仪和闹钟是如此的"用心制造"以致要重新装好十分困难且费时甚久，那么它们就不可能在皇帝的生日那天被呈献给皇帝。显然需要更多更详细的情报。另外皇帝也想知道，徵瑞的报告是否也受到了他的畏难情绪的影响，于是皇帝命令钦差向贡使询问更多的情况，并一项一项地列出礼物的有关情况

---

* 该句汉文原文为：该贡使见多派大员护送，益足以长其矜骄。

① 徵瑞在 8 月 9 日的奏折里说，他已向马嘎尔尼谈到过这些，见（《朱批奏折》，25.13）。

（《掌故丛编》，27b－29a）。

一点也不奇怪，皇帝对事情发展方向的关注也促使他重新考虑帝国对使团包括在宁波一带的那一部分使团的接待。列完供应给使团的食品之后，皇帝认为对使团"慷慨大方"（优厚），因而长麟不必再添加什么①。其他地方官员也受命不要过分热情地接待使团②。

四　决定把使团和礼物分成几部分（1793 年 8 月 14 ~ 19 日）

8 月 14 日，徵瑞确认了天象仪需要一个月才能安装好，另外还有些礼物也要花费几天才能弄好。马嘎尔尼请求皇帝允许它们留在京城。他将委派四名工匠负责这些礼物，并确保在皇帝返京之时可呈御览。皇帝认为这是好办法，便在接下来的几天里发布一系列上谕以处理第二次划分使团的若干事宜。

皇帝指示徵瑞亲自向马嘎尔尼解释，英国人要负责安装留在北京的礼物，只有安装不费事的礼物才运往热河。这之后皇帝又指派两名内务府官员金简和伊龄阿管理留在北京的部分使团成员。徵瑞与这两位密切配合，开始考虑展出礼物的合适地

150

---

① 当还不清楚是否已从天津储备中拨了一年的粮食供给船队时，这道命令几天后（8 月 14 日）就被修改了。看来英国人更喜欢吃的不是粮食而是肉，因此不必供应这么多的大米和面粉。长麟只有当英人提出要求时，才从帝国仓库里拨些粮食供应他们（《掌故丛编》，32）。

② 8 月 9 日和 11 日的上谕中谈到了赠礼（《掌故丛编》，27b－28b，29b）。同一份资料里还提到马嘎尔尼的请求，他请求在浙江划块地方供生病的水手休养，还请求下令禁止当地人登上船只。梁奉命告知长麟，让他妥善处理这些事。

点。皇帝就此提供了许多建议，主要是圆明园的正大光明殿，使团将被安置在圆明园里(《掌故丛编》，30a－31a)。①

同时，皇帝和军机处都指示，安装礼物一开始，钦天监能胜任的工匠们就必须到场。他们不但要学习如何拆装，还要把这些礼物与宫中已有的仪器进行比较(《掌故丛编》，33b－34a，42a)。

五　使团名册及有关帝国赠礼的建议(1793 年 8 月 9 ～ 20 日)

军机处的官员们一边处理英国礼物，一边考虑给使团的赠礼。他们想起了 1753 年葡萄牙使团的例子。② 那一次，他们根据使团名册上的头衔来分送礼物。但这一次并不如此简单。一个情况是，徵瑞从马嘎尔尼处得来的名单表明，上面有 7 个人是以贡使或副使家庭成员的身份被派来的。他们有头衔吗？实际上他们是家庭成员还是仆人呢？徵瑞受命准备一份更为详细的清单，列明各人之头衔及彼此之关系，并迅速交上去(《掌故丛编》，29a)。大约一周之后，军机大臣呈给皇帝一张单子，上面列有他们建议的给予英国使团的赠礼。除了特别赠给

──────────

① 内务府全权负责安排使团在京的活动，包括观光游历。观光地点除了其他地方以外，还包括欧洲风格的宫殿及其机械喷泉(《掌故丛编》，33b)。换言之，这是为了显示已有许多十分复杂的机械装置，这一点下文还有论述。官员们亦被告知，使团进京之后，住处就安排在前任长芦盐政使和粤海关监督穆腾额被充公的府邸里(《掌故丛编》，33b)。同一天，军机处问，礼物是否一旦安装好就很难移动。如果是这样，那么礼物一直放在皇帝已指定的展览地点就会十分不方便。徵瑞打算就此事问一问马嘎尔尼(《掌故丛编》，32b)。

② 继山东巡抚吉庆提到葡萄牙使团之后，7 月开始，它又出现在朝廷记载里，见《宫中上谕》(QL58.6.30，67：187－190；58.7.3，67：9)。

英王的礼物之外，还考虑到贡使、副使、使团里的军官和副使的儿子。清单上还列出了若干需要予以赏赐的场合。(《掌故丛编》，34a – 40b)[①]

一旦认识到留在北京的使团还要再次被分为两部分，军机处大臣们就开始忙着计算了。在8月20日的奏折里，他们说马嘎尔尼的随从约有92人。要弄清楚他们中有多少人要去热河，有多少人留在北京。大臣们说，这样的考虑对于帝国的赠礼是十分重要的。基于从前的经验，他们建议由一件主要的赏赐和四件次要的赠品组成。大臣们考虑到，既然赠礼有级别之分，如果邀请贡使随从里那些次要官员参加热河的宴会，就会增加赠礼的数量，因此不考虑让他们参加(《掌故丛编》，42b)。

大臣的这些考虑，正对应了早些时候皇帝的想法。就如同作为奖赏的供给一样，多种多样的帝国赠品旨在影响使团成员对帝国的看法。在皇帝及其臣僚的算计中，把握丰俭适中，在礼仪活动的恰当时刻予以赠礼，这些都是极为关键的。

六 圆明园中安置礼物 (1793年8月20~26日)

从8月21日到9月2日，英国使团在北京为热河之行做准备。在这段时间里，围绕礼物产生了种种引人注目的问题。朝廷根据当时的情况，做出了新的决定。在使团抵京的前一天，皇帝指示金简、伊龄阿和徵瑞，说既然礼物很快就可以放

---

① 这份礼单与后来的其他礼单不同，可以设想，就像物品供应一样，实际的赠礼也是由不断进行的对礼仪过程的评价来决定的。

152 置到圆明园中，终于有机会见到礼物了。相应要做的头件事就是一件一件地看，并决定哪些留在北京，哪些运往热河。然后他又回忆起马嘎尔尼曾说过，天象仪一旦装上就不能移动，如果真是这样，那么放置这些礼物就相当麻烦，尤其是准备用来放礼物的主要都是大殿（正殿），不便长期放置。另外，既然对礼物的性质不甚了解，因此最重要的是要让宫廷里的能工巧匠们看着英国人拆箱和安装，以便在知情的基础上评价礼物。

评价礼物仅仅是朝廷面临的问题之一。皇帝想起马嘎尔尼宣称需要较长时间才能装好天象仪，认为贡使此举旨在卖弄奇巧和聪明。贡使的傲慢使他与英王（英王看起来很真诚、恭顺）大有区别，贡使的炫耀也不可避免地误导了徵瑞。因此徵瑞要与金简和伊龄阿多多商量，确保钦天监的官员们能够从头至尾观察英国人处理礼物的方法。弘历认定对马嘎尔尼及礼物的评价应责有专属，方为妥善（《掌故丛编》，42b - 43b）①。

8 月 26 日、28 日，皇帝签发了两道上谕，有关英国礼物的放置与性质的问题暂放一边。弘历看了金简 8 月 25 日的奏折（《朱批奏折》，25.19），贡使被带到正大光明殿时的反应令皇帝感到满意，金简报告说，马嘎尔尼说那个地方足够展览礼物并且绰绰有余。弘历肯定马嘎尔尼的炫耀是出于无知（而不是出于傲慢），他得出结论说，事情再次沿着正确的方向前

---

① 两天后，军机处发给徵瑞一道命令，强调皇帝的关注并补充说，应该制订一份详细的计划，特别要列出礼物在大殿里的放置是如何安排的（《掌故丛编》，44a - 44b）。

进了。但关于礼物还有个问题值得关注，那就是皇帝认为徵瑞与马嘎尔尼的关系中存在严重的问题。

153

皇帝忆起徵瑞有关马嘎尔尼描述礼物的报告，认为胆怯的徵瑞也许受到了英国大使的胁迫。在某种程度上，徵瑞的这些缺点是可以理解的。在这之前，徵瑞从未在广东海关任职，对欧洲人及其天文仪器知之甚少。换言之，马嘎尔尼之所以敢夸耀，部分原因正在于徵瑞的无知和胆怯。因为不熟悉英国人带来的礼物，所以他被马嘎尔尼的话吓到了，而这反过来又增加了贡使的傲慢（《掌故丛编》，45b - 46a）。一旦马嘎尔尼身临帝国大殿，他就会产生敬畏，就会变得本分，变得老实。

事情并未就此结束，徵瑞曾奉旨代皇帝向马嘎尔尼询问礼物从英国运到清帝国的有关情况，并要取得答复。既然尚未得到答复，乾隆帝就命令徵瑞去找马嘎尔尼谈一谈，并及时汇报情况（《掌故丛编》，44b - 45a）。我们也许会感到惊讶，为什么皇帝念念不忘这一点呢？为什么他让徵瑞当面向马嘎尔尼表达皇帝对贡使的话的怀疑呢？也许这与下列事实有关，即尽管马嘎尔尼已确认大殿足够放置礼物，但这些礼物是否能被拆开、搬动、再安装，这些问题尚不清楚。在 8 月 26 日上谕中，乾隆帝问："如果礼物装好之后不能被拆开，那我们怎能接受它们呢？"这些话再次表明了皇帝的想法（《掌故丛编》，45b）。

如果皇帝对形势的估计是正确的，那么，当钦差还在与英使为礼物安装之事进行交涉并继续为热河之行做准备时，在这段时间中，徵瑞与贡使之间的关系是偏离适中原则的。如果这种关系继续保持这种状况，又怎能相信徵瑞的报告呢？

也许，把皇帝自己清晰的、无懈可击的观点传递给贡使，这样就会促使徵瑞与大使的关系离开过与不及两个极端，回到适中原则上来①。

第四节　为使团觐见做准备

一　在天津的第一次会面和礼仪之争（1793年8月3～14日）

负责接待使团的官员，一面忙于处理有关礼物的事务，一面又开始为英使及其随从觐见皇帝做准备。英国使团的记载表明，在准备过程中，在各地的礼仪场合中就发生了很多事情。清廷官员与使团的会面备受关注，朝廷通过官员的报告来了解事情的发展，避免过与不及。

第一桩此类颇受关注的事与8月6日梁肯堂和徵瑞设宴款待使团有关。回忆一下皇帝的指示，他认为使团在浙江和山东已受到热情接待，因此天津不必再专门设宴。然而这道上谕未能及时到达天津，梁和徵瑞在表示了帝国的欢迎之后，就宴请使团。对此，皇帝认为（在没有相反的命令的情况下）省级大员做到了循礼而行（《掌故丛编》，20a）。

然而皇帝显然也对这一点感到关切，即官员们有没有意识

---

① 8月26日的上谕亦提到，钦天监负责人安德烈亚·罗德里格斯（Andrea Rodrigues）及其副手亚历山德罗·戈维亚（Alexandro Gouvea）与10个工匠自愿前去观看圆明园里的活动。皇帝对这种谨慎的行为表示嘉许（《掌故丛编》，45a）。

到这些最初的接触是多么重要。乾隆帝提醒官员们要恪守丰俭适中的原则，还谈到官员们与外国贡使之间的相互问候与致意。在一个不同寻常的段落里，乾隆帝指出，如果贡使行磕头礼，上述高级官员不得拒绝做相应的回拜。如果贡使没有行磕头礼，而是行本国的礼俗，则官员们不必强迫他行中国礼俗。换言之，他们不能给予任何过分优厚的待遇，否则贡使就会瞧不起帝国（《掌故丛编》，20b）。

皇帝的指示是极有意义的。除了再次把官员的行为与外国使者的普遍态度联系起来之外，它也允许差异存在。非常有趣的是，就像乔治三世的信函一样，它亦认为这些差异源自各地不同的风俗习惯。另外，皇帝的警告亦非寻常，它是在宾礼过程中的微妙时刻，即英国人对帝国朝廷惯例的不熟悉已显而易见之时发出的。这个时候任何过分的行为都可能从一开始就破坏整个礼仪过程。后来，磕头成为有争议的问题，这表明随着礼仪过程的展开，有其他的因素进入并影响礼仪过程。

那以后，围绕英国使团会面及致意的问题又增加了新的意义。在 8 月 5 日给梁和徵瑞的上谕中，乾隆帝说，当贡使携礼而来时，外国官员（陪臣，其字面意思是"旁边"的仆人）与朝廷高级官员的会面（相见），应照恰当的原则予以安排，意思可能是皇帝的臣下应居于上级地位而外国陪臣居于下属地位。乾隆帝举例说，安南王尽管贵为国王，但在拜访广州官员时，依然表现出高度的尊敬和真诚。然后他谈到事情的关键。既然英国人远道而来，官员们应该既不过分高傲，也不过分谦卑（不卑不亢），且不马马虎虎，否则就会阻碍他们的向化之

155

诚。适当表示出热情是可以的，但如果太过分，就会引起他们的"垂涎"、"傲慢"等情感，并使他们轻视朝廷。皇帝还指出，徵瑞在朝廷任职多年，完全能掌握礼仪中的分寸，处理此事应该不会有什么困难（《掌故丛编》，20b－21a）。

同一天，徵瑞的判断和能力遭到质疑。在一份奏折里，钦差报告说，英国贡使和副使自视甚高，希望在同一等级上与徵瑞见面。徵瑞认为，如果他先去拜访他们，就会给正常的礼仪关系带来不利影响。于是，他派下属（王和乔）到船上拜访，并询问有关外国国王信函及礼单的情况。

乾隆帝对徵瑞这个行为的评价是"矫枉过正"①，是省级官员在处理这件事情上过分或不及的又一个例子。英国人长途跋涉而来，因此应对之表示朝廷的仁慈。弘历断言，如果徵瑞拘泥于形式，那他就是误会了朝廷的意图（《掌故丛编》，5.25a－b）。

弘历在进一步询问了下一周的安排之后，又回到官员与英国人见面这个议题上，指示官员们如何准备英使觐见。8月14日，也即在同一天，确认了天象仪要一个月才能装好，皇帝注意到，关于马嘎尔尼在天津宴会上的举止，各方的报告有不一致的地方。梁肯堂和徵瑞的联合奏折中，说马嘎尔尼脱下帽子并叩首。在此之前，梁的一份奏折中，说马嘎尔尼

① 朝廷收到英国礼单之后，礼仪中的恰当关系这一问题又出现了，皇帝注意到贡使被称为钦差，这个称谓本来专指皇帝派出的与藩王打交道的使臣。皇帝认为这是英国译者误译了。当时他并不以之为忤，但说如果继续用这个称谓，就会把英格兰置于与朝廷平起平坐的地位，这在礼仪中的含义非同小可。因此，他命令以后用"贡差"一词来称呼英国贡使（《掌故丛编》26b）。

脱下帽子，充满敬畏地站着（竦立）①。乾隆帝认为，既然欧洲人的紧身服饰使之不便下跪，且其习俗亦不磕头，则他们的习惯可能是脱帽、鞠躬、点头。也许梁的奏折没弄清楚，贡使的确曾经叩首。

然而，如果事情真如早些的报告所说的那样（贡使脱帽并点头）②，那么徵瑞就应该在不经意的谈话中向贡使解释，外国遣使入华，国王或贡使应行"三跪九叩"之礼。因此，马嘎尔尼也不能例外。另外，朝廷注意到欧洲人服饰的裹腿。既然裹腿使他们在觐见时不便下跪，那么，最方便的办法就是觐见时将其取下，觐见后再穿。徵瑞还应解释，如果马嘎尔尼执意恪守本国礼俗，那么他就有违他的国王的遣使意图。而且，皇帝的生日庆典上将会有其他使节，他们也许会嘲笑马嘎尔尼的固执。徵瑞还应该说，他估计朝廷官员不会允许马嘎尔尼别出心裁，不遵朝规。弘历认为，经此一说，贡使就会遵守中国礼仪，于是事情就妥善解决了(《掌故丛编》，31a–b)。

值得注意的是，皇帝要徵瑞在不经意的谈话中向贡使提及这些。显然，这番话所表达的不是强制性的命令，而是朝廷对于这件事的态度。而且，关于贡使究竟做过什么，皇帝的建议旨在提醒官员们应该怎么做以便使事情清晰明白。因此，这件事并不是一锤定音，而是有对话和商量的余地。事实上，徵瑞

157

---

① 皇帝可能是指8月8日两位官员上的奏折(《朱批奏折》，25.12)。然而，徵瑞8月3日报告说，在与马嘎尔尼的一次会面中，贡使曾脱帽致意，仅此而已。

② 如果皇帝在此指的是徵瑞8月3日的奏折(《朱批奏折》，25.6)，文本表明马嘎尔尼脱帽致意，站在稍远之处（遥向），以示尊敬。

很快就上了奏折，汇报交谈的结果。

值得注意的还有皇帝在介入此事上的时间选择。鉴于帝国官员/贡使的行为，已使会面有可能沿错误方向发展下去，皇帝力图通过谈及礼仪形式来保持钦差与贡使之间的对话，使整个事件回到适中原则。而且，弘历努力想要寻找一种方法，以解决围绕礼物问题所反映出来的贡使行为与他的国王所具有的特点这两者之间的矛盾。皇帝看来似乎不再担心远人会产生猜忌，而是想方设法让贡使产生诚挚之感，让英王产生敬畏之情。

同一天（8月14日）的另一份上谕里，弘历清楚地说明这些考虑不是没有价值的。皇帝注意到，徵瑞报告说贡使显得极端恭敬，皇帝想知道，贡使是不是在做样子（粉饰）？徵瑞必须仔细观察，以确定他是否很诚挚，很恭顺，如果他心存夸耀或傲慢，就会露出蛛丝马迹。徵瑞不应该在报告里为贡使做挡箭牌（回护），而应该更详细、更准确地汇报情况，以便贡使在热河能得到恰当的接待(《掌故丛编》，32b)。

皇帝在这一点上的观察非常有趣，它再次引起推论式与非推论式、外在形式与真实的意图之间的割裂，表明了以外在迹象来判断内在情感的局限。徵瑞被要求详细汇报情况，并且不能回护贡使，这一点很重要。考虑到他们两人即将开始对话，并在礼仪中构建一种相互关系，徵瑞原本是有可能替贡使说话的。既然贡使已被注意到有夸耀和傲慢的倾向，尤其是既然他不熟悉宾礼之礼仪，那么，帝国钦差就应该对贡使的行为做详细报告，这很重要。回忆一下弘历对船和对供给的关心，可以看出，错误的报告将使朝廷在不知不觉中

误导礼仪过程，结果将导致清帝国与外国国王之间建立起来
的关系不恰当。

二　谎报在天津的礼仪过程（1793 年 8 月 18 日）

8 月 18 日，使团到达北京，一道帝国上谕里说，有关礼
仪的问题已经解决了。徵瑞在 8 月 17 日的奏折里说，马嘎尔
尼不但脱帽而且磕头了（《朱批奏折》，25.16）。另外，上谕还
谈道，在另一份奏折里，徵瑞解释说，英国贡使及其随从为不
谙朝廷礼仪而深感惭愧，英国人每天都在练习磕头（！）。钦
差指点他们，并认为等到他们到达热河时，他们对这套动作就
很熟练了（《朱批奏折》，25.22）。

然而，事情令人惊讶的转变似乎并没有令皇帝吃惊，乾 159
隆把徵瑞的报告看作是礼仪过程有效性的一种表现。英国人
已经被有效地改变了，他们以一种从未有过的诚挚，同时侍
奉他们自己的国王和最高君主（《掌故丛编》，41a）①。换言
之，适中原则已经令贡使认可了恰当的礼仪关系。钦差与马
嘎尔尼之间的对话已经使贡使产生了真诚，这表现为贡使愿
意学习恰当的举止，因此有关贡使真实来意的问题可以暂搁
一边。

尽管对马嘎尔尼能否参加觐见的疑虑消除了，但 8 月 21
日使团一到北京，新的问题又冒了出来。如上所述，朝廷对马
嘎尔尼有关礼物的说法一直表示怀疑。围绕礼物产生的问题使

---

① 亦见军机处给徵瑞的备忘录，内容涉及钦差应如何指导马嘎尔
尼（《掌故丛编》，41b）。

弘历注意到英使的夸耀和傲慢，更使他质疑有关官员对宾礼过程的管理。

第五节　礼仪危机Ⅰ：帝国官员的管理不当
（1793 年 8 月 29 日）

使团抵京后一周，一道上谕严厉地批评了那些负责接待使团的官员。他们未能及时报告使团在北京的情况，以致到最后才不得不重新回顾整个过程，拿不准是否应该让英国使团参加觐见，是否应该收下他们的礼物。

8 月 29 日，弘历抱怨说，在过去一周里，有关使团在北京的情况连一道奏折也没有。当他询问军机大臣时，和珅告诉他，金简和伊龄阿正等着徵瑞上奏折。皇帝在一份朱批奏折里说，情况已变得十分可笑（《掌故丛编》，46a – 46b）。弘历认为，徵瑞每天跟使团打交道，报告一事应主要由他负责。但既然使团在北京，皇帝希望能看到金简、伊龄阿和徵瑞的联奏。这些官员并没有合力办事，而是拘泥于形式，避免负责，弘历单独斥责徵瑞，说整个事情一团糟（非是）。他命令三位官员立即详细汇报并且在同一份奏折上署上各自的名字（《掌故丛编》，46b – 47a）。

8 月 30 日和 31 日，朝廷发出上谕和信函，全面回顾了迄今为止的失误。这两份文件谈到帝国官员们的过与不及，并总结了各个事件的特点。其中谈到的事情包括：徵瑞处理马嘎尔尼写给"狮子"号船长信函的方式，徵瑞与在京官员的关系，安装和放置英王之礼物，等等。

除了别的职责之外，徵瑞被指示要想办法为贡使与在浙江的"狮子"号之间的通信提供便利。考虑到英国水手的健康问题，考虑到高尔的建议——他建议在马嘎尔尼到达宁波之前，先让船队起航，朝廷认为在这种情况下，如果英国人愿意，可以让船队起航。可是，出于皇帝无法理解的原因，徵瑞竟然命令船队必须留在宁波附近等待贡使回来，并且，他显然没把马嘎尔尼的信传给高尔。徵瑞的这些行为被皇帝斥为糊涂昏聩。

回顾这件事，皇帝把钦差的行为斥为未完成任务（不成事体）。然而，既然徵瑞可能并未把自己的所作所为告诉大使（如果此言是真，那徵瑞可真是好运），他就还有机会纠正他的错误，无论如何，整个事情必须迅速做出决断。高尔说，即便没等到贡使，他也要出发。皇帝说这是官员们没有办好事情的又一例子，他斥之为过分注重形式（拘泥）、糊涂、气量狭小（可鄙）、可笑（《掌故丛编》，47b – 48a）。

最重要的是，弘历指出金简和伊龄阿官衔高于徵瑞，而且三人一起负责这件事情。他们怎么会认为应由徵瑞单独上折呢？也许，徵瑞自以为身为皇帝特使（钦差），地位高于另两人，或者是金简和伊龄阿认为徵瑞地位比他们低。不管怎么样，金简和伊龄阿的行为可以被归入内务府官员见识狭小一类，并且这种行为一点也不好笑。有关礼物的指示被再次重申，三位官员受到严厉责备，并受命以联合奏折汇报礼物的安装过程（《掌故丛编》，47a – 48b）。

第二天，又有一道上谕重申上述内容。鉴于徵瑞完全不知如何处理贡使与"狮子"号的通信，皇帝指示他与金简和伊

161

龄阿一起向马嘎尔尼解释发生了什么事，皇帝还指出，徵瑞的行为有违皇帝的想法。皇帝说应该告诉贡使他很快就能传递另一封信，这样做"很好"（甚好）。信函将被转交给长麟，他再把信送到船上，然后回奏皇帝。另外，贡使去热河时，那些预期留在北京的使团成员不必去浙江。

在这个上谕里，皇帝再次提到三位官员的关系，指出，任命徵瑞护送使团赴京，可能使他认为没有比他的任务更重要的事了。实际上，他之所以得到这一任命，仅仅是因为他离使团的登陆地点最近。挫了挫钦差的傲气之后，皇帝又略带挖苦地说：徵瑞也许认为自己的功劳比得上平定廓尔喀人叛乱的福康安。皇帝说徵瑞不配受到君恩。至于金简和伊龄阿，皇帝估计他们是嫉妒徵瑞，只是被动地接受安排。这三位均再次受责，并被要求合力处理事务，一起上奏折（《掌故丛编》，48b-50b）。

三位官员做（或不做）的理由远未弄清，皇帝谈话的主题却是要把这件事做得妥当。不管是情况不实，还是判断有误，总之，皇帝的官员们使整个事情偏离了中线。皇帝的介入，尤其是把官员们的行为归为过分，正是努力要把事情引到正确的发展方向上来，使之依循丰俭适中原则，并由此构建参与各方的关系。现在要弄清楚的问题是，整个事情偏离的程度有多大。

第六节　礼仪危机Ⅱ：重新估计英使之来意

（1793 年 9 月 9 日）

尽管围绕礼仪出现了这样那样的问题，但看起来，朝廷并不认为还会出现更多的麻烦，特别是现在英使已准备好觐见，而英国礼物的性质特点也更清楚了。[1] 在使团到达热河那一天（9月8日）的备忘录中，乐观情绪显而易见。该备忘录简述了马嘎尔尼即将参加的觐见的礼仪，完全遵照《大清通礼》的有关规定，其中就有三跪九叩之礼[2]（《宫中上谕》，QL58.8.4，67：31－35）。

然而9月9日，事情急转直下。在一份给在京官员和地方官员的上谕里[3]，皇帝宣称礼仪过程出现了严重的危机，危机源自马嘎尔尼有关觐见建议的一封信（参见第四章第四节）。皇帝深为烦忧，说贡使对礼仪丝毫未曾领会，居然就到了热河，这要归咎于地方官员过分热情的接待。贡使变得极为傲慢（骄矜），不顾后果，应该立即重新考虑对使团的待遇。

既然英国人已被证明是"无知的外国人"（无知外夷），不值得特别优待，皇帝遂下命令，在返途中应以平常之礼对待使团。另外，应令驻军出见，以便让贡使领略帝国之威力（《掌故丛编》，52b－53a）。北京官员被告诫说，应该摒弃为葡萄牙使团安排娱乐和观光的先例。一俟马嘎尔尼返回北京就让他觐见王公和朝廷重臣，觐见时王公大臣安然就座，而贡使则坐在旁边（！）另外，英国国王的礼物应予接受，并给予相应的

163

---

① 譬如，8月31日军机处接到金简的奏折，里面说朝廷的一些天象仪和地球仪比英国人带来的更精微。金简奉命把其中的一些送往热河，同去的还有在圆明园里观察安装礼物的一位官员（《掌故丛编》，50b－51a，52b）。

② 这一点很重要，因为曾有人认为，"如果马嘎尔尼在北京，那里有首屈一指的重臣，他可能会被强迫叩头，或可能放弃觐见"，见 Wills（1984：185）。

③ 既然高尔获准从浙江返航，那么显然使团将取道陆路从北京去广州。因此，除了使团已经路过的地区之外，北京—广州路线上的其他地区也要注意。

回赠，但使团不必留在北京等皇帝回去。

使乾隆尤为愤懑的是，当军机大臣传召时，贡使竟然宣称他生病，只派了副使斯当东去。斯当东递交了一封信，该信表明英国人不懂礼仪。和珅责备了贡使，并命令他练习典礼（仪节），但马嘎尔尼还是称病。皇帝认为英国人还是桀骜不驯，因此必须减少皇家恩典才能更好地驾驭远人。另外，皇帝宣称，他已传召最受信任的重臣阿桂前来商议此事①。

鉴于觐见一事陷于僵局，有必要简要回顾一下那些使乾隆对使团产生新的严厉评价的事件。回忆一下，使团到达天津时，乾隆表示，英国人与清廷官员会面时，应允许他们按他们国家的习俗行礼。当梁肯堂和徵瑞就天津的礼仪过程呈上各自不同的报告时，皇帝努力想要弄清楚哪一份说的是实话。换言之，皇帝想知道英国人是否确实摒弃了他们自己的习俗行礼。徵瑞的报告是这样说的，而且也没有理由认为他不会这样做，直至马嘎尔尼在离京前呈上他有关觐见的建议，皇帝才发现事情完全不对劲。

英使的建议在许多方面都令人反感。首先，指派地位相当的人对乔治三世的画像磕头，这真是匪夷所思，不可理喻，因为外国国王的贡使（就如同国王本人一样）与帝国的廷臣相比，不但内外有别而且地位更低②。毋庸置疑，贡使有关吻皇帝之手的建议也是令人非常奇怪的。马嘎尔尼关于觐见的建

---

① 我曾一并考虑过 9 月 9 日和 10 日的两份上谕，它们均见于《掌故丛编》（52b－54a）。马嘎尔尼在叙述里根本没有提到他生病，而是说之所以派斯当东去，是因为和珅要求见他。（《马嘎尔尼日记》，118）。

② 回忆一下乾隆在谈到钦差和以安南国王为例时，都说英国人是陪臣。

议，加上他到达热河后拒绝与高级官员会面，这些直接导致了9月9日和10日上谕中的决定。另外，徵瑞由于他的赤裸裸的谎言而被降职①。

即使臣僚和英使应为礼仪过程偏离丰俭适中原则而负责，皇帝及其军机大臣们现在也面临极为复杂的问题。换言之，礼遇有加不但没有产生忠诚的下属，反而暴露了远人的傲慢和官员的无能，即便此时一道命令可能扭转局势，但远远不能彻底解决有关贡使来意和徵瑞处置不当这些方面的问题。如果钦差在马嘎尔尼练习礼仪这一点上说了谎，那么，他在其他事情上有没有说谎呢？马嘎尔尼的傲慢仅仅是由于徵瑞处理不当所致，还是英国使节原本如此？作为权宜之计，乾隆选择了继续把英王和贡使区分开来，并惩罚徵瑞②。或许更重要的是，既然觐见的准备工作如此糟糕，皇帝及其重臣们必须做出选择，或者亡羊补牢，挽回局面；或者重估形势，拒绝马嘎尔尼觐见。

165
166

---

① 朝廷记载里虽然没有迹象表明徵瑞要遭贬谪，马嘎尔尼却证明了这一点。他被告知，钦差被贬是因为他未能注意到"狮子"号船上的皇帝画像（《马嘎尔尼日记》，118），有关画像的问题见《掌故丛编》（26）。

② 在此要谈一谈恰当的礼仪过程。我们已经见到了准备工作和评价过程是多么复杂，尤其是因为使团和礼物被分成几部分所导致的多种时间顺序的安排，都会同时对礼仪的过程产生影响。由于这种情况以及在丰俭适中的过程中出现的种种突发事件，准备阶段尽可能地把外来接触排除在外，以便对礼仪过程做出评价。这有助于解释对使团的许多限制，尤其是对其自由行动的限制；亦可解释对接触和来往信件持续不断的详细查阅，它还解释为什么马嘎尔尼被一再告知一俟觐见之后，使团即可获准更为自由地活动。

第七章　汇聚：觐见、上谕和赠礼

　　清廷对使团早期进程的关注表明了宾礼准备阶段的重要性。在这段时间里，皇帝、军机大臣、内务府官员及地方官员都极为关注评估使团的来意。对使团进行评估的目的在于使礼仪过程丰俭适中。在很大程度上，通过观察使团，通过与使团成员经常交谈，完成了评估过程，这一过程由于使团分处三地而略显复杂。在准备阶段，朝廷也仔细考察了官员们的行为举止。适中过程把礼仪范围内多种多样的活动①导向一种汇聚——帝国觐见，即皇帝接待忠诚的藩王或其使者。

　　1793 年 9 月 14 日，在热河避暑山庄西边的万树园的圆顶御幄里，皇帝接见了英国大使马嘎尔尼勋爵。乔治·斯当东是那天在场的"目击者"之一，他认为觐见所采取的形式颇不寻常，他写道：

　　　　中国朝廷认为对大英帝国国王代表的接待方式是特别

---

① 这种顺序与使团分处三处有关。无论是热河、圆明园还是珠山，三地之中任一部分的过分或不及都会影响整个礼仪过程，因此应该予以控制和协调。

荣耀和有特色的：皇帝坐在御座上接见大使，国书被递交
给皇帝本人而不是一位朝臣手中，这些都是极为少见的。
他们这些细微的变化，对于心思缜密的中国人来说，就意
味着中国政府已转变了对英国人的观念，对英国人的印象
很好（斯当东，1797，3：38－39）。

　　除了斯当东提到的特色之外，还有些被他忽视了的东西。
马嘎尔尼勋爵在日记中回忆道，一走进御幄，他就沿着靠边的
台阶（可能是东侧）向前走，一直走到弘历跟前。他单膝下
跪，把装有乔治三世信函的镶有珠宝的盒子呈到皇帝面前，然
后站起来，退回到皇帝左边（御幄的东侧），他和随从们就坐
在那里参加宴会①。

　　英国人关于热河觐见的叙述之所以特别耐人寻味，其原因
并不仅仅在于它记载了马嘎尔尼并未磕头这一事实。马嘎尔尼　168

① 见《马嘎尔尼日记》（112－123）。另一个仅有的叙述见副大使的儿子小乔治
·斯当东，他以挑衅的口吻宣称，当皇帝经过使团走向御幄时，"我们单膝下
跪，俯首至地"。如 Cameron 注意到的那样，这一记载中"俯首至地"的字眼
被划掉了（1976：303）。其他有关使团的书面叙述中，只有 Anderson 当时在
热河。尽管他戏谑地详细描述了英国使团走向觐见御幄时出现的混乱，却没有
特别提到任何礼仪（1795：219—221）。马嘎尔尼在热河时，巴罗正在圆明
园，他写道，当有关马嘎尔尼未曾磕头的消息传来时，那里引起了巨大的骚
动，尤其是在传教士当中（1804：117—118）。
　　现存的清廷记载里没有说明马嘎尔尼到底怎么做的。但 Pritchard 提出，故宫档
案中的中文资料表明，在觐见之前，皇帝曾被告知英国礼节的特点（1943：
190），这可能是指马嘎尔尼给朝廷的关于觐见礼节的信。《清史稿·礼制》
（10：4a－b），补充说曾签发了一道特别敕令，允许行西方之礼。当代学者均
未查阅过这些原文，我在档案馆里的研究亦无成果。《礼部则例》（180：
10a），指出贡使在递交英王信函时曾下跪，但是既没有提到他把信递交到皇帝
手里，也没有提到他站在皇帝面前。

觐见的情形与乾隆时代的文献资料（如《大清通礼》、《钦定大清会典》、《礼部则例》）所规定的觐见礼仪有着十分明显的差异。譬如，这些文本规定，任何时候外国使臣均不能靠近御座，更不要说单膝下跪，把某件东西直接送到皇帝手中。它们还表明，在正常情况下，马嘎尔尼所携之信函应该在觐见之前的某个仪式上交给礼部官员。最后，也许是最重要的，使臣及其随从一般情况下应沿庭院或大殿的西侧（或右侧）而行，并且被要求在那里行三跪九叩之礼①。

如何解释这些明显且主要对清廷权威文献有关觐见的规定的偏离呢？实际上，从朝廷对马嘎尔尼的态度的评价来看，我们有理由认为弘历及其大臣们曾严格遵守礼仪文献之规定，尤其是考虑到马嘎尔尼是9月到达热河的，9月是一年中重要的礼仪时期。在9月，皇帝要接受来自亚洲腹地的王公及其使臣们的觐见。而且，马嘎尔尼到达时正值皇帝的生日庆典，礼仪手册告诉我们，那正是举行各种高级礼仪活动的时期，包括大朝和筵宴。在如此重大的场合，在许多重要人物的众目睽睽之下，允许马嘎尔尼自行其是，行特殊之礼仪，这显然有违载在文献的"传统的中国对外关系"②。尽管我承认可能获得的证据是不完全的，但我依然相信，在朝廷的记载里还有许多线索，这些材料不但可以支持马嘎尔尼有关觐见的叙述，也可以

---

① Wills 在讨论马嘎尔尼之前的葡萄牙和荷兰使团及下文要涉及的使团时，引用了欧洲人的资料，这些资料似乎支持《大清通礼》（1984：2）。

② 另外，那些意识到觐见形式实际亦有改变的人并未解释为什么帝国朝廷愿意做这样的改动，见 Pritchard（1943：190－194），Cramer－Byng（1957－1958：117－186）和 Wills（1984：184－185）。

表明清廷的坚定信念，即礼仪活动是皇帝与世界上众多藩王之间建立上下级关系的恰当方式。

第一节　为英国使团而对帝国觐见所做的改动

一　调整礼仪过程

在 9 月 11 日给在京王公大臣们的一道上谕里，可以找到足以证明朝廷乐意在礼仪问题上做出让步的第一类证据。在上谕里，皇帝撤销了早些时候做出的有关使团回京后的待遇的决定。使团获准留在北京等皇帝回来。弘历又表示，可以带领英国人游览皇家花园。做出这种改变的理由是，那一天马嘎尔尼已见过军机大臣，受到了帝国方面的警告。听到警告，英使非常懊悔，又表达了最高程度的尊敬和恭顺。鉴于贡使行为中明晰可见的真诚，朝廷认为他又值得沐浴圣恩了（《掌故丛编》，54a－54b）。

弘历的上谕表明，适中原则已恢复到正轨，皇帝的最有才干的大臣亲自观察马嘎尔尼的言行举止以辨明其内在品质。他们的重要看法是：尽管马嘎尔尼不能恰当理解礼仪关系，但他已经表现出他的良好愿望，就像他的国王一样，他本人也是真诚的。这样的结论不仅证实了适中原则的有效性，而且使英王权力如同其他外国君王一样被包容进帝国统治的这一过程更为便利。同时，已发生的事情亦不能忽视，因为它使这个王国、这位国王和这个使团与其他的王国、藩王和使团区分开来。

对觐见形式的改动表现了清帝国构建的核心：差序包容模

式。尤其是一些带有指向性的原则和体姿（bodily action），均成为意义重大的标志，从中可以看到英国使团与其他藩王使团的异同。觐见形式的某些改动可归因于1753年葡萄牙使团的先例，而其他的改动则树立了新的先例。下面让我依次详释。

二 先例与革新

考察《大清会典事例》可以发现，接待葡萄牙使团（乾隆十八年）的典礼与雍正五年接待使团*的典礼大致相同。对后者的记载中提到康熙五十九年的一次接待（1720年的一个西洋使团）①。这些早期实例表明，西洋使团来华是为了呈交陈情书，参加帝国觐见。一张桌子被放置在长春园的九经三事殿（而不是太和殿）前面，正位于通往该殿的台阶的中线上。② 皇帝登上御座后，鸿胪寺的官员把大使领到桌子前，那

170

---

* 1727年由亚历山大·马特罗·德·苏萨·伊·马勒塞司（Alexandre Metello de Sousa e Menezes）率领的葡萄牙使团。

① 《大清会典事例》（505：8b - 9a，505：5b）。1720年使团引起某种程度的争议，因为该使团的身份在欧洲的资料中难以判明。《清史稿》（10：2b）认为它是由费 - 拉 - 里（Fei - La - Li）率领的欧洲葡萄牙使团，但并没有其他资料予以证实。1720年12月底仅有的使团是梅扎巴巴（Mezzabarba）率领的罗马天主代表团。Fu（1966：2：501）相当令人信服地认为梅扎巴巴和费 - 拉 - 里是同一使团。皇帝给乔治三世的信里亦提到葡萄牙和意大利人（《高宗纯皇帝实录》1435：13b）。

先例的意义在于允许贡使把他的君主的信直接交到皇帝手里，而不是像《大清通礼》规定的那样，由礼部呈递。伊斯梅洛夫（Izmaylov）率领的俄国使团亦有类似情况。不同资料都表明，贡使磕头之后，获准把沙皇的信函交到皇帝手中。见 J. Bell（1762：133 - 134）。

② 《大清通礼》的宾礼部分只对太和殿的觐见做了规定。不过，在大朝部分（《大清通礼》，18）规定，在其他场合，使团可随附在西侧官员的末尾。但该章亦只提到在圆明园的觐见，没有提到在长春园的觐见。

里放着表文。从桌子走回来之后，贡使行三跪九叩之礼①。然后通过皇帝左侧（东侧）的台阶和门，贡使把表文送到皇帝手中，皇帝再把它递给身边的高级官员。然后贡使沿原路退回，至台阶首端再行三跪九叩之礼。再进殿时，贡使就被赐座、赐茶，这是帝国的回礼，然后贡使谢恩并离开（《大清会典事例》，505，4b－5a）。

在此引述对西洋使团的接待，从中可以看到，早在康熙时期，对宾礼所规定的觐见礼仪就已做了某些改动，其内容类似后来针对英国人所做的改动。改动之后，外国使臣获准进入大殿中心以便把他的国王的信函放在桌子上，并在桌边南面而不是在大殿西门磕头。然后他转向大殿左边或东边——这一边通常是为皇帝的文职官员准备的——以便把他的国王的表文直接交到皇帝手中。实际上，在礼部举行的皇帝从未参加过的"进献国书和地方特产的仪式"，看来已被纳入帝国觐见仪式之中了（《大清通礼》，45：2b－3a）。更重要的是，使臣获准的行为方式，使他看起来仿佛已变成皇帝文官中的一员，正在呈上藩王创制的表文。这个先例为马嘎尔尼的请求造成的部分问题提供了解决之道，也在实际上有助于加强对马嘎尔尼来意的正面评价，而这种评价产生于军机大臣判断他很有诚意这一点。

同时，先例的各个方面并非都遵循不变，为放置国王的信函而摆放的桌子和磕头之礼都取消了。而且，仿佛是为了强调后一种改动，1720年接待西洋使臣时，护送者是礼仪司官员，

① 人们进入觐见地点的中心地方并磕头，这是极不寻常的，如上所述，向皇帝"跪安"磕头，一般在通向大殿西门的西边的台阶下进行（《大清通礼》，45：2a）。

而这次引导马嘎尔尼觐见乾隆帝的是更高级的官员——军机大臣和礼部官员。

第二节　帝国觐见

在第四章，引述了部分马嘎尔尼勋爵有关 9 月 14 日发生之事的叙述。如前所述，他的日记详细地描述了觐见场面的宏大辉煌，却没有指出当时朝会独一无二的特色。究其原因，第一，除非有人告诉他，否则马嘎尔尼不可能知道帝国觐见中特有的惯例，也不知道除了放弃磕头要求之外还有其他礼仪上的改动。第二，他评价这次觐见和欧洲宫廷觐见之间的差异，并没有超越定性评估（qualitative evaluation）这一层面，亦即觐见场面显得极度辉煌，并且十分注重礼仪细节。第三，如果把马嘎尔尼的叙述与《高宗纯皇帝实录》中的简略条目相对照，从后者很容易得出结论，没发生过什么实质性的事件。朝廷并不看重这些礼仪，除了在皇帝面前匍匐拜倒之外，别的什么也不用记。

上述最后一点表明了双方观察觐见的角度根本不一样。马嘎尔尼的日记有许多细节，这些细节体现了自然科学观察的特点。换言之，这是一种具有优势的观点，它源自某一认知主体与被动客体的区别所形成的产物。观察者搜集细节，并由此认定通过详细阐释这种方式可以反映和记录现实。在宾礼过程中，即使最具特权的位置（privileged position）也不可能使观察者依照马嘎尔尼的方法跳出礼仪过程本身，因此像马嘎尔尼那样详细的叙述在清廷记载中根本见不到。确实，关于那天的情况记载甚少。另外，也可以把觐见置于整个宾礼过程的语境之中，对它做一番大致的观察，同时再看一看《大清通礼》有关觐见的内容。

一 宾礼过程与帝国觐见

宾礼过程的各个方面最后都导向一种汇聚，这种汇聚构成一个相对中心，一个举行觐见活动的时空点。觐见——一个将此前步调各异，形形色色的事物汇聚于一体的时刻。根据觐见准备过程中出现的相互关系来定位人和事，并由此使觐见成为整个礼仪过程的枢纽。换言之，显然，一定的时间段与一定的空间安排是相互对应的，正是在此意义上，"定"的观念变得十分重要。觐见中，时间的先后转变为暂时的结构，这是一种将各种安排有序的人和事，以特定的范式展示出来的转变。

正是在礼仪过程中的这一时刻（我确信也只有在这一时刻），礼仪过程具有明显的象征意义：此时此刻的结构（亦是有关关系的具体化）被所有在场的当事人理解为当时的世界形势及他们与更为广阔的宇宙的联系这两者在空间上的展示。在礼仪过程的这一时刻，礼仪的力量不可低估。因为我认为，正是这种对秩序和被空间化了的时间的包容，才形成了清对宇宙秩序的声称——国家（范围广及整个领土），而乾隆则是这个家庭中的首脑、最高君主——皇帝。

诸如《大清通礼》这样的礼仪手册，清晰地说明了觐见礼仪的丰富含义，并指明权力中心如何通过礼仪被赋予各种相应的含义。不但外国使臣及其随从相对于皇帝的位置安排，而

173

且高级官员、帝国标志（如旗帜、器具、马车），次要官员、乐队和卫队的相对位置，全部都有清晰的规定。觐见中人和事的安排，或由负责此事的官员商量而定，或依循礼仪手册所记录的先例和原则。

《大清通礼》把觐见划分为重大觐见和常规觐见，区分标准是出场安排及人和事的顺序及数量。也许是通过估量正在进行的礼仪过程来决定哪些应该出场，哪些不该出场。这包括决定觐见地点（是在宫中大殿还是在热河的御幄）。一旦决定了觐见时间和地点，则参加者的位置和觐见地点中出现的帝国标志也就做了相应安排（《大清通礼》，18：2a－5b）。所有级别的觐见（以及宴会）的位置安排要依据皇帝的位置而定，御座设在大殿中的最北端，皇帝位于中心线上，坐北面南。其他参加者依级别从北到南坐在皇帝的左右两边。左边是文官，右边是武官和八旗子弟①。

御座之下，外国国王或使臣位于右边武官行列之末。皇帝的正南面及以下位置安排的是乐队。当参加者从一个位置移动到另一个位置时，乐队奏起各种各样的乐曲，当他们到达新的位置时，乐曲便停下来。帝国的标志依据觐见级别而有所不同，它们被置于大殿周围或通往大殿的前庭中。大殿外的饰物被分列在东西两边（就像殿中的人一样）。任何要走近御座的人都必须沿中心线的两侧而行，这意味着他穿越了各种级别的人和饰物才能到达御座的左侧或右侧。

174

---

① 帝国礼仪里左侧和右侧取决于皇帝面向的方向，即他的左手边和右手边。记住这点很重要，尤其是阅读欧美关于觐见或典礼的叙述时，因为观察者可能以自己的面向来定左右。

觐见中，有无数的场合，参加者要匍匐拜倒，吟诵赞歌。后者据觐见季节的不同而有变化。参加者身着朝服，朝服依季节和觐见级别而有不同，标示着参加者的官衔。外国国王或其使团要穿他们自己国家的朝服。在恰当的时刻，使团依级别高低被引至大殿西门，他们在那里磕头。皇帝通过官员和译员问一些"抚慰性"的问题，宾客做出回答。一旦谈话结束，宾客就再次磕头并被引回到起初的位置——武官行列的末端。如果他要参加赐茶仪式或宴会，亦可晚些时候返回。

二　英国人的觐见

尽管地点是在一个大型圆顶帐篷里[1]，但9月14日的觐见却是常规级别。觐见那天，马嘎尔尼、他的随从、缅甸使臣还有其他参加者，在黎明之前即被唤醒，被护送到为觐见做准备的帐篷，然后分列两队于觐见帐篷的入口之外。英国大使站立在进入帐篷的左边行列的末尾（皇帝的左边就是大殿或帐篷的东边）[2]。

递交了英王的信函，回答了皇帝"抚慰性问题"之后[3]，在接下来的宴会中，英使及随从被安排坐在皇帝左边。其间，马嘎尔尼和斯当东应邀参加对皇帝的敬酒仪式，这真是一种

175

---

[1] 当然，帐篷和帝国宫殿里的觐见大殿有许多差异——只有一个而不是几个门，其间没有台阶。

[2] 我在此所描述的一幅由英国人所绘的英国使团位置的图画，已被多次复制，见 Peyrefitte（1992）或 Singer（1992）。

[3] 马嘎尔尼的日记表明，类似的询问不止一次，在第二天，在皇帝前往寺庙时向皇帝请安；他还分别在皇帝的寿宴和回銮时向皇帝请安。

殊荣。马嘎尔尼记载说，皇帝亲自而不是经由官员把酒杯传给他。① 这种种友善和殊荣表明，至少到觐见之时，乾隆帝认为，尽管礼仪过程中马嘎尔尼显得无知粗野、没有教养，但他确实是真心诚意的。

176

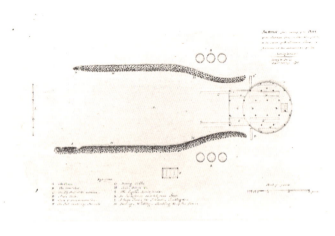

图 4　万树园御幄平面草图/英国使团位于下面行列的最左端

第三节　皇帝的介入Ⅰ：皇帝的诗

如前所述，外国国王被接纳进帝国统治体系，这期间并非没有某种程度的模糊。在英国使团的例子中，帝国觐见仪式的若干改动正表现了政治包容的复杂性。关系的模糊性不但贯穿于礼仪过程，也表现在皇帝介入这种不寻常的行为之中。据

① 见《大清通礼》的祝酒仪式（40：6b）。亦见《大清会典》有关热河觐见的条目（65：11），在那里，蒙古王公参加祝酒仪式，向皇帝祝酒。

《实录》记载，觐见时皇帝曾就英国使团来访做了一首诗，诗的内容值得细细揣摩，因为它有力而简洁地表现了这种模糊性。

弘历的诗 * 开篇提到葡萄牙使团。接着他写到现在英国人又满怀诚意而来。他们长途跋涉不远万里，可以和竖亥、横章的远行媲美了。显然，努尔哈赤和皇太极的威名与美德已跨越重洋，远播四方。尽管这些远人普普通通，但他们的心是友善和真诚的（换言之，他们真心向化，这在他们的言谈举止中是显而易见的），接着，诗从使团的外表转向他们所携带的礼物。弘历说这些礼物并不贵重却令人好奇，它们的精致程度被大大夸张了（！）。另外，不管他们的礼物多么微不足道，他们本人都会受到慷慨热情的接待（《高宗纯皇帝实录》，1434：11b）①。

弘历的诗简洁明快，强调了对英国使团的最初评价，总结了会面的模式，亦评论了从礼仪过程中产生出来的情感。另外，他认为马嘎尔尼关于礼物的声称与朝廷对礼物的评价是矛盾的。更重要的是，弘历强调英国人的夸张和清帝国的慷慨，在等级关系中似乎把英国人置于比参加那天觐见和宴会的蒙古贵族、来自亚洲腹地的伊斯兰贡使和缅甸

177

---

　　*　弘历的诗原文是：《红毛英吉利国王差使臣马嘎尔尼奉表贡至，诗以志事》：博都雅昔修职贡，英吉利今效荩诚。竖亥横章输近步，祖功宗德逮遥瀛。视如常却心嘉笃，不贵异听物诩精。怀远薄来而厚往，衷深保泰以持盈。引自故宫博物院行印《乾隆御制诗》（五集，卷84）。

　　①　不可能确定觐见时这首诗是皇帝本人还是他的一位官员口头吟诵的。这首诗亦出现在一幅中国式织锦上，可能表现了带往圆明园的英国礼物。这幅织锦现藏于英国格林治海洋博物馆。它的图可见于 Cameron（1976：301）。Needham 令人信服地认为，它根本就没有描绘英国使团，而是较早的一幅，也许来自荷兰，见（1965，4.2：471）。亦见 Cranmer‑Byng 和 Levere（1981：520）。

人等更低的地位上。仿佛是为了彰显这种区别，更为了强调帝国的慷慨，在觐见中以及觐见后不久，弘历赠给英国人许多礼物。

第四节　皇帝的介入Ⅱ：赠礼

赠礼包括给贡使和副使的绿如意，给小乔治·斯当东的礼品，每一样都由弘历亲自赠予。其他礼物送到贡使住所（《大清会典事例》，507：25a－27a；《掌故丛编》，55a－b），这些赠礼属于特赐。它们反映了皇帝本人对贡使及其随从言谈举止的评价。

在随后的英国人参加的觐见中，亦有赠礼。据记载，这样的场合在热河有两次，第三次是在使团告辞出发时，皇帝不在场（《大清会典事例》，507：27a－31a）。关于赠礼的清单，给人印象极深的不仅是礼物数量庞大，还有如下这一事实，即整个使团包括最普通的船上水手，人人都获得了礼物。[①] 他们说使团是个整体，因此每个成员都应享受皇帝的慷慨大方。礼物的分配根据官衔高低而定，反映了从英国人那里获得的人员名册。由此，帝国的赠礼承认了外国国王权力范围内的等级社会关系。最后，赠礼清单与使团到达之初由皇帝的大臣们拟订的礼物清单不同。尽管早期的先例可以提供指导，但最终的安排取决于对实际礼仪过程的评价。赠礼旨在展示礼仪

---

① 9月21日军机处上奏折，建议给在浙江船上的使团人员以额外的赏赐，其中一些建议最后被采纳了，见《掌故丛编》（62a－b）。

过程中实际产生的某种关系，而不涉及礼仪过程之外的某种理想化的关系。

在热河时，使团还接受了另一种奖赏，虽然这段时间的朝廷记载未做记录，但还是值得做一番考察。觐见皇帝后的第二天，马嘎尔尼及其随从由军机大臣和珅、福康安（前任两广总督，辖区包括广州或广东，他亦是廓尔喀叛乱的平定者）、福长安（军机大臣，福康安的兄弟）带领游览了热河皇家园林。这些人全是弘历身边核心圈子里的文武重臣。由如此多的重臣相伴游历园林，这无疑是皇帝的特殊恩典。然而，此举在双方都另有深意。

在朝廷一方，对马嘎尔尼有关英国礼物的声称始终心存怀疑，仿佛是为了直接针对这个问题，使团游览之处皆有复杂欧洲钟表和机械装置。正如马嘎尔尼被告之的那样，其中一些可能是从京城运到热河来的，更多的则依然留在圆明园。这意味着马嘎尔尼所携之礼物根本不是他的国家的特产。其他西洋国家也有许多类似或略有不同的仪器设备运到中国，大量进呈给皇帝。英国人并没有带来什么值得夸耀的特别礼物。

在此值得引述马嘎尔尼的反应。从中可以看出，尽管马嘎尔尼仍未能理解什么是清廷所说的地方特产，但对朝廷的深意有了些许领悟。

　　（楼台亭阁）的陈设极为华丽，有皇帝的狩猎行进图；有巨大的绿玉玛瑙花瓶；有精致的瓷器和日本漆器；有各种各样的欧洲玩具；有做工极其精密的地球仪、太阳

178

系仪、钟表和音乐自鸣钟，我不禁惶惑了，我们的礼物也许会相形见绌，令人"羞愧难当"（《马嘎尔尼日记》，125 和 355）。

这时候，马嘎尔尼意识到，他一手策划的宏大壮观的礼物展览，本来意在使中国那个有可能对使团的商务活动产生积极影响的人产生敬畏之感，如今看来，这个想法有偏差。此时，马嘎尔尼差不多开始质疑使团赖以建立的前提，看来适中路线几乎已经产生了其中最珍贵的功效——贡使的谦卑。

第五节　热河的大朝和宴会

从 9 月 17 日到 19 日，从皇帝的生日庆典开始，英国使团参加了许多觐见和宴会①。在进行庆祝活动的同时，朝廷仍然在考虑许多与使团有关的重要事务。这其中除了游览热河园林之外，还包括翻译乔治三世的信函（下文详述），军机大臣向皇上奏陈与贡使的会面情况，马嘎尔尼努力想要使他的"商务"使命引起注意，等等。

上述奏折于 9 月 18 日上呈皇帝。军机大臣们指出，遵循

---

① 《实录》的条目表明，这一次，全部帝国官员、藩地贵族和各国使臣都参加了宴会。这次和 8 月 18 日、8 月 19 日的聚会包括觐见和盛大的宴会，也许可以与《大清通礼》中的描绘相媲美。这些礼仪只在冬至、新年第一天和皇帝的生日举行。有关"大朝"的描述，见《大清通礼》（18：1a–14b）；在热河的各种礼仪见（12a–b）亦提到了外国使臣。在其他场合下，他们被安排在西边官员行列之尾，见（18：6a 和 7b）。

皇帝的指示，他们把长麟发来的有关浙江方面情况的报告传给了贡使。他们还借此机会对贡使强调说，皇帝每天批阅各省奏折以便治理好整个帝国。据报告，英国贡使对此印象极深，认为在珠山的船队受到礼遇，这是皇帝特别优恤远人的又一例子。尽管马嘎尔尼的日记对此事只字未提，但仍有报告说他对皇帝称颂备至。马嘎尔尼满怀敬畏，满心忠诚，祈祷皇帝万岁，至少在朝廷官员们看来，这些言谈举止似乎表明贡使在与乾隆帝会面的过程中，确实已经得到了教化(《掌故丛编》，58a－b)。

几乎就在军机大臣们得出这些结论的同时，马嘎尔尼决定提起使团的"商务"。在皇帝生日那一天，他试图与和珅谈一谈这个话题。马嘎尔尼发现他闪烁其词，就决定利用另一个机会，即9月18日的大朝，当他和斯当东被传召时，直接对皇帝本人讲。弘历仅有的回答是亲手赠给他一个装有珍奇石头的装饰华丽的盒子(《马嘎尔尼日记》，134和137)。接下来的几天里，马嘎尔尼似乎利用每一个可能的机会向朝廷提出这一请求。他的行为招致对使团的重新评价，并最终导致对觐见期间和上述军机大臣的奏折里所谈到的对使团的评价产生了怀疑。不必说，贡使的来意再次成为中心话题。

180

第六节 礼仪危机Ⅲ：重新评价英国使团
——贡使始终不能理解礼仪中的关系

9月19日，马嘎尔尼向和珅提交了一系列请求，在大使看来，这些请求旨在向使团开放正常商务，但由此却使局面陷入了新的危机。这些请求包括：允许麦金托什船长返回停在浙江海岸的船上，并处理那里的贸易事务；允许两名传教士汉那和拉穆瓦来北京并为帝国服务；允许他与广东的使团成员直接通信。接着10月4日，在北京，马嘎尔尼又提出了六条建议，扼要讲述了英国政府发展两国外交和贸易关系的愿望。这些加在一起，不但使马嘎尔尼的请求遭到朝廷的批评，而且导致对使团的重新评价。它也使朝廷内部产生了对礼仪过程的批评，包括弘历也认为自己偏离了适中路线。

马嘎尔尼上呈第一批请求之后的第二天，军机大臣建议，应告知他，既然船上有许多可以胜任的官员，则麦金托什不必去浙江。即使要去，也必须由人护送，然后再返回北京。可以进行贸易，但马嘎尔尼应准备一份他渴望进行贸易的商品清单，交给高级官员，再转给浙江巡抚长麟，因为要在他的辖区内进行贸易。长麟接到清单之后，再把它传给船上的官员，并为贸易做好安排以保证英国人受到公平对待。另外，对贸易不开征任何税收。

关于传教士那一条，军机大臣认为，马嘎尔尼一到天津就应该提出来以便朝廷做出安排。然而他却什么也没说，就让两位传教士随船返回浙江了。军机大臣们认为，这事无所谓，当务之急是贡使要赶紧写封信送往浙江，长麟会派人护送传教士到北京来。另外，如果他们愿意跟着南边的船队返回就可以安排他们从广东出发，哪种办法更方便，由传教士自己决定。最后，只要贡使愿意，任何信函均可通过帝国驿站传送，这是被允许的（《掌故丛编》，58b－60a）。

可能有关上述建议的诏书已被采纳并签发，因为第二天，即 9 月 21 日（使团离开热河的日子），军机大臣报告说，徵瑞已把这些情况告知马嘎尔尼。贡使一边表示谢恩，一边仍然希望皇帝给浙江巡抚下旨，允许直接贸易。而且他不明白为什么他必须按指示准备一张贸易商品清单。谈到派遣麦金托什去浙江一事，马嘎尔尼说，那条船上没有官员能够胜任指挥轮船从宁波或珠山出发的重任。关于传教士，贡使觉得，只要朝廷签发一纸命令即可，并不需要他写信（《掌故丛编》，59b–60a）。通盘考察贡使的态度之后，军机大臣只得出一个结论：他对礼仪依然无知①。他们怀疑他还有别的请求，并且永不满足（恳求无餍）。因此他们建议，这件事等贡使回京后再议，到那时应对贡使予以责备并拒绝其请求（《掌故丛编》，60a）。

同一天，上谕传给两广总督，长麟知道了贡使的请求。弘历尖锐地问道，如果轮船必须由麦金托什指挥，那么没有他，轮船又是如何从天津驶往浙江的呢？显然，马嘎尔尼并不诚实。而且，派人护送麦金托什去浙江既费事又费钱，并为更多的请求打开了方便之门。形势既如此，长麟的重要职责是迅速处理在浙江的有关使团事务，定下船队起航的日子并告知贡使。因为英国人可能借故推迟出发，因此弘历予以敦促。事实上，有关麦金托什的请求可能确实是一个拖延之计。考虑到凡事皆有开端与结束，皇帝建议北京赐宴之后，使团应直驶浙

182

① 记载实际上说，皇帝的臣仆们已得出结论，贡使其实是知道体制的（尚知体制）（《掌故丛编》，8：60a），考察在此之前和接下来的有关资料包括同一天的帝国上谕，我认为这是印刷错误。毕竟，当向贡使说明如何正确进行礼仪时，对方拒绝遵循。

江，与那里的船队会合，一并返回英国。这将使整个事情进展迅速（《掌故丛编》，60a－62b）。①

皇帝及其大臣们的上述想法和举措，表明他们已逐步意识到礼仪过程中出现了严重的错误，意识到马嘎尔尼虽口称谢恩，其实心中另有想法，意识到马嘎尔尼明显的虚伪与乔治三世遣使来华这一举动所表现出来的真诚之间的不一致。有鉴于此，皇帝认为，也许使团的目的仅仅在于刺探情况，英国人一旦遭到拒绝就会制造别的麻烦，尤其是在广东（《掌故丛编》，64b－65a，70b－72a）。

朝廷对马嘎尔尼的请求的反应略显极端，因而值得评述。首先，马嘎尔尼拒绝就浙江贸易和安排传教士这两件事提供请求书，再加上有关麦金托什的请求，这些行为不仅仅是过分的，而且如果加以纵容，就会损害借礼仪活动建立相对权力中心这一过程。看来马嘎尔尼是想从皇帝那里得到官方声明，以作为一种契约，使浙江的对英贸易"合法化"，并为以后的类似要求提供先例。即使朝廷并未从这个角度去理解马嘎尔尼请求的意义，它也意识到批准这样的请求与清建立各领土之间的关系的方式是背道而驰的。在沿中线而行的过程中，恰如其分地引导交流，沟通人事是一种复杂的安排。这种安排建构起权力与权威的关系，它既能对进行中的礼仪进行评

183

---

① 同一天，军机处问徵瑞，他是否向马嘎尔尼提到过将在圆明园举行一次宴会。如果他没有提到，就不必再提，因为现在肯定不考虑让马嘎尔尼参加了（《掌故丛编》，62a 和 64a）。9 月 22 日徵瑞奉命安排使团迅速离京的准备工作。定好日期，举行辞别仪式，其间进行最后一次赏赐，并把皇帝对英王的上谕交给贡使（《掌故丛编》，63a－64a）。

估，也能使礼仪的参与者在各种活动中各尽其责。而马嘎尔尼拒绝参与，可被视为破坏了正在实践中发挥作用的那种准则，另外，朝廷现在所面临的问题，同它在处理徵瑞在马嘎尔尼练习磕头一事上撒谎时所面临的问题是一样的。也许英国贡使的确不懂礼仪中的恰当关系，但现在的问题是：有过分之举的不止一位代理人。

第七节 1793 年 9 月 23 日的上谕

9 月 23 日，皇帝签发了两道非常重要的上谕。第一道由军机处传至两广总督、浙江巡抚和广东巡抚。它把英王的请求概括为允准一位大臣常驻北京，并说明了皇帝拒绝该项请求的原因，推测英国人对此可能做出的反应，回顾了迄今为止的礼仪过程，并指示省级官员该如何去做。第二道指示则是那封著名的乾隆帝致乔治三世的信函的版本之一①。

一 给边境官员的上谕

给省级官员的上谕，姑且不谈其他原因，仅就下面的内容而言也是一份值得深究的文件，它回顾了乔治三世有关增进英中关系的全部建议，然后解释为什么他的请求或是已有妥善安排，或是不可能得到允准，其用语几乎等同于给英王本人的信函。弘历一开始就说到使臣驻京的问题。皇帝说，即使使臣的

---

① 关于马嘎尔尼请求在中国开展对英贸易的上谕亦记明为同一天，但它不可能在 10 月 4 日前写成，因为那一天马嘎尔尼才递上他的六条请求。

驻京目的在于照料贸易事务，在于学习，在于接受教化，他也不明白使臣怎能隔着几百英里处理远在广东发生的事。而且，清帝国礼仪与英国习俗不同。想到朝廷与马嘎尔尼打交道的经历，弘历怀疑，即使有些人愿意为觐见而学习帝国礼仪，他们是否能够学会（《掌故丛编》，64b）。

弘历解释说，确实有些西洋人（传教士）愿意为帝国服务，着朝廷服饰，住官邸，不准返回故园，但英国贡使可能不乐意这样做。他们的语言和服饰与中华不同，在北京城里无目的地闲逛。再则，他们对礼仪关系缺乏恰当的理解，他们的要求可能是永不满足的（无餍）。因此，也许他们到清帝国来只是为了刺探情报，而这显然是被禁止的。

另外，日益清楚的是，英王信函里的声明与他的贡使的请求有所不同。虽然上谕里明白地指出贡使的错误，但英王表达的感情与贡使提出的令人烦恼不安的恳求仍然并不一致。因此，这些外国人被认为是无知的。目前还不能肯定皇帝的拒绝会招致英国人何种反应，可能他们会在广东制造麻烦。那里的官员必须对此保持警觉。长麟（已被重新任命为两广总督）和郭世勋必须特别留意英国人可能在广东或澳门挑起事端，并采取相应的措施。

谈完这些看法（这些看法中的多数，在接下来的上谕里再次被谈到）之后，弘历开始回顾礼仪过程。这里值得大段引用，因为弘历不但批评下属，而且认识到他自己对整个事态的发展亦应负某些责任。

外省官员们在接待通过其辖区的使团时，未能依丰俭适中原则。这也许是因为我们下令额外施恩一点，各地方官员便上行下效越走越远，罔顾礼仪，对待使团过分慷慨，由此纵容了使团的傲慢与莽撞。

也许当我们下令略加控制时，官员们的过分热情又遽然削减。一切又都做得不够，有失怀柔远人之道。我们曾几次就此发出上谕。当外国人愿意接受教化时，我们应视之为理所当然。若他们显得敬畏、恭顺、谦卑、尊敬，我们就会额外施恩。如果他们不明白礼仪的诸多细节，我们应通过礼仪实践予以指导。官员们应该权衡轻重并予以相应的待遇，这才称得上是小心谨慎(《掌故丛编》，65a - b；着重号为引者所加)。*

因此，问题的关键在于丰俭适中，适中路线出了差错不仅仅是因为马嘎尔尼的行为，也因为官员们力图仿效皇帝而未能正确衡量自己的所作所为。这段责备之话应牢记于心，因为它直截了当地指出了这样一种预设，即臣僚们业已具备的知识和经验，加上及时传递的上谕，本来应已足够官员们用以权衡轻重，丰俭适中。换言之，问题不在于存在跨文化（cross - cultural）的误解，而是帝国官员们未能恰当地组织好礼仪过程，而这个过程本是所有在位官员都可以驾驭好的。

---

* 该段汉文原文为：至外省遇有外藩经过之事，照料接待往往不能适中，或因朕令稍加恩亲，该督抚等即踵事增华过于优厚以致满无节制长其骄恣，或稍加裁抑即过于减损又失怀柔之道，非过即不及，节经降旨训谕，此等外夷向化来庭，朕惟视其来意，伊若恭顺驯谨则即量予加恩，伊若有不谙体制之处亦即绳之以礼法，该督抚等总当酌量事体轻重照料得宜，方为妥善。

考虑到当前的困难，考虑到许多官员都应为这一僵局负责，弘历认为目前的最佳方法是尽快结束这件事。可能的话，让贡使在浙江登船。相应地应告知长麟这一情况，并指示他如何去做。弘历说，适中路线并不随觐见完毕而结束，长麟对待使团务必不能过分——供应日常生活必需品，仅此而已，不许多给，在与使团交往时，长麟必须谨守恰当的礼仪。如果使团再有愚蠢的要求，他必须严厉而直接地指出他们的错误，因为如果他马马虎虎，不拘小节，贡使就会再次提出永无休止的要求（冒渎无餍）（《掌故丛编》，64b－65b）。①

二　皇帝给英国君王的敕谕

弘历 9 月 23 日另一道敕谕是他给乔治三世的信函的版本之一②。在敕谕里，皇帝对事态发展方向的关注依然清晰可见，尤其是当他的口气由温和开导式变得更为严厉时，这种关注就更为明显。皇帝回顾了乔治三世的遣使理由，判断其真诚程度，这之后，他详细地解释了他对国王使团的接待。然后他谈到那些请求。他重述了他曾对官员们讲过为什么不能让英国派使驻北京，然后他又补充说，尽管有天主教教士以某种方式在帝国任职，可他不愿意强迫别人也遵循这种方式。他确信，如果他要遣使进驻英国朝廷，结果也会是一样。他没有说这种

---

①　9 月 29 日和 10 月 1 日的上谕谈到了许多类似的理由，并补充说使团可能经过的地区的巡抚不必亲自送别使团。江苏、安徽和江西巡抚亦包括在内，因为如果使团从陆路去广东就将路过这些地区（《掌故丛编》，68b－70a）。
②　这就是那封著名的乾隆写给乔治三世的信，在中西关系史上的讨论，参见第十章第四节。

请求是毫无意义的，也没有说英王无知。然而，他强调，礼仪中的恰当关系是已确定的。

皇帝并不是没有意识到，西洋人有可能以完全不同的方式建立国与国的关系。的确，他的答复也暗示英国人的要求不是没有先例的。弘历担心，西洋国家如此众多，若都提出同样的要求，那会成什么样呢？无论如何，真正的问题是为什么乔治三世认为有必要派贡使常驻北京。他的一个理由是为了照料英国贸易事务。可是英国人早就在澳门做贸易了，而且已获皇帝恩准。而且，其他国家，如葡萄牙、意大利，也曾同样请求开展贸易，朝廷待之宽厚仁慈。若有不测之事发生，相关责任人就会受到惩处；而且北京离贸易地点又那么远，为什么非得派驻贡使到北京？隐含在这一问题中的另外之意是：除了贸易，英国对中国另有别的什么企图？英王也说过希望能遣人到华学习宫廷礼仪——弘历想知道，为什么要这么做？学习宫廷礼仪对英国人并无用处。

弘历然后谈到英王的礼物。弘历详细地阐释了马嘎尔尼觐见那天他所作诗中的简要评论，并解释道：

> 我们从不看重那些稀罕奇珍之物，你派遣使者携带礼物不辞劳苦，长途跋涉满怀诚意献上它们，因此，我特别命令我的官员们收下礼物。事实上，我们的声名远播，世界皆知，其他许多国家也费尽千辛万苦，远涉山水送来贵重礼物。我们已有许多类似的东西。你的贡使曾亲眼见到。可是我们并不过分看重这类东西，我们也并不热切盼望你再把你们国家所制造的物品送来（《高宗纯皇

187

帝实录》，1435：14a－b)[*]。

既然这段话长久以来被广为引用，作为中国闭关锁国、自给自足、自高自大的明证，那么，不妨对它略加评论（见本书第十章第四节）。注意，弘历并未谈及英国贸易，这一话题出现在上谕的其他部分。他谈的是官员们对英国礼物的评价，谈的是朝廷有许多类似珍宝却仍然收下这些礼物这一事实。马嘎尔尼不但被领着参观了帝国已有的收藏，而且如上文所述，感到他们所携带之礼物比不上朝廷已有的。那么，弘历到底要说什么呢？可能与朝廷眼中的马嘎尔尼对礼物所抱的态度有关。与他的国王不同，英国贡使似乎以礼物为骄傲，尤其是天文仪器。我认为，遭到清廷拒绝的，不是对英贸易，不是英国制成品，不是手中的礼物；而是马嘎尔尼有关礼物的声称，这些声称在礼仪过程中表现出来并被视为过分狂妄。

在敕谕的结论部分，皇帝重申了英王请求驻使北京与恰当的礼仪关系之间内在的不一致。即使请求获准，英国也不会从这一安排中得到好处。皇帝已准备好更详尽的敕谕交给即将返英的贡使。国王必须理解这里所讲的话，下定决心保持尊敬、恭顺以便保护他的领土，并实现美好的和平前景。接下来是一张简短的赠品清单，并提到皇帝所有赠品均已列成清单，交给贡使了(《高宗纯皇帝实录》，1435：11b－15a)。

---

[*] 汉文原文为：天朝抚有四海，惟励精图治，办理政务，奇珍异宝，并不贵重，尔国王此次齐进各物，念其诚心远献，特谕该管衙门收纳。其实天朝德威远被，万国来王，种种贵重之物，梯航毕集，无所不有，尔之正使等所亲见，然从不贵奇巧，并无更需尔国制办物件。

这份敕谕给人印象尤深的是，皇帝用了大量篇幅向乔治国王解释，他的请求和整个的礼仪过程之中存在的问题。同时，很清楚的是，皇帝没有就英国贡使的举止提出更多的诘难。尽管皇帝几次直言不讳地提及他看到的清帝国与大英帝国的差异，但他仍保留了未来接触的可能性。

驻使问题亦值得探讨，特别是由于在 19 世纪，它成为清与英两国冲突的一个焦点。回顾一下清接待使团的前前后后，就会发现一个非常重要的现象，从头至尾帝国官员一直在场。的确如此，正是当与接待使团的事务联系在一起时，诸如"恰当谨慎""专心致志""妥善处理"等字眼以及涉及过与不及之类的判断才有特定意义——借此评价整个礼仪过程，并有效分派责任。对行为的这种分类又被另一种观念予以增强。这种观念即任何事情（在此例中是"好事"）都有开端与结束。因此，在皇帝看来，一旦允准英王的请求，就意味着需要帝国大臣无休止地持续接待、关照一位贡使。无论从哪个方面讲，帝国官员的这种持续不断地参与，按照帝国心目中那种最高君主与藩王的关系都是不可能组织起来的。应从这个角度来理解弘历所说的贡使因语言和服饰的不同而不宜长久住在北京，也应从这个角度来理解弘历援引的"先例"和礼仪中的"固定"关系。

第八节 使团准备离开及对英国人禀性的深入评估

9 月 24 日，英国使团离开热河前往北京，军机大臣上奏说，据徵瑞的消息，使团到达北京时，还有另外的礼物进呈。

同一天，一道上谕传给徵瑞，使团的起程仪式将于 10 月 3 日
189 在太和殿入口举行，他要确保在那之前完成有关英国礼物的一
切事宜。另外，上谕回顾了皇帝给英王的回信中的每一要目，
并对徵瑞如何回答马嘎尔尼可能提出的问题一一做了指示（《掌
故丛编》，66a－67b）。两天后，弘历重申了他的紧迫感。为防
马嘎尔尼装病或者拒绝接受皇帝给英王的信函，弘历命令徵瑞
把使团在北京的剩下的日子里的日程明确告知贡使，并确保使
团离开北京之前，一切进展顺利（《掌故丛编》，67b－68b）。

　　皇帝返京（9 月 30 日）之后①，马嘎尔尼被传至圆明园觐
见皇帝，同在的还有和珅、福康安、福长安。和珅把来自珠山
的信交给马嘎尔尼并询问其内容。马嘎尔尼解释说，"狮子"
号和"印度斯坦"号已准备好起程。一听到这个消息，和珅
立即表示，希望贡使能赶上他们，因为朝廷非常关心贡使的
健康，马嘎尔尼认为这话的意思是催促自己赶紧离京，于是
提出异议说，他几乎还没有开始提到他的"商业"使命。他
补充说，如果他再待一段时间，他的国王将为此负担费用。
和珅不愿谈及这个话题，就转而问候贡使的健康，表达皇帝
对他的关心（《马嘎尔尼日记》，147－148）。

　　这次会面促使朝廷在同一天传上谕给长麟和郭世勋。皇帝
用朝廷记载中从来没有过的极为尖刻的责备口气评价英国。弘
历认为朝廷拒绝英国人驻使北京，可能会激起他们的敌对反
应，弘历命令长麟保持戒备，因为现在已经弄清楚了，英国是

---

① 马嘎尔尼及其部分随员与清廷官员一起，列于通往北京的路旁，迎候皇帝。根
据马嘎尔尼的说法，皇帝表达了对大使健康状况的关注（《马嘎尔尼日记》，
145）。

西洋诸国中最强大的国家（若以轻蔑的口吻讲，也就是最野蛮的力量）。英国人不但在海上抢劫其他西洋国家的船只，而且无法无天，令人恐惧。现在，尽管意识到帝国的强大，他们还是可能会在澳门挑起事端。也许，英国人会胁迫或恫吓其他西洋国家，在获准觐见和收到了帝国上谕之后，英国人也许会在这些西洋人面前虚张声势甚至征收税款。因此，很重要的是，帝国官员要向来自其他国家的商人们讲清形势。弘历重申了他的命令，即要在英国人的归途中展示帝国军队以便让英国人见识帝国的力量（《掌故丛编》，70b－72a）。

皇帝认为英国人的力量缺乏道德基础，这一评价令人深思。马嘎尔尼使团似乎使弘历及其亲信们确信英国人在某种程度上善于隐藏本来面目，因而极端危险。贯穿全部过程，越来越明显的事实是：马嘎尔尼能在较长的时间里以虚假的诚意来掩藏真实意图，这使英国人变得十分危险。考虑到他们的军事技术，他们完全可能莽撞行事，无法无天诉诸武力。至此，马嘎尔尼让朝廷把英国与其他西洋国家区分开来的意图总算实现了，当然并不是他或邓达斯所设想的那种另眼相看。

随着这些尖锐的评语，皇帝的官僚们也结束了宾礼觐见和赠礼部分的工作。他们收拾好要在起程仪式上赠给使团及其国王的礼物，准备好礼单，安排了使团从北京到浙江一路上的大小事务。

第八章 结束宾礼过程

使团返回北京，标志着宾礼最后阶段的开始：起程仪式和护送使团离开清帝国国境。在这一章，我将同时考察清廷和英国对从 1793 年 10 月初到 1794 年 1 月初马嘎尔尼由广东起程回国这段时间里发生的事情的记载。在这方面，特别令人关注的事实是：朝廷仍未停止考察马嘎尔尼的真实来意，而马嘎尔尼本人也认为这段时期使团收获最多。

1793 年 10 月 3 日，英国大使被领到的地方似乎是太和殿，这是皇城里最宏大的觐见殿(《马嘎尔尼日记》，149)。起程仪式比起《大清通礼》的规定有一些变化[在午门外而非大殿内(《大清通礼》，45：3b–4a)]，马嘎尔尼看见大殿里放在他面前的皇帝给乔治三世的信，一份复杂的帝国赠礼清单及皇帝个人另外赠送给英王和使团的礼物，和珅非常正式地赠送礼物，并说这些礼物将全部送到贡使住所。这位军机大臣还清楚地表示，无论他或其他马嘎尔尼本希望用"华贵的礼物"来施加影响的高级官员，都不会接受来自英国贡使的任何东西，包括"非常精美的礼物"(《马嘎尔尼日记》，149)。①

---

① 这种拒绝似乎不是单单针对英国人。Bartlett 指出它是军机大臣的普通规矩，见（1991：185）。

马嘎尔尼意识到起程在所难免，无法拒绝（同一天的晚些时候，阿米奥神父确认了这种看法，见第四章第八节），于是做了最后一次努力，想在离开北京之前开始使团的商业使命。当起程仪式接近尾声时，他对和珅说，他想谈一谈有关英国在华机构的特别话题。和珅说，他愿意看一看就此写成的书面材料。很快，马嘎尔尼提出包括六条请求的清单，内容有：允许在珠山、宁波和天津贸易，在北京（就像过去俄国人那样）、广东和珠山建货栈，在广东和珠山修建商人住所，更改澳门与广东之间的运输税（《印度事务部马嘎尔尼通信》，20：161）。10 月 7 日，使团离京时，皇帝的答复传给了马嘎尔尼。

第一节　皇帝对马嘎尔尼六项请求的答复

上一章结尾时，曾谈到清廷对英国人的评价，我们也许预料皇帝将断然驳回马嘎尔尼追加的"胡搅蛮缠的要求"。可是，皇帝以与第一道敕谕极为相似的方式和内容再次对乔治三世谈到这个问题。皇帝得知西洋人包括英国人长途跋涉来华贸易，便以仁慈和恩德，轸念远人，在澳门建立公行（即公行商人）。那里货源丰富，能满足欧洲人的要求。现在英王的使臣请求偏离这些"固定"的程序，这很困难，因为朝廷对所有远人必须一视同仁。考虑到马嘎尔尼并未完全正确理解礼仪关系，皇帝担心贡使也许难以说清为什么请求会被拒绝。因此他特地准备了这份极为详尽的敕谕（《高宗纯皇帝实录》，15a - 16a）。他的观点的总前提是，既然澳门已有公行和译者，外国人就不可能再在任何其他地方进行贸易。这个看法很简单，却极好地体现了朝廷

192

心中的贸易概念以及如何把它与怀柔远人的观念联系起来。

如第二章所述，皇帝对藩王及其王国的关心通过宾礼得到最完整的表达。同时还应该认识到，皇帝慷慨仁慈，还允许使团获取帝国赠礼之外的其他所需之物。譬如，乾隆时代的规章里就涉及这种可能性，即在北京来访使臣的住所附近建立了市场（《钦定大清会典》56：7b）。也允许使团在其通过的各辖区的边界上进行贸易，"狮子"号和"印度斯坦"号退往浙江时，就曾获准这样做。这时，就像其他类似情况一样，朝廷官员最关心的是注意保证使团受到公平对待，防止当地人和外国贸易商之间产生任何对抗。

然而，这仅仅只是问题的一部分，与之同样重要的还在于马嘎尔尼要求在浙江进行贸易时的用语和皇帝传发旨意的方式。就在此讨论的那份上谕而言，在开头部分，皇帝提到，英使向军机处呈上禀（或称请求），军机处又把他的请求写成奏折，上呈皇帝（《高宗纯皇帝实录》，1435：15a）。皇帝的答复又沿同一渠道传至大使。这种模式与《大清通礼》所规定的皇帝与外国藩王交往的方式正相符合。宾礼的觐见部分有这样一段：

> 皇帝询问一些抚慰性的问题。礼部大臣将皇帝的询问传给译者，译者转身告知（谕）贡使。贡使回答（对词），译者翻译他的话。礼部大臣拟成口头奏折，代奏皇上（《大清通礼》45：2b 着重号为引者所加）*。

---

* 该段汉文原文为：皇帝降旨慰问，礼部尚书承传。通事转谕贡使。贡使对词，通事译言，礼部尚书代奏。

通观使团有关记载，非常清楚的是，这种谈话形式不仅使人注意到交流中的中介传递，还包括交流各方身体所处的位置。外国商人呈禀状给"行"的时候，也有极其类似的过程。"行"先翻译禀状，再呈给地方官。回顾等级关系的组织安排及空间化和适中路线在确定这种关系时的重要性，"行"似乎是宾礼之外的代理机构，借之建立等级关系，在这里是商业等级关系。那么，为什么这样的安排有必要呢？

在对乔治三世而非对马嘎尔尼的训示中，弘历的答复表明，清廷并不是反对贸易活动——更确切地说是不能将贸易简单地视为价值交换和价值利用活动——清廷关心的是商业活动的社会和政治含义。帝国认为，贸易有可能引发人们之间的对抗和冲突，导致个人的贪婪，而这一切都是一位明智有德之君十分关注的问题。如果不按照构成礼仪过程的那些原则来组织社会关系，那么潜在的人性弱点就会逐步发展壮大乃至不可收拾。"行"的责任正在于把贸易组织为有上级和下级的社会关系，并明确各自的责任。

194

由此，"行"在有关外国贸易商人的安排中，占据了中心地位，为各种各样的交换创造可能的条件。通过译者，贸易商组成了供上下信函来往的等级制度（外国人的请求写成禀状上呈，地方官的指示则通过"行"下发至外国商人），还有些物品也由此渠道传送（譬如，外国商人带来的礼物和贸易货物、贸易税收等由外向内、由下向上流动，而帝国的奖赏则从上往下发）。帝国认为这样形成的关系不会导致对抗。

大批欧洲人来到中国，他们不容易被纳进清帝国的统治，这个棘手问题的解决之道就是设立"行"，这种方式相当成功，商人们不但可以确信西洋人将受到公平待遇，而且如东印度公司指出的，广东的贸易对英国是极为有利可图的，在这里，"外国"商人的主要需求（茶）备货充足，既然西洋人从南边海洋来到清帝国，那么，正如弘历指出的那样，开放广东一地的贸易，对有关各方都是十分方便的。

现在再来说一说皇帝就贡使的请求给英王的敕谕。他认为这些请求在某种意义上明显不合适，这种看法是可以理解的。澳门已设有译者和"行"，那里是西洋人最方便、最合适的贸易地点。英国人所渴望的贸易商品已经有了。尽管俄国人曾一度获准在北京进行贸易，但这是因为那时没有其他地方供他们贸易。现在恰克图已建立市场，所有对俄贸易都在那里进行。① 弘历以同样的理由拒绝了在澳门以外的其他地方设立居住点和货栈的请求。至于税收，皇帝强调，所有西洋人的待遇都是一样的，英国人也不例外（《高宗纯皇帝实录》，1435：16a – 20b）。

最后，关于"行"，还有一个问题值得说一说，尽管皇帝信中并未提到。这个问题源自使团离京前后皇帝的若干敕谕对时间的种种考虑，涉及英国人与中国商人的关系。譬如，皇帝很惊讶，何以英国人的请求中会包含如此多的确切的信息。他猜测，这些信息是那些背信弃义、与外国人串通一气的商人提供的（《宫中上谕》，QL58.8.30，68：4）。他认为，应该在宁波、广东或其他任何地方采取预防措施，以确保外国人通过清廷官员做中介才能接触到中国商人，要防止英国人私下接触东

---

① 1729 年就建立了这个贸易点，见 Fu（1966，1：160）。

南沿海的势力庞大的中国商人集团(《宫中上谕》，QL58.9.7，68：49－58)。这种焦虑类似于清廷对这些商人与东南亚的华人集团之间的联系的担忧。朝廷担心国内可能出现颠覆活动，担心形成威胁满族统治地位的敌对集团，但这些焦虑却被表达为对英国人的关照，不让英国人被诡计多端的中国商人蒙骗。总之，朝廷的记载显示出对各个反清集团串通一气的担忧（这种担忧在马嘎尔尼事件中也许有所夸大），与那种促成了清廷在东南沿海和亚洲腹地的政策的类似担忧几乎没有什么区别。清廷是少数民族政权，必须不断地形成联合体，并在其中保持最高君主地位，同时还要不断地阻止于己不利的敌对集团的形成。

弘历在给英王的信和给有关官员的上谕中表现出来的对英国使团的诸多考虑，也应该从这一角度予以理解，即弘历关注恰当地结束礼仪过程。考虑及此，还是应该派人护送使团从北京到帝国边境。这一过程应该像前去觐见时一样，沿中线而行。

回想一下，弘历在给使团要经过的地方的许多上谕中提到过丰俭适中，告诫官员们英国人可能带来麻烦，指示他们如何接待使团。在使团起程前几天，又做了新的安排。弘历及其顾问们决定，徵瑞只需负责把使团送出他管辖的直隶省。然后，由马嘎尔尼在热河时曾见过面的松筠接替钦差一职，负责护送使团至浙江，在那里，马嘎尔尼将登上"狮子"号。10月4日，朝廷告知松筠，如果使团在路上制造麻烦，他可以动用地方驻军，必要时以武力予以控制(《掌故丛编》，9：75a)。

弘历对英人可能造成麻烦的关注，不仅仅因为他认为

196

他们傲慢、贪婪、头脑发热。在 10 月 5 日一份供传阅的上谕中，他明确指出，沿海武备松弛，军队缺乏训练，他担心他们是否能应付英国人可能造成的威胁。他警告官员们，要立即纠正这种状况，准备好必要时为松筠提供帮助（《宫中上谕》，QL58.9.1，68：1－5）。

第二节　从北京到杭州：松筠与马嘎尔尼
（1793 年 10 月 10 日至 11 月 9 日）

　　1793 年 10 月 7 日，英国使团离开北京，他们穿过一个"亭子"，在那里，和珅、福康安、福长安和其他重臣等着送别他们。马嘎尔尼收下帝国赠礼的完整清单和给英王的最终敕谕（《马嘎尔尼日记》，155－156），他很快便与从前曾经相识的新任钦差松筠续上了旧交情。松筠受命于朝廷，要严格控制使团，使其处于密切监督之下。马嘎尔尼一离京，沿途那些曾被告知做好军队调遣准备的官员就开始向北京递交奏折，汇报使团的情况（《朱批奏折》，26.9，26.10，26.11，26.22，26.23）。①

　　10 月 10 日，在往天津进发的路上，松筠开始与英国使团
197　同行。新钦差对待马嘎尔尼的策略似乎是尽力抚慰贡使的焦躁与失望，以辨明英国人头脑中是否有敌对想法。据马嘎尔尼的叙述，在各自表明两个国家对互驻大使一事的不同态度

---

① 北京现存清代档案中似乎只有部分与使团有关的奏折，没有长麟的奏折（见下文）。马嘎尔尼亦注意到松筠几乎每天都收到或发出信函。

之后，松筠谈到中英两国在习俗、活动与"礼仪"等方面的差异。显然，马嘎尔尼忘记了他与传教士的讨论，忘记了他在谈判帝国觐见礼仪方面的成功，忘记了他预先读到的有关中国的知识，忘记了早些时候他曾经担心自己可能有些"微小"的失误（见第四章第八节）。他提出异议说，自己一直被"蒙在鼓里"，并且被禁止学习更多的清廷习俗（《马嘎尔尼日记》，160）。因此，如果他有什么地方冒犯了朝廷的话，那也不是他的错。松筠向他保证，使团的举止行为无可厚非。同一天，他在奏折里说，使团并无不妥行为（《朱批奏折》，26.14）。

马嘎尔尼依然闷闷不乐。在一次与王和乔讨论清帝国官场腐败的谈话之后，马嘎尔尼似乎再度确信英国的优越。他写道："我们发现，尽管中国夸口以德治国，实际上道德水平并不比其他国家好多少，孔子的信徒们如西方的拜金主义者一样，道德品行不堪一击。"（《马嘎尔尼日记》，161）尽管在日记里马嘎尔尼赞美松筠"遇事留心""彬彬有礼"，就像他从前赞美梁肯堂一样，但实际上，他亦非常隐晦地暗示，如果英国商人不能很快得以减轻某些负担的话，英国可能会完全放弃对华贸易。

松筠并没有被马嘎尔尼的一席话蒙骗。他解释说，地方关税常常增加，是因为各地一些突发事件的增加所致。以广东而言，增加关税旨在为西藏战事和西南边境战事提供经费。但现在天下承平，关税可能会降低。这个解释令马嘎尔尼颇感高兴，他很惋惜，如果一开始就指派松筠而不是徵瑞护送使团，那么也许就可以避免一切有关他的商业使命的误解（《马嘎尔

尼日记》，162－163）。① 然而，松筠的话非但未能抚慰大使，

198 反而很快又使他陷入迷惑。

10月13日，使团到达天津，马嘎尔尼写道，他无法理解迄今为止来自清廷的古怪的待遇，包括徵瑞和松筠的互相矛盾的行为，也包括许多细致入微的善遇，如每天供应牛奶加在他的茶里，还有其他极为丰富的供给（《马嘎尔尼日记》，163；见第四章第八节）②。但在他还没有弄明白这一切之前，他的注意力就转向了皇帝对他的六个请求的答复，皇帝还谈到他未曾提出的第七个请求。马嘎尔尼又惊讶又愤懑地会见了松筠。

一开始，他对如下事实提出异议，即皇帝的答复非常清晰地把他和英王分别开来，似乎如果乔治三世本人在场，是不会提出这类要求的。在日记里，马嘎尔尼回忆起路易十四的名言，"对土耳其人那样的家伙是没有荣誉可言的"。他写道，他质问松筠，为什么他还没提到，皇帝就已拒绝允许英国人在中国传播基督教！松筠确认马嘎尔尼并未提过传教要求后认为，皇帝之所以提及此事，可能是因为觉得英国人和其他欧洲

---

① 马嘎尔尼的想法有几分道理，但值得回忆一下，徵瑞的困难任务不仅仅是使使团做好觐见准备，而且要管理英国礼物。情况与松筠遇到的完全不同。不管怎样，松筠报告中的与徵瑞不同的口吻，加上长麟对待英国人的方式，使戴逸和Pierre‐Henri 等学者认为这两位官员比和珅、徵瑞和军机处其他官员要少一些对外国人的偏见。现存的有关英国人离京之前和离京之后的报告有十分明显的差异，我认为其原因在于处在礼仪过程的不同阶段上。毕竟，松筠和长麟的任务是使礼仪过程迅速有一个令人满意的结局。

② 当然就在给予这种周到的待遇的同时，皇帝又下令削减对使团的供给，马嘎尔尼敏锐的目光似乎从未洞察到这一点。

人并无区别①。马嘎尔尼回答说，"从前，英国人的宗教信仰
与葡萄牙人和其他传教士相同，但后来英国人信了别的宗教，
我们和他们的主要区别在于我们没有归化异教徒的热情，而他
们有"。接下来，马嘎尔尼又做了另一个否认。他说，由于某
些原因，朝廷认为英国人正在努力"实现一种不公平的企图，
以便在中国获取特权"。确实，他曾代表英国政府和东印度公
司请求扩展贸易，但他从来也没要求过要阻止清廷扩展对其他
国家的贸易。他重申，他的目的在于维持贸易，如果不成
（又一次隐晦地予以威胁），清廷将为此承担严重的后果。因
此，他要求将此事禀报皇帝，恳请他写下第三封信，以便澄清
事实。马嘎尔尼迫切希望能得到"保证"，他再度寻求得到令
清廷官员感到困惑不解的"条约"或"合同"，以便把对华贸
易建立在稳定的基础之上。松筠回答说，使团既已离京，恐怕
皇帝不会再写信了。另外，他告诉马嘎尔尼，皇帝对使团一天
比一天满意(《马嘎尔尼日记》，《宫中上谕》，166－169)。

关于这些，马嘎尔尼和松筠又谈了很久。大使急切地希望
皇帝再发一封信澄清事实，而钦差就引用皇帝本人说过的正面
评价使团的话来抚慰他②。同时，松筠继续向朝廷报告，英国
人没惹什么麻烦(《朱批奏折》，26.26，26.31)。这些报告又

199

---

① 第七条可能源自在宫中供职的天主教传教士。它也可能与康熙时代的礼仪之争
有关，或者与雍正时代的传教士问题有关，见 Pritchard (1929：105)，Fairbank，
Reichauer 和 Craig (1978：249－251)，和 Fu (1966：1：138－168)。
② 譬如 10 月 21 日和 27 日皇帝的上谕。在前一道上谕中，皇帝指出贡使可能已平
静下来，但官员们要记住他是非常狡猾的(《高宗纯皇帝实录》，1437：4Aa－b)，
后一道上谕中，皇帝提到使团离开帝国时应予以额外赏赐(《高宗纯皇帝实录》，
1437：9a－11a)。

被用进皇帝的上谕中，下发到各有关省份（《宫中上谕》，QL58.9.17，68：117，QL58.9.23，68：139）。钦差告诉马嘎尔尼，皇帝十分关心英国商人在广东的境遇，已任命长麟为新任总督，负责考察有关事务（《马嘎尔尼日记》，168）。现在，眼看使团已错过了在浙江与"狮子"号会合（马嘎尔尼认为造成这一后果的责任在于朝廷）（《马嘎尔尼日记》，171 - 172），松筠告诉他，长麟将护送他们去广东。除了若干承诺之外，还有新的帝国赠礼，参与接待的官员们也受到奖赏，赏礼包括一些英国特产（《宫中上谕》，QL589.23，68：139 - 143，189 - 190）。

　　事情有了转机，这使马嘎尔尼在日记里益发夸奖松筠，这种夸奖显然与他自己的感觉有关。他认为，终于可以和高级官员谈到使团的商业使命了。但这份成功也带来一些有趣的想法。早在 10 月 25 日，马嘎尔尼已开始设想英国与中国之间发生战争的可能性，他想知道，北京的朝廷是否——

　　　　并不了解英国两艘战舰就能胜过整个清帝国的海军力量，半个夏天他们就能彻底摧毁中国沿海的所有船只，使沿海各省以捕鱼为生的居民陷入绝对的饥饿之中，人口锐减（《马嘎尔尼日记》，170）。

马嘎尔尼亦仔细观察沿途的驻军。11 月初他写道："这些军队马马虎虎，战备松弛，棉靴和长袍显得笨重、不灵活、柔弱"。（《马嘎尔尼日记》，174，着重号为引者所加）部分是因为感到双方军事技术上的差距。到 12 月份，他认为，清廷的军事力量除了能进行极为微弱的抵抗之外，别的什么也做不了。这促使他草拟了一份非常狂妄的入侵计划，其中包括策 201 反清的几个"附庸国"(《马嘎尔尼日记》，203 和 211)。虽然他也认为，鉴于英国的人道主义，只要还有和平取胜的希望就不动用武力，但其根本原因还是，如果发生战争，那么从战争中，从中国的经济崩溃和社会混乱中获利的唯一国家是俄国，一个在清帝国的地平线上隐隐出现的帝国(《马嘎尔尼日记》，211－213)。马嘎尔尼的这种见解成为 19 世纪英国政策的基础①。

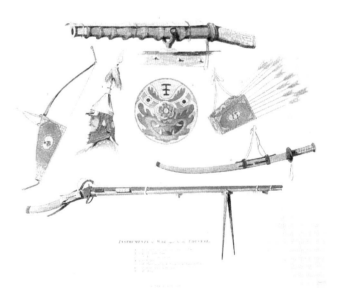

图 5　中国人使用的战争工具/英国使团搜集的军事情报

---

①　在亚洲腹地和东亚问题上与俄罗斯的竞争通常被称为大角逐（Great Game），见 Hevia（1994d）。

第三节　从杭州到广东：长麟与马嘎尔尼

（1793 年 11 月 9 日至 1794 年 1 月）

11 月 9 日在杭州，松筠把马嘎尔尼介绍给新任两广总督长麟。第一次见面时，长麟就把 10 月 27 日宣布的新增的帝国赠礼交给马嘎尔尼。其中有被马嘎尔尼称为"快乐之纸"的皇帝手书墨宝。他赞扬它是皇帝能给予别的国王的"友谊和仁慈"的最高象征（《马嘎尔尼日记》，176）。尽管这些评价有点言过其实，但礼物由长麟亲手转交，这一举动意义重大，因为这样做的目的在于，在负责管辖与英国人利益攸关的地方官员与藩王贡使之间建立联系。

这样的考虑是重要的，因为就像徵瑞和松筠一样，长麟亦奉命继续考察贡使及其随从。尽管已找不到他在 11 月和 12 月的奏折，但出自阿桂和和珅的朝廷信函却表明，长麟不但继续评估英国使团，他的报告还与松筠的报告相互印证（《宫中上谕》，QL58.10.28，68：161 - 163）。结果皇帝及其大臣们早些时候对使团的尖锐看法有所缓和。[①] 譬如，11 月 19 日，弘历发文取消澳门的一艘英国船只的税收（《高宗纯皇帝实录》，1439：3a - 4a）。第二天，朝廷收到松筠转呈的马嘎尔尼的禀状，他感谢皇帝仁慈、友善和慷慨，所用语言与英王信中表现出来的谦卑与忠诚正相一致（《宫中上谕》，QL 58.10.17，

[①] 11 月，皇帝继续用朱批奏折警告官员们：一旦应允英国人的一个要求，更多的要求则会接踵而至。见《宫中上谕》（QL58.10.10，68：58）。

68：115 – 118）。

在那段时间，马嘎尔尼与长麟几乎天天见面。在 11 月 17 日的会面中，长麟询问贡使对广东存在的主要问题的看法，询问那里的官员有无不当行为。与松筠一样，他也在试探英国人的意图。就像前几次那样，马嘎尔尼认为这种"有关商务"的询问是开诚布公的，因此以同样的方式做了回答。

> 我告诉他，……由于我的请求所遭到的冷遇，我很自然地认为，北京的清廷对英国即使不是不友好的，也是非常冷漠的。如果不是松筠以高度可信的权威尽力把皇帝对我们的赞扬和关怀告诉我，如果总督不曾在我与他第一次见面时就当着松筠的面确认皇帝的看法，那么我就会带着上述想法回到故土(《马嘎尔尼日记》，181；亦参见184)。

由此可以看出，松筠和长麟熟练的安慰举动产生了很好的效果，表明清廷暂时不用担心英国人会有敌对行为。事实上，与松筠和长麟的交谈大大鼓舞了马嘎尔尼，他确信使团的商业活动已经开始，三天后他向长麟提出了对广东贸易状况的看法。他请求变革现行贸易体制。

这些看法前三条谈的是征税问题。马嘎尔尼请求以规范的方式和固定的数目征税，并让皇帝对此有所了解，还请求对澳门和广东之间往返的船只免征附加税。第四条和第六条请求允许在广东的英国工厂之外自由活动，自由出入城市，允许广东的英国商人在贸易船只离开之后依然留在广东。第五条请求划出一处地方，使生病的英国水手可以在那里修养直至恢复健康。第七条和第八条请求允许与"行"之外的商人进行贸易。第九条请求允许英国人学习汉语。第十条建议若有英国人犯法，则只惩处犯法之人。最后一条是"要把英国人和美国人区别开来，后者虽然也到广东做贸易，并且说同一种语言，却居住在世界的另一个地方，属于另一个国家，与英国人完全不同"（《印度事务部马嘎尔尼通信》，20：196）①。

鉴于上述请求中的某些条款已收到过皇帝的答复，而马嘎尔尼竟然坚持不懈又向长麟重新提出来，这实在令人不解。也许他并不认为皇帝早些时候的答复与这些问题有关，也许他觉得既然使团的真正的商务活动最终开始了，他应该重新提出他的基本谈判要求。无论如何，这些请求，伴随着开放更多港口进行对英贸易这一热望，十分简明地概括了英国在中国的目标，这一目标最终在半个世纪后凭借武力，在第一次鸦片战争后得以实现。在此另有一项值得提及，它把这些请求与英帝国的利益，与马嘎尔尼的认识论（epistemological），还有下一代英国人对中国的关注都联系起来。马嘎尔尼"热切地"祈祷中国政府实施更为自由的政策，向好奇的英国旅行家们开放国门，允许自由考察（《马嘎尔尼日记》，199；着重号为引者所加）。

事实上，正是这种"自由考察与好奇"使使团获得了一项卓越的成功。回忆一下，东印度公司曾建议使团收集中国的

---

① 马嘎尔尼到达广东之后，与英国商务负责人就情况进行了讨论，然后修订了他的清单，把它扩展至十六条项目，见《印度事务部马嘎尔尼通信》（92：451－460）。

商品生产资料。尽管中国人又"嫉妒"又"迷信",可是马嘎尔尼不但收集了许多茶和丝的生产情况,还得到了一些茶树的活标本。他仅仅只是向长麟提出要求便获得了这些。长麟注意到英国人"对一切有关自然史的事物都很好奇",因此允准从地里拔几株茶树给他。马嘎尔尼打算把它们送到孟加拉种植(《马嘎尔尼日记》,186)。①

这一事件表明了一种相当有趣的观念对照。先前,在觐见之后,清廷猜测使团的来意在于"刺探情报"。从现有的朝廷记载来看,这是指收集有关清帝国军事力量的情况。朝廷的对策不是隐藏起自己的力量,而是调出驻军,列队于马嘎尔尼所过之处,让他看看帝国的力量如何。而英使对这些军事展示关心甚少,印象不深,只觉得它们是给予大使的一种礼遇(《马嘎尔尼日记》,202)。另外,马嘎尔尼在收集他想了解的有商业价值的信息时,仅仅通过提出要求就轻而易举地收集到了。对于长麟这样的官员而言,给予马嘎尔尼他所感兴趣的"知识",这似乎是善待远人的又一例子,这种善待将带来其他方面的"胜利"。

譬如,12月9日,长麟宣称收到一份上谕(《高宗纯皇帝实录》,1439:13a-15a),其中,皇帝简要评述了迄今以来的会面,并说欢迎英王再度遣使来华。马嘎尔尼请求要一份副本以便翻译成英文(印度事务部马嘎尔尼通信,92:431-

①　亦见《马嘎尔尼日记》(291-303),吉兰博士收集的有关矿产和其他自然资源的资料。茶树被丁威迪博士带往加尔各答,见 Pritchard(1938:501)和《马嘎尔尼日记》(374-375),Cranmer-Byng 的第 57 条注释。尚不清楚是否还有别的东西用于实验。

436），并在日记里写道，皇帝明言未来的任何接触都必须经由广东，暗示他对使团直驶北方，在北直隶港登陆的行为是"不满意的"。马嘎尔尼写道："然而，如果我们当时没有这样做，便不会有今天的成果，正是由于这些做法，我们才掌握了中国东北沿岸的地理状况，获得了关于黄海的知识，在此之前，欧洲船只从未驶进过黄海"（《马嘎尔尼日记》，193）。这段话可能有几分夸张。值得注意之处在于，马嘎尔尼认定他的对抗行为是多么富有成效。比起他在此谈到的知识（其中许多是通过他的自由考察和好奇心获得的），比起获得的中国自然史的样本，比起收集到的商品生产信息，比起价值难以估量的这一切，皇帝的责备又算得了什么呢？换言之，在获取上述这些实际材料时，有一种清晰可见的帝国主义逻辑（imperial project）：把抵赖（他们没有任何理由非理性地对待我们）和对抗作为产生知识的手段，并以这种知识来证明英国人的优越（看来这似乎亦是间谍们最关心的问题）。①

205　尽管英国礼物未能改变满人和汉人对英国人的印象，马嘎尔尼认为上述"胜利"依然很重要。也许没有比与长麟的一次谈话能更好地展示"优越性"的例子了。马嘎尔尼对这次会面的记叙之所以显得分外突出，部分是因为它体现了一种叙事结构，这种结构在19世纪的官方文件和英国帝国主义文学中

---

① 1797年，乔治·斯当东出版了他的见闻，由此，使团获得的有关中国的新知识在欧洲和北美广泛传播。其著作包括一个画册，还有威廉·亚历山大（William Alexander）绘画的印刷版，以及中国沿海航海图和珠山与山东半岛的大量地形图。地形图中有些地方是由马嘎尔尼、斯当东和阿德米拉·高尔（Admiral Gower）命名的。伦敦印度事务部图书馆里收藏有三卷本的亚历山大有关使团的草图及绘画。英国博物馆里藏有两卷本。亦见 Corner 和 Sloman（1981）。

反复出现。换言之，这一事件成为陈词滥调，经久不衰。

12月4日晚，马嘎尔尼与长麟闲聊。几乎没有别人在场，马嘎尔尼注意到长麟的烟筒灭了，便从口袋里掏出"装磷的瓶子"并迅速点燃火柴。马嘎尔尼写道：

> 一个人能把火装在口袋里而不招致任何伤害，这使他非常诧异。于是我向他解释了这一现象，并将瓶子赠送给他。这个小小的插曲使谈话转到其他令人好奇的事物上。从谈话中，我们可以感到，中国人在医药、外科技术和哲学知识方面与其他国家相比是多么落后啊（尽管他们在机械学的某些分支方面还是很出色的）（《马嘎尔尼日记》，190）[1]。

于是，马嘎尔尼变成了一位老师，详细地解释西方世界的种种奇迹。至于反应，长麟及其同僚们"仿佛从梦中惊醒，朝廷竟然对我们的发明抱以冷淡和漠然，对此他们无法掩饰他们的遗憾"，所有这些加深了马嘎尔尼对他们的看法，更重要的是使他更加清楚中国的问题所在。他写道，在康熙时代，思想较为自由，但从那以后，有了明显的变化。如今的朝廷，猜疑革新，不遗余力地"抑制人类知识的进步"。不过，马嘎尔尼还是比较乐观，他确信任何阻止进步的努力最终都是徒劳的，因为人类有向上的天性，有"共识"。值得注意的是，他 206

---

[1]　一个例外是"水力学"，关于这一点马嘎尔尼有过许多评论，见《马嘎尔尼日记》（272-274）。

的"有见识的"普遍性并未把这种"共识"排除在中国人性格之外。换言之，对普遍人性的承认，使他得以：①怀疑"满清政府"是否能长期"抑制汉人子民的生机活力"，②确认英国人与中国人之间有共同性：两者都很自负。(《马嘎尔尼日记》，191 和 215)。

正是在这个简单的事件里，马嘎尔尼演示并说明了，而长麟也认识到并承认了英国在技术方面的优越性。于是，帝国主义逻辑就建立在一种不可避免、不可怀疑的确定性之上。即如马嘎尔尼所写的，"我们当中更优秀的那一部分人拥有的更好的知识将平息他们的忧虑，削弱他们的成见，改变他们的坏印象"。就像一种自然的力量，有关公共领域性质和价值观的知识将提供一种必要的升华，使中国人能够克服他们的"嫉妒"，使英国人能够抛弃他们"对别人的轻视"，使两国人民都认识到他们是"由同一种材料做成，受同样的情感支配"(《马嘎尔尼日记》，215)。肯定共性的同时又保留英国人的优越性，这就是马嘎尔尼最终认为使团访华是成功的原因。

1793 年 12 月 19 日，使团到达广东，长麟、郭世勋、粤海关监督苏楞额设宴款待。在这段时间里，长麟一一答复了马嘎尔尼的十一条请求和在广东提交的另外五条请求。第一，他暂时削减了广东与澳门之间的税收，并解释为什么朝廷不能固定征税。他亦答应公正对待英国商业事务负责人，更多地与之交流，他看来似乎赞成为海员建一个医院，允准中国人给英国学生教授汉语。他还补充说，现在官员们将注意区别英国人和美国人（Fu，1966，1：327 - 331，和

Pritchard，1936：366）①。

种种成功使得马嘎尔尼在向伦敦汇报时，强调如下目标均已实现，即使中国人更确切地了解英国人的国民性格，获得有关中国的更多有用的知识，以便英国政府、东印度公司和英国公众能够派上用场。譬如，12 月 23 日马嘎尔尼从广东给亨利·邓达斯写了一封信，信中清楚地说明，尽管他怀疑在北京有种种针对英国使团的阴谋活动在进行，尤其是考虑到福康安对英国人在孟加拉的情况的歪曲描述，他十分肯定地认为，直接面见皇帝已产生一系列好的结果，尤其可获得应邀派遣第二个使团入华的机会。他建议英国政府抓住机遇另派大使去北京，两者都要在他的成功基础之上再做工作，并纠正有关对英国人在孟加拉的情况的诽谤（《印度事务部马嘎尔尼通信》，20：191－194）。

同一天，他给东印度公司写了一份冗长的报告，详细地说明他已完成的一切。马嘎尔尼除了谈到他成功地得到了茶树、桑树和蚕茧之外，还提到许多令人鼓舞的迹象，这些迹象表明英国有可能在中国扩大贸易。尤其令他兴奋的是，诸如"羊毛袜"之类的优良的英国羊毛制品有希望进入巨大的中国市场。同样令人激动的是，看来中国人理解劳动分工的好处，两国的劳动成本相等，这使东印度公司经营的中国商品有利

207

---

① 另外，1794 年 1 月 1 日，长麟宣布了两条规定。尽管官方记载里一条也没有，英译本却承诺将严厉惩处敲诈勒索欧洲人的行为，见《印度事务部马嘎尔尼通信》（92：467－486）。

可图。① 并且，中国人与欧洲人不一样，对用金银交换自己需要的商品并无成见。上述因素有助于扩大对华贸易。马嘎尔尼指出，如果进入中国的商品生产区，则能获得最大的好处。而如果东印度公司能够控制英国海员的行为举止，那么他认为进入商品生产区是完全可能的。这样的控制是非常重要的，因为中国的专制政府忌恨任何有可能危及它的臣民的安定和服从的行为。同时，一些官员能够接纳英国人。马嘎尔尼已教过广东官员如何区分英国人与美国人，现在中国人把美国人称为"扬基人"（《印度事务部马嘎尔尼通信》，20：203–211）。

马嘎尔尼获悉英国和法国正在打仗，于是转而留意确保广东附近有足够的海军力量以便保证使团安全返回英国。在准备行程时，马嘎尔尼决定依靠他所感觉到的和长麟之间业已存在的友谊。1月8日，他邀请总督及其他官员到英国工厂与他和东印度公司负责人共进早餐。清廷官员答应允许英商进入并予以特殊待遇。同一天晚些时候，王和乔含着眼泪，带着一种只可能出自"真诚和正直的心灵"的"深情和关切"告别使团（《马嘎尔尼日记》，216）。1月15日，马嘎尔尼离开广东前去澳门，广东驻军列队相送。同以前经常发生的一样，他以矛盾的口吻结束了他的日记。与中国接触所获得的知识使他确信"没有比用欧洲标准衡量中国更荒谬的事了"。同时他本人并不"自诩"他的记载"可以为他人提供帮助或娱乐"（《马嘎

---

① 1794年1月，马嘎尔尼从澳门写信给孟加拉总督约翰·肖尔（John Shore）爵士，信中马嘎尔尼对英国贸易的前景不甚乐观。他列举了许多"阻碍"英国产品进入中国的因素。其中包括：皇帝年事已高，不愿改革，政府小心谨慎，在听到法国大革命的消息之后更是如此，见 Pritchard（1938：498–499）。

尔尼日记》，221 - 222)。但一个文学俱乐部成员的这番话在多大程度上能当真呢？

有关马嘎尔尼起程的奏折似乎经过一星期左右到达北京。1794 年 1 月 25 日，军机处正式宣布帝国的宾礼过程结束：英国人已离开清帝国返回故国了，获悉英国和法国正在打仗，军机大臣们似乎终于明白了英国人的来意。他们认为，也许他们旨在寻求抗法的盟军(《宫中上谕》，QL 58.12.24，68：207 - 212)。不过既然最高君主乾隆皇帝怀柔远人，一视同仁，那么清帝国绝不可能与英国结成联盟去打击法国。

209

第九章　宾礼与外交

　　清帝国的宾礼和英国外交礼仪，两者都体现了旨在组织各领土之间和强大的帝国构建内部的政治关系的活动。两者尽管达到目的的方式不同，其预设和实践却有着同样普遍的诉求。并且，清廷和英国使团成员均对如下事实感到某种程度上的满意，即他们的产生权力关系的模式已揭开或探知了对方的力量与弱点。但是，无论哪一方都不能过多地偏离各自关于构建世界的实践的观念，也没有理由期待他们这样做，尤其是，清廷统治者和马嘎尔尼勋爵会面之后彼此都觉得对对方的了解远胜从前。然而，双方对势态的评估却大相径庭，都隐隐感觉到如果接受了另一方的主权观念，则自己的诉求就会遭到重大损害。

　　马嘎尔尼勋爵对构建外交关系的礼仪和事涉商业交换的商务有所区分，而清廷的观点则是以礼仪来构建帝国统治权，两者绝非轻易能取得一致。马嘎尔尼所运用的基于个人理性的认识论，与清廷沿中线而行的过程——在此过程中，涉及众多参与者与时段的各种行为，经由多个代理人做出评估，从而产生知识——这两者无论如何是不能相互包容的。行为方式和评价标准的不可比较性产生了两相对立的政治差异，只有一方把自己的观点强加给另一方，这种差异方可消除。马嘎尔尼给乾隆帝的礼物是上述差异的焦点。

英国大使表述了普遍的商业结构和国际关系，作为这种声称的一部分，他试图把英国皇室与东印度公司，把他们给乾隆皇帝的礼物与东印度公司想在中国进行贸易的商品区分开来。在区分时，马嘎尔尼赋予前者源自并超出物品"市场价值"的意义。清廷把这种策略解释为一种对优越性的声称，并视之为"傲慢"和"不真诚"。在觐见诗和给乔治三世的上谕中，乾隆皇帝区分了礼物本身的珍贵和马嘎尔尼对礼物的不恰当的评价。

弘历在这些文书中所做的区分至少有两个明显的效果。第一，他把使团带来的礼物与英国人在广东做贸易的货品区分开来，区分的标准不是物品的种类不同，而是行为方式的差异。换言之，朝廷既未把礼物视为科学成就的表述，也未把礼物视为商品。这使弘历依然认为帝国赠礼和地方特产（方物）体现了当地人的性质特征，只有在它们出现的特定的语境中方可加以辨别。也许，长麟出于同一逻辑，才会允许马嘎尔尼从中国带走一些茶树、桑树和蚕茧。作为当时最负有怀柔远人之责的官员，长麟并不把马嘎尔尼要求的东西视为商品，而是视之为赠给英王的臣仆的合适的礼物。第二，从用处这一角度来考虑英国礼物，朝廷认为某些技术造成了一种威胁，譬如说"狮子"号上的火炮。这不是因为火炮本身十分危险，而是因为它掌握在英国人手中。这也许可以解释英国人的叙述：弘历一方面对"君主"号战船模型感兴趣，一方面又把礼物斥为适合小孩的玩具[1]。

211

---

[1] 见 Waley - Cohen（1993：1534），引用了 Staunton 和 Proudfoot（1868：53）。

英国人将"礼仪性"的活动和以理性为中心的谈判区分开来，这使会面更趋复杂。朝廷视宾礼为一种持续的天衣无缝的过程，有着明晰的开端和结束，因而无意将其划分开来。既如此，马嘎尔尼反复要求谈论使团的商业使命，在朝廷眼中，这恰是这帮与众不同的西洋人傲慢无知、无礼纠缠的又一例子。

会面中不可调和的差异也是由双方在构建等级关系方面相反的看法构成的。清帝国认为，通过复杂的不间断的对话，可以将藩王的权力包容进皇帝的统治之中，以此构成上下级关系。而在英国人已经归化和正在归化的话语中，对代理人而言，优等与劣等是内在的、固有的，为其天性所使然。在相互承认主权这一层外衣之下，不证自明的优越性依然会显现出来，种种好处会沿着自然而然的方向，从较高者流向较低者。现在我打算依次谈一谈这些不同的权力观念，从讨论清代宾礼与统治权开始。

第一节　宾礼与清帝国的形成

将宇宙秩序原则嵌入较高层次的礼仪，依据这些秩序原则来组成等级关系（终清一代，英帝国的代表们对这种关系一直知之甚少）。在此过程中，清代宾礼一直以如下方式保持着各藩王的特色，即承认他们在自己王国内的恰当统治，而且把这种统治视为最高君主德行与恩泽在世界范围内的延续。清廷坚持在这样的原则下来包容并定位差异，这可以被看作清廷对现实世界社会政治状况的独一无二的应对之策，这种应对之策承认各领土之间的关系的模糊性，对待亚洲腹地诸国尤其如此。对于这种模糊性，宾礼并不掩饰，而是予以评释。英国使团访华时，最能体现这种最高君主、藩王关系的，乃马嘎尔尼勋爵在热河觐见皇帝那一幕。

觐见中，皇帝及其大臣们总结了清帝国与英吉利王国会面的性质，因为它在沿中线而行的过程中已突显出来。这种总结把迄今为止出现在两国关系中的重要因素纷纷转至一个空间，在那里，世界的现状与清统治权的历史融为一体，这样，就产生了一种最初的时间上的高潮（initial temporal culmination），换言之，会面的特色，从原来所具有的明显的历时性（致意与准备），呈现为共时性（觐见）。 212

这表明清帝国最高权力的形成并不仅仅是关于转化当前世界的对话，还是皇帝与他的祖先的对话（通过在太庙里宣誓来保持）。这种不断进行的对话使当前的最高君主得以汲取历代君主的驭政经验并再次得以定位。通过编纂文书（调查并编纂统治者和当今皇帝的行为，并重修礼仪），依据对当前世界状况的适合程度审视原有的程序，从而把帝国列祖列宗的做法融进当今皇帝的统治中（类似于对藩王统治权的融合）。①

---

① 《皇朝文献通考·王礼》的序言里有一篇文章澄清了帝王领地的建立与礼仪文献的编修之间的关系，见（125：2a）。下面就是有关这一关系的诸多方面的一个例子。

世祖（顺治）统一了中国及其外部，确立了正确的礼仪，并制定了恰当的朝廷音乐。他详细研究许多适合过去和如今情况的规则。在考察了前代变化和不计其数的文本以后，他为明智的朝廷创立了一套新的制度。

该段汉字原文是：世祖一统中外，制礼作乐，参酌古今之宜而因革之，省前代之烦文，布圣朝之新宪，巍乎焕乎仪文大备。——译者注

继任的皇帝再根据形势需要对礼仪文献进行新的扩充。《皇朝文献通考·王礼》部分，在序言之后，继续以冗长的篇幅谈到了在乾隆皇帝之前各代对礼仪所做的修正。

在把过去融入现在的同时，还涉及未来。英国使团的第二个重要意义在于它构成了一个先例，一个包含并替代 1753 年（乾隆十八年）葡萄牙使团的先例。马嘎尔尼离华的同一年，巴达维亚的荷兰人，派遣由 A. E. 范·布拉姆（A. E. van Braam）率领的使团去北京。这次英国使团的先例派上了用场。他们到达时正值新年，并非为参加皇帝的生日庆典而来，荷兰人的经历与英国人有所不同。乾隆皇帝邀请他们到他的住所——"紫禁城"里的宁寿宫，在那里他们观看了戏剧。乾隆帝还允许他们在保和殿觐见，并在中南海紫光阁再次觐见。荷兰人的待遇可以被视为一种特殊恩典，这与他们在清代其他皇帝在位时曾遣使来华有关。① 对他们的接待，部分借鉴了最近一次接待欧洲人使团的经验（《宫中上谕》，QL59. 12. 1，71：1）。除了其他事情之外，清廷还根据有关英国使团的接待记载来确定对荷兰人的帝国赠礼。

1816 年（嘉庆二十一年），清廷接待了阿美士德勋爵率领的第二个英国访华使团，马嘎尔尼的先例对这次接待亦很重要。即使粗略浏览一下对这次接待的记载，也能发现它是以对马嘎尔尼使团的接待为指南。② 与第一次接待英国使团时相比，除了对第一次使团的印象之外，还有一个影响因素是广东的英商正与地方官发生冲突，这使朝廷决定不再遵循马嘎尔尼

---

① 见 Duyvendak（1939：61 – 66）和 Fu（1966，1：332 – 334）。下列事实可以证明使团被人遗忘的程度，即 1900 年八国联军入侵北京走在错综复杂的宫中时，许多外国人认为这是"白种人"首次进入这些"神圣"的地方。见 Havia（1990b）。

② 见《文献丛编》中有关马嘎尔尼使团的资料（10：1 – 2）和（11：13 – 40）。Fu 提供了《嘉庆皇帝实录》中相关资料的译本。见（1966，1：402 – 407）。

使团曾经历过的觐见程序。尤其是，使团的觐见准备工作更为
严格，朝廷是如此慎重，竟发给阿美士德一份有关他即将参加
的觐见的书面说明①。

另外，嘉庆朝廷似乎很关注早些时候礼仪中的特别之
处，如我们所知，在那时，马嘎尔尼把英王的信函呈给皇帝
时，他是单膝下跪的。而这一次三跪九叩之礼不再变通，引
导使团入朝的官员要示意大使行这套礼仪。据阿美士德的叙
述，使团急急忙忙被带到北京，立即准备觐见皇帝。匆忙之
中，使团分散，阿美士德找不到国书了。阿美士德怀疑中国
方面有不良动机，因而以疲劳为由请求推迟觐见。他亦拒绝
与高级官员的会面，在那次会面中，有太医赶来为大使诊
病。第二天，当阿美士德准备好觐见时，他被告知使团已接
到命令离开北京。②

阿美士德使团的记载表明，朝廷念念不忘马嘎尔尼使团留
给他们的印象，譬如说，英国人不理解恰当的礼仪关系。这种
印象源自许多事情，如，马嘎尔尼到达热河时，以生病为由拒
绝参加与高级官员的会面，还有马嘎尔尼不了解朝廷的礼仪，

214

---

① 文本可能摘自《大清通礼·宾礼》或者摘为马嘎尔尼使团安排的觐见礼节
（见第七章）。一个可能出自乔治·斯当东之手的英译本见于印度事务部阿美士
德通信，197：321－327，和 Elliis（1817：497）。Fu 著里引自《清嘉庆朝外交
史料》的资料表明，有关马嘎尔尼使团的记载一定被查阅过，见 1966，2.：
618n. 200。

斯当东年少时就随同父亲参加马嘎尔尼使团，后来又在澳门居住多年，精
通汉语。见 Cameron（1976：316）。清廷注意及此并怀疑斯当东是澳门麻烦的
根源之一，见《文献丛编》（10：9b）和 Fu（1966，1：394）。

② 见《印度事务部阿美士德通信》（197：285－291）。Fu 认为使团的失败主要
原因在于乔治·斯当东，见（1966，2：619－620n. 205）。

拒绝服从朝廷对他的诸项请求的种种答复。由此，不难理解为什么阿美士德的觐见被取消，因为涉及贡使的忠诚的一系列问题再度出现。像其父一样，嘉庆皇帝接受了英王的礼物，同时，在给乔治三世的敕谕中清晰地把贡使与英王区别开来（Fu，1966，1：404－405）。

215　　　打发走阿美士德使团之后，皇帝意识到有关官员对待英国人的不当行为。① 譬如，皇帝不明白既然贡使不乐意遵守必需的礼仪，为什么还要带他到北京来呢。另一个令皇帝诧异的是，官员们未曾告诉他，贡使拒绝觐见的原因之一是礼服尚在行李中，还未送至北京。负责此事的官员遭到惩处，皇帝草拟了一封敕谕给英国人，澄清了他的官员对待使团的不当行为（Fu，1966，1：405－407 和《印度事务部阿美士德通信》，197：335－338）。

　　　清廷与大英帝国的第二次接触促成了某些有关沿中线而行进程中的代理人及其行为的普遍看法。沿中线而行是通过多个代理人的行为来构建庞大复杂的等级关系的一种方式，这些代理人既不是单一的个人，其行为在严格意义上讲也并不出自自愿。这种过程之中的行为是依历史事件及当时当地特定的参与人而定的。换言之，等级关系中的每个位置都是独一无二的（但这种独特性不同于个人的独特性），只有在诸位置相互构成的实践中，才会如此。在构建这些服从性位置的过程中，很重要的是，通过消除在好事之中存在的不恰当的行为，或者通

---

　　① 这些官员中的一位是苏楞阿，马嘎尔尼从北京返回广东时，他任海关总督。值得回忆一下一位官员获得某一职位需要相应的知识和经历。但很显然，知识和经历并不足以保证他能灵活恰当地处理事情。

过奖励或惩罚按照正确的方向引导出恰当得体的行为。

在这一幕中，每个参加者都必须依据他的位置去观察和行动。譬如，宾礼中，皇帝坐北面南，对臣下发出指示和劝诫，表达珍爱之情，进行奖赏，接受臣下虔诚的贡礼，听取情况汇报、建议和要求。这些都是附属于他的位置的任务，这个位置的诸多方面可以被视为理所当然；其中，突出的一点是皇帝驾驭帝国的精湛技巧。皇帝帮助开始了礼仪过程，他的适时适当的介入对于引导礼仪过程的发展方向是至关重要的，特别是当其他精于此道的官员有不当行为造成失误时，皇帝尤其要介入以便予以纠正。

由此可以设想，皇帝所处的位置与其他参与者的不一样，是唯一全盘掌握整个礼仪过程活动的位置。从这个有利的位置出发，可以就参与者的行为及其意料之外的结果进行观察，必要时予以纠正。这表明他所选择的介入之处对于特定的礼仪过程是非常重要的。换言之，既然宾礼并无通例，既然所有的行为都取决于具体的实际表演，那么正是皇帝本人对介入时间的选择和导向产生了帝国与藩王之间特定的会面。

皇帝的臣下们略有不同。他们的任务亦依各自的位置而定，他们的行为也会影响沿中线而行的过程，然而他们对全局的看法受到自身所处的位置的限制。譬如，回忆一下关于调查船只那一节（第六章第六节）。换了别的情况，长麟可能会因为向皇帝报告马瑜的行为而受奖赏。但是，在那种情况下，他的不当行为促使皇帝明白地提醒官员们不要忘了自己所处的位置及其职责（嘉庆皇帝对臣下亦有类似的劝诫）。然而，在归为"好事"一类的事情中，当长麟的行为符合帝国的意图时，

216

他就会得到表扬、奖赏甚至提升。

清英第二次会面亦有助于澄清早些时候有关"模式化"话语的看法，尤其从双方的信函和毋庸置疑的关系这一角度来看，正是基于这些信函和关系，朝廷在觐见之前就把阿美士德使团打发走了。阿美士德使团受到的待遇突出地表现了宾礼在构建各领土之间的关系中的重要意义。如果把礼仪活动视为一种过程，在此过程中对藩王使团做出评价和区分，并把它融入包容性的、涵盖宇宙与先祖的帝国统治权之中，那么，礼仪就完全是一种具有历史意义的活动了。对这些过程的更为广义的理解可以避免把礼仪具体化或抽象化，并且使下述断言看起来不那么有道理，即 19 世纪清帝国与"现代西方"的冲突，根本原因在于"中国文化"和"西方商业"之间的不相容。

在当前与过去的帝国构建之间的自觉的反省式的对话之中，乾隆皇帝的统治体现了满族内在的足以"君临天下"的道德力量。乾隆帝借助礼仪活动组织满族统治权，声称拥有最高权力。然而如果藩王具备类似的条件（如礼仪），就能对这种声称提出挑战。在固有的政治礼仪话语的语境中，乾隆皇帝 217 资助的礼仪指南编撰（同其他的各类文本一样）在历史上的定位具有额外的意义。① 实际礼仪活动与编撰礼仪文献两者的结合可以被视为对东亚政治状况所做出的特定回应，借之提出诉求，在世界的空间上（如满族的统治区域及其外围附庸国）

---

① 下列文献可以被加入第二章所谈到的工程：《钦定大清会典》（1761）、《皇朝通典》（1785）及《皇朝通志》（1785）。Zito 曾广泛地讨论过文献和礼仪部分。见 1989 年、1993 年和即将出版的作品。

和时间上（如连接过去的统治和未来的和平与繁荣）都建立
起秩序。

第二节　马嘎尔尼勋爵与外交

马嘎尔尼勋爵总结道，英国外交礼节和公共领域话语结合
在一起，带来外交的胜利，这种胜利尽管不彻底，却开始了一
个最终会产生惊人成果的历程。① 1794 年秋天返回英国后，马
嘎尔尼和英国国务大臣亨利·邓达斯便迅速行动起来，以巩固
与清廷会面所获得的成果。最初他们打算派乔治·斯当东爵士
以国王公使的名义去清帝国朝廷，但后来因为他生病而不得不
放弃这一计划。最后，他们于 1795 年春天送去许多信件和礼
物，到达中国时已近当年年底。这次交流特别有意味，因为它
包括一些新的有用的"知识"，它们被认为是由使团在与中国
官员的交往中积累下来的。

使团一共发出了五封信，每封信都是英国官员写给他认为

---

① 不过，在英国，并非每个人都同意他的看法。见 Pindar（1794 – 1795，3：
265 – 307，409 – 473）；M. Thomas（1794）和 Winter Bottom。他认为就使团的
筹划而言，"若是与印度人的国家或非洲小王公而不是中国政府"打交道，要
取得成功，可谓绰绰有余，因为要使北京的朝廷震慑于西方的光芒，还需要做
很多事 [1795，引自 Pritchard（1936：374）]。马嘎尔尼的仆人安利斯·安德
森（Aneas Anderson）的叙述增加了前述看法的分量，他说，使团进入北京像
"乞丐"，待在北京像"犯人"，离开北京像"流浪汉"。（1795：181）
对使团更为支持的分析见 1794 年 8 月的《绅士》杂志（Gentleman's Magzine）。
它把使团收效甚微的原因归于印度土著王公，这些王公警告中国人说，一旦英
国人在中国插进一只脚，他们就会"为自己建立一个庞大的帝国"（64：
708 – 710）。三年后，乔治·斯当东出版了有关使团的著作，《年鉴》杂志
（Annual Register）发表了一篇同样充满同情的评论（1797：473 – 479）。

218

与之地位相当的，与马嘎尔尼交情甚好的中国官员的。每封信
都采用了个人式的，亲近的口吻，意在表明马嘎尔尼开创的更
为友好的关系。最先是英王给皇帝的信，其中表达了对盛待使
团的感激之情。"礼仪性"的开场白之后，转而谈到重要的
"实质性内容"，澄清了英国在孟加拉的势力范围与中国在西
藏的领土之间的情势，最后承诺很快派一名英王的代表去广
东，一旦皇帝愿意接见，就立即前往帝国宫廷。继国王的信函
之后，是邓达斯和马嘎尔尼给长麟的信，东印度公司负责人给
长麟和粤海关监督"伯和"的信。每封信都以书面形式确认
了马嘎尔尼与广东官员之间的谈判成果（《印度事务部马嘎尔
尼通信》，93：327 - 330 和 345 - 374）。

印度事务部的记载里有一份未署名的指示，谈到了对信函
的处理，每封信都被译成了拉丁语和汉语。指示认为，译本必
须有英王的印鉴，以便显得"更权威"，接着又写道：

> 英文原版和拉丁及汉语译本应装在一个黄色的丝质小
> 袋子里呈给皇上，袋子的大小刚好能装下信函，为避免被
> 弄脏，外面用黄色的纸或亚麻布包一层，把这个只装了用
> 三种语言写成的信函的丝质袋正式地送到总督那里，当着
> 他的面由公司驻广东的负责人拆开外面的包装。
>
> 给总督的信可以放在一个绿色的丝质袋子里。中国人
> 认为，东西越小越精致（《印度事务部马嘎尔尼通信》，
> 93：361）。

英国人对礼仪形式的关注通过真实地体现大使眼中重要的

中国特征而表现出来。因此，以一种令人忆起皇帝给英王的信的方式来装好信函，把信译成多种语言，设想能给清廷留下深刻的印象，所有这些都是为了在英中之间建立平等交往关系，并由此确立主权平等。随信而至的礼物是这个过程的延伸。它们被分为两组，一组给皇帝，一组给总督及广东的伯和，并且按性质和官衔划分级别。 219

总之，与皇帝和广东官员的交流，旨在延续使团所相信的由它开启的与清廷之间的对话，并确认由合情合理与中国人打交道这种可能性产生出来的乐观情绪。就像使团本身一样，这种交流是围绕已被使团确认的有关"东方"朝廷的设想建立起来的，还包括了由马嘎尔尼勋爵细心观察、细心记载而积累的新知识。

然而，当更多的信于1804年和1811年送往中国时，国王的特使却并未派出，马嘎尔尼眼中的使团的成功并未成为追逐的目标。在好些年里，英国政府如以往一样，关注着欧洲大陆革命形势的发展，而没有派出另一个访华使团，直至1816年才又派了阿美士德勋爵率团访华。那时，似乎由马嘎尔尼取得的优势已不复存在。如上所述，嘉庆朝廷回顾了有关英国使团的历史记载，考虑到广东的紧张局势，对宾礼的问候和准备阶段做了相应的安排。

第三节 一次交锋

在许多方面，第一个英国使团访华堪称里程碑。清帝国在它与西洋人的接触中，第一次感到需要认真对待这些特殊的远人。看来，英国人不同于葡萄牙人或荷兰人；第二年荷兰人来访时，完全遵循朝廷礼仪，这使清廷尤为深切地感受到英国人的不同，然而，即使朝廷对英国人的技术和商业感兴趣，也很难说清帝国就完全预计到了英国人当时造成的威胁。但是，马嘎尔尼勋爵也没有意识到这一点。彼得·马歇尔关于马嘎尔尼不是巴麦尊爵士（Lord Palmerton）的看法，也指出了在1793年与1839年之间存在某种历史的不连续（1993：29）。

220

　　19世纪浮现出来的英国帝国主义打破了许多旧规则，尤其是在中国问题上。英国在中国所推行的殖民策略，依靠并受到技术革新的推动。蒸汽船、铁路、电报、速射武器这些东西没有一样是乾隆时代的中国或马嘎尔尼时的英国曾有过的，它们使得19世纪的英国人不但可以另外的手段来实现马嘎尔尼的目标，而且避免了建立某种政治结构的费用。在侵略印度时，这种政治结构曾是必要的。同时，伴随着前所未有的进入中国的程度，还有一种新的殖民渗透形式，那就是系统全面地收集有关中国的知识，其中许多是清廷的文献资料，用以了解清廷的政治状况（见Hevia，1994d）。先进的技术加上全面的知识，使得英国人能够不采取直接政治控制就能殖民中国。

　　然而，18世纪晚期的会面，在某些方面也预示了乾隆时代与19世纪中期的某些连续性。譬如，觐见问题就是很明显的一例。放弃让英国贡使磕头而改行单膝下跪之礼，这使人想到一个问题，在英国人和中国人的眼中，觐见礼仪中的身体动作究竟有什么意义呢？对马嘎尔尼来说，礼仪动作的意义比不上某些外在的象征性的参照物。一方面他将许多日常礼仪斥为

"行为把戏"(《马嘎尔尼日记》，222)；另一方面他又把"跪拜礼"视为表达政治互惠的一种可能的方式，因此他建议清廷官员在乔治三世的画像前行同样的跪拜礼。马嘎尔尼将礼仪与"商业"区别开来，尝试在礼仪上达到对等，这样做有违这一臆断：国家主权是固定不变的事物，或具有某种与（实质上任意的）礼仪象征对等交换的意义。这种身体动作的象征一旦互换，就只能指陈外在的普通现实，即主权国家的对内统一和对外独立。至少在理论上，无论互相行磕头之礼还是单方行"英国"之礼，对马嘎尔尼而言，都是某些普遍事物的表述，都是国家关系自然秩序的相互认可而已。我认为，对于外交活动中身体动作的这种观念在英国人或其他欧洲人那里一直持续到 19 世纪甚至更长的时间。更重要的是，与清廷的交往使上述想法政治化，并使双方目标产生对抗。

221

如此看来，马嘎尔尼或任何其他欧洲外交家在皇帝面前的身体动作不能被视为有如下含义，即这些动作将构成并持续某种关系。它仅仅只是表示或表达这样一个不争的事实：英国和中国这两个国家在那一刻通过"礼仪"实现了主权的相互承认。只有完成了这个任务，使团才能进行"商业"活动。因此，单方面的磕头是十分危险的，因为它意味着效忠于一个并未获得相互承认的国家，这或许已损害了马嘎尔尼所代表的国家的对内统一和对外独立的主权形式。这样，他的使命将在满怀热情刚开始的那一时刻宣告终结。

由此，马嘎尔尼觐见乾隆皇帝还有两个方面值得重视。第一，回忆一下马嘎尔尼的叙述，递交了国王的信函之后，他以观察家的身份看到那天的活动极为盛大。马嘎尔尼并未意识到精心准备的"觐见"不仅是人的出席行为，更体现了一种宇宙秩序。他认为在外交上已经发生了从礼仪向"商业"的过渡。因此，在他的叙述中，他把他带到中国的某种预设应用到觐见者身上，这种预设即亚洲人喜欢壮观华丽，中国人以"外表"衡量人，皇帝实行专制统治。第二，他"成功"地改动了某些觐见礼仪，这使他确信，他看到的礼仪大部分是为愚蠢软弱之辈而设立的，如果遇到强硬而有见识者，中国人所谓的"亘古不变之法"亦会有所变通。

马嘎尔尼对礼仪的观察，成为 19 世纪英国人的主要话题，并且在当代的有关阐释中依然可见。历史学家们一直把礼仪从清的统治技巧中划分出来。他们重复着马嘎尔尼的看法，认为清廷在处理与西方国家关系时，尤为注重礼仪一类的外在表现（见第一章第四节）。正是这种对幻觉的依赖导致清廷在第一次鸦片战争后不能创造性地应对西方的挑战。

在本书中，我努力要做到的就是对上述观点提出异议，尤其是反对他们把中国文化与清帝国，"西方"与英帝国主义混为一谈。事实上，我试图把乾隆朝廷与英国人的会面重建为两个扩张性帝国的会面，各方均有自己的关注所在，各方均有自己的安全要求。

在考察清廷的相关记载时，我的重点是乾隆帝及其重臣组织复杂的帝国力量的方式。他们对待英国人造成的或与英国人有关的问题（如西藏喇嘛），不是简单地划分头脑与身体、理性与非理性、宗教与世俗、统治技巧与礼仪活动，而是运用种种方法手段，在一个不断变化、难以最终确定的世界里组织政治权力系统。他们的解决之道是丰俭适中，在已有的模式之中操作并有所超越，努力引导行为远离极端，趋至时空上的清澈明晰之一点，而不管事情的发展最终会有什么始料不及的结果。

朝廷依循丰俭适中的原则，在接待使团的过程中，就礼仪过程、朝廷官员的行为举止、英国大使及其随从人员的态度等问题做了一系列的决定。清帝国代理人还据此原则对英国礼物做出了不同的评价，提出其中一些礼物的微不足道和另外一些礼物潜在的危险。

清廷组织这次会面的方式亦有其他含义。礼仪文本里压倒一切的重点是正式礼仪场合中身体的位置和行动，这意味着礼仪活动以一种影响重大的方式构成了宇宙—政治秩序。要求清廷官员对着英王画像磕头，而且是在正在进行的礼仪过程之外，这种行为很自然会被视为荒谬。但是，朝廷亦必定会包容和区别对待英王及其王国或者就此终止礼仪过程。马嘎尔尼到达热河之后，和珅和其他大臣已确定他十分忠诚，所以弘历犹豫着终究没有取消觐见。相反，他和他的顾问们乐意在觐见中接受英国贡使行英国礼节。允许马嘎尔尼行单膝下跪之礼，这是清廷区别对待英国贡使的又一标志，但马嘎尔尼的行为依然被理解为一种恰当正好的空间上的铭文（inscription），实现了最高君主—藩王的关系。在构建这种关系时，下跪、磕头完成了包容与区别对待，它暂时把英王的力量纳入皇帝的统治之中。

马嘎尔尼觐见十分清楚地表明，在某种程度上，清廷乐意改动礼仪以便建立最高君主与藩王的关系。磕头要求可以被放弃，只要其他礼节能够达到同样的目的，这就引出一个有趣的问题，即清英在 19 世纪的冲突究竟是什么性质？是否应该重建思考两种礼仪模式的差异带来的种种争执：一方在宇宙—政治帝国构建中借含义丰富的礼仪活动来建立权力关系，另一方则以"象征性"的表述来表达或反映在一个主权国家各个分立的世界上明明白白存在的现实的权力关系。

224

第十章 从事件到历史：中西关系史上的 马嘎尔尼使团

马嘎尔尼在《中国观察》（*Observation on China*）一书中总结道，使团的成果之一是"中国以前从未有机会了解我们，而现在终于有了，这必定会使他们在将来以恰当的方式看待和对待我们"（《马嘎尔尼日记》，213）。如上所述，马嘎尔尼在某种程度上是对的，但又不全对。然而，尽管这一看法似乎有点一厢情愿，不切实际，尤其是与清对使团的评价相比，但这一事件后来在欧洲、北美和中国引起的反响是相当大的，围绕使团的意义，产生了许多阐释和评价。在这一章里，我打算探讨有关马嘎尔尼使团的史学研究中的某些主题。

这样做的主要目的之一是动摇材料（事实）与阐释之间的众皆认可的关系。我最注重的是那些与本项研究特别相关的某种遗忘或抹杀。我想要说的这类问题的一个例子是1860年英国军队进入圆明园时发生的事。英军在大肆抢劫中认出了马嘎尔尼送给乾隆皇帝的马车和火炮。关于马车，以后再无任何消息，而火炮则被运回它的生产地——伍尔维奇－阿塞纳尔

（Woolwich Arsenal）。乔治三世送给乾隆帝的礼物又被拿回来，这表现了对使团的特别的评价——也许，使团是一个令人难堪的失败，只能用英国的武力予以挽回，或者说使团表现了一种愚蠢，竟以为中国统治者会积极地回应这种外交姿态（见Hevia，1994a）。因此，在大多数有关中西关系的论述中，没有谈到对礼物或者更确切地说对许多礼物的兴趣是如何形成对有关事件（如马嘎尔尼使团）的历史回忆的。在这个意义上，重建过去并不仅仅是发掘新证据，运用新方法或者揭示从前的偏见。它也意味着介入所有学术研究都要卷入的知识的产生与传布（distribution）的政治之中。因此，问题不在于叙述时少一点偏见或少一点意识形态色彩，而在于如何依据多种阐释立场和我们每天面对的权力结构来定位我们自己的史学研究。首先要做的是批判性地评述现有的讨论，或者说，在本项研究的语境中，解构历史话语的重构。

第·节　作为清帝国先例的英国使团

如前所述，乾隆朝和嘉庆朝都把第一个英国访华使团视为安排世界秩序的过程的一部分。清帝国影响力遍及亚洲东部和亚洲腹地，清廷借产生宇宙—道德秩序而声称拥有最高权力，而在这一种秩序产生的过程中，使团的到来具有突出的地位和明显的作用。正是在这种意义上，使团到达清廷构成了清廷接待西洋大使的先例。1794 年造访的荷兰人和 1816 年造访的阿美士德勋爵均是如此。同时，马嘎尔尼访华期间发生的一些事情后来成为政治对抗和政治斗争的目标，特别是 1840 年之后围绕清帝与欧洲使节之间的觐见问题产生了种种争执。争执的焦点是马嘎尔尼勋爵是否曾在乾隆皇帝面前磕头。在此，我将结合清和英的记载，简短地讨论一下磕头的问题；然后在中西关系史的研究中再度考察它。

1816 年阿美士德使团访华，乾隆—马嘎尔尼觐见首次成为争执的话题。据清廷记载，非常明确的是，无论出于何种理由，朝廷都不会再次放弃磕头的要求。同样明确的是，嘉庆帝，无论是目睹了马嘎尔尼觐见乾隆帝还是研习过乾隆朝的有关记载，总之他对 1793 年发生的事情有所了解。譬如，两位负责阿美士德觐见准备工作的官员，工部的苏楞额和长芦盐政使广惠[①]，被军机大臣催促着必须敦促英使就范时，皇帝提醒每个人依丰俭适中原则，并指出接待使团比打发他们走要好些。他曾提到在接待马嘎尔尼使团的过程中，朝廷做了一些妥协（将就）（《文献丛编》，30a）。然而，后来当他在给乔治三世的信中解释不让阿美士德觐见的理由时，他说马嘎尔尼觐见乾隆帝时曾行跪叩之礼（《文献丛编》，37b）。嘉庆皇帝这些前后矛盾之处在已出版的有关阿美士德使团的汉语资料中依然得不到解释。

第一次鸦片战争之后，有关 1793 年发生的事，在汉语资料中找到了许多不同的说法。一些人，如王之春，只提到皇

226

---

① 1816 年 8 月 15 日，军机处指示这些官员提醒乔治·T. 斯当东，早些时候使团访华时，乾隆帝并未允许英国人行英国礼；只有马嘎尔尼在这一点上收敛之后，才准予觐见（《文献丛编》）。斯当东和使团其他成员否认马嘎尔尼曾磕头，见 Pritchard（1943：170n. 20）。斯当东对 1793 年事件的回忆亦值得注意，因为他对马嘎尔尼觐见的"目击性"叙述是英国人中唯一一位认为英国大使不止单膝下跪并轻轻顿首的。

帝是在万树园的御幄里接见的马嘎尔尼（1879：140）。广东的地方志只记载了英国人进入中国以呈上地方特产作为贡品，其他的官方资料提到了觐见和贡品，或者是提到觐见，没有提及礼仪有何特别之处。这当中最有趣的叙述，要数陈康祺的说法。他提到马嘎尔尼只愿意单膝下跪，却声称一见到乾隆帝，英国贡使就双膝跪倒，俯伏在地（双跪俯伏）（见Pritchard，1943：175－179）。

在1873年谈判觐见问题时，热河御幄里到底是什么情形这一问题又出现了。朝廷的记载和英国使节托马斯·韦德（Thomas Wade）的报告都说新设立的总理衙门①的官员的想法是，既然过去都是这样，那么，现在欧洲人亦应在皇帝面前跪叩。韦德及其同事不但反对这一逻辑，而且清楚地表示，他们甚至不愿意像马嘎尔尼那样单膝下跪。②

在这些谈判中，直隶总督李鸿章在与英国驻天津领事托马斯·梅多思（Thomas Meadows）的一次谈话中亦提到马嘎尔尼使团的事。梅多思在给韦德的报告中说，李声称已查阅了朝廷有关两次英国使团和1795年荷兰使团的记载，表明马嘎尔尼和荷兰贡使均行了跪叩之礼，阿美士德拒绝行此大礼，因而未获准觐见。梅多思回答说，荷兰人此举使他们成为笑柄。马嘎

---

① 1860年后清廷专门设立这个机构，以便与欧洲各国驻华使馆打交道，见 Banno（1964）。机构名叫总理各国事务衙门。Hsu指出它直接归军机处管辖（1990：269）。

② 见 Wade 有关与中国官员讨论这些事情的叙述，见《公共档案馆》（*Public Record Office*）（FO748：342－354、433）和（FO749：11－17）及 Wade 本人对阿美士德使团有关事件的澄清，见（FO749：22－24）。同时，一些高级官员敦促朝廷放弃跪拜形式，觐见仪式的其他部分也应代之以受欢迎的形式。见 T. Wang（1971：621－623）。

尔尼和阿美士德并未这样做，因为“我们英国人只在祈祷时
跪拜主，从不跪拜凡人”，而且如果他们当真行了这个礼，那
么回到英格兰便会被砍头（《公共档案馆》，FO748：376 -
377）。

从 1873 年谈判觐见问题到 1901 年义和团运动结束，其
间，清廷官方与欧洲使节之间就觐见形式问题进行了持续的
争执，其情形正类似于 1793 年马嘎尔尼与清廷之间的对抗。
双方立场日益相反，都声称取得了小小的胜利，直到 1901
年，作为义和团运动的解决方案之一，八国联军才把欧美式
的 外 交 形 式 强 加 给 了 清 廷 （ 见 Rockhill， 1905； Hevia，
1990b）。1911 年清朝垮台之后，中华民国政府似乎毫不犹
豫就接受了北大西洋帝国主义强国规定的外交形式。同时，
马嘎尔尼使团和磕头问题也不再是强大的亚洲帝国之间的现
实的政治议题，而终于成为历史。

228

第二节　作为英国先例的马嘎尔尼使团

马嘎尔尼使团除了在外交谈判中派上用场之外，还常常被
视为对中国形成了新认识的开端。譬如，S. 韦尔斯·威廉姆斯
（S. Wells Williams）强调，使团的成果之一就是比以前更多地
了解了中国的真实情况（1895，2：455）。在 19 世纪下半期的
条约港口史（Bickers，1993a，b，c）和第一次鸦片战争后产
生的大量通俗中国史中，使团也占据了重要的地位。在这些历
史书中，用下面的警句（epigram）对这次事件做了速记式的
评价：

　　平心而论，大使受到了最礼貌的接待，最热情的款待，最严密的监视和最客套的打发。①

　　在鸦片战争之前和之后出现的有关英国人在中国的英文历史书中，这些警句似乎具有吸引力，被用来为英国政府对清帝国采取更侵略性的姿态作辩护。譬如，想一想，为外交活动编撰规则是 19 世纪 20 年代"欧洲协议"才有的事（Hinsley，1969：284 - 285）。伴随着这一进展的是 1834 年东印度公司对华贸易的垄断地位被打破，中国进口的鸦片骤然增长，这两项促使英国商人吵闹着要求中国开放"自由贸易"（Matheson，1836）。这些情况使英国人的观念变得狭隘，并强化了他们头脑中"西方"与"东方"的分野。当年，马嘎尔尼认为可以通过理智的交流来克服双方的差异，如今这种乐观情绪已一去不返了。取而代之的是另一种话语，它近似于 18 世纪 90 年代形容中国人的特点的那些话，旨在鼓吹与中国人的"嫉妒"与"排外"进行更为直接的对抗。

　　有时候，中国人与欧洲之间的绝对差异被以一种耸人听闻的口吻说出来。② 但另一种方式比这种笼统的予以轻视的方式更为流行，即关注那些真正应为限制英中接触而负责的人，即

---

①　这种议论出现在 Auber（1834：200），Robbins（1908：461），Willson（1903，2：323），Pritchard（1936：379），Cranmer - byng（1957 - 1958：183）和 Hsu（1990：160 - 161）。

②　譬如，见 Holman（1835，4：205 - 241），那里用了一章详细地谈到了中国人的道德弱点，包括贪赃舞弊、虚伪、以权谋私、缺乏知恩图报之心——半个世纪后（1894 年）Arther Smith 在《中国人的特性》（Chinese Characteristics）一书中重述了这些特点。

广东那些腐败官员和处于垄断地位的行商（Auber，1834：397；Matheson，1836：77 和 Davis，1836，1：57 – 58）。大致说来，清除这些官员就会使中国向英国开放，因为中国人十分愿意与欧洲人接触（Gutzlaff，1834：305 和 Lindsay，1833：178，182）。

从这些前提出发，出现了一种预示论（typology）。它将马嘎尔尼使团作为出发点。尽管关于马嘎尔尼使团是否成功颇有争议，但最起码有一位观察家曾说，使团访华之后，广东的外国商人条件有所改善（Davis，1836，1：72）。人们普遍得出的一个结论是，中国官员一旦遇到强硬的和通情达理的人，就会抛弃他们不合情理的行为与要求，如果这还不行，那就要动用武力了。① 对中国人的任何屈服不止有损欧洲人的荣誉，而且只会使中国的孤立、排外和优越感长久存在（Matheson，1836：17 – 19），并阻碍与讲求实用的中国普通百姓的交往。有鉴于此，1834 年律劳卑（Napier）勋爵出使广东是颇能说明问题的。一开始他努力直接结交广东官员，但由于他们的"无知和顽固"而遭到失败，并导致贸易中止，接着律劳卑在中国百姓当中广发传单，谴责清廷官员，鼓吹自由贸易的好处。这也没有产生预想的效果，律劳卑便威胁说要把英国炮舰开到城墙下。② 从第一次鸦片战争起，武力的运用增加了强硬和理性的分量，许多

---

① Davis（1836，1：29），他亦认为贸易管制是相当晚近才有的现象，大约始于清朝统治开始时（20 – 21）。亦见（Holman 1835，4：245），Matheson（1836：21）和 Gutzlaff（1834：305）。

② 见 Hsu（1990：173 – 176）；Fairbank，Reischaller，Craig 及 Chun（1983：213 – 215）。

人认为这是维持以战争赢来的条约权利所必需的。在这种氛围中，一些英美观察家质疑马嘎尔尼的行为，认为他在取悦中国人方面做得太过火了，竟然在乾隆帝面前"磕头"（Eames，230　1909：121 和 Rockhill，1905：31）。

　　上面援引的警句在这段历史语境中很重要，它以一种便于复制而独特的方式定义了 1840 年中英关系全面改变之前中国的实质性"问题"——清廷拒绝英国人以英国式的方式进入中国。尽管警句的魅力部分在于它的可重复性，但它更有另外的意味。紧随第一次鸦片战争之后出版的一本书中又增加了一条，即"最强硬的答复"，加上的这一条仅见于此书（Abbott，1843：232）。我认为，其他资料中并未收入这一条，是因为这种说法把如今有关英国人对对华关系的阐释中重要的行为特征都归咎于清廷官员。在一种严格按照存在两种势不两立的文明的思路构建起来的话语中，居然两极之间有如此不严密之处，这不能不引起关注。

　　到 19 世纪末，这样的两分法支配了英国人的对华交往观念。譬如，中国的"优越感"与英国的主权平等观念；中国的孤立及排外主义与英国的世界主义；中国的排他性与英国的自由贸易；中国官员的猜忌与英国外交家的豁达等种种对立。由此出发，又新增了一些用于阐释中国政体内部机构的对立；专制君主与官僚系统的对立；国家与社会的对立；地方政府与乡村的对立；受官方支配的对外关系与广大民众对"自由"交往的渴望的对立，等等（Morse，1910，1：1-2）。在上述最后一种对立中，同样是中国大众，如果他们袭击欧美传教士或贸易商，就会被视为"仇外"。

可见，上述表述不断在新的阐释框架（如现代化理论）中找到一席之地，长期维持它们的是强有力的换喻式的形象（metonymic image），这种形象提供了稳定的用于表述的对象。我愿意谈一谈这些形象中最重要的两个，不但因为它们对于中西关系史的研究有内在的重要性，而且因为它们是马嘎尔尼使团带回英国的“中国”事物。我指的是 231 “磕头”① 一词和乾隆皇帝给乔治三世的信，下文要谈到这封信的经历。

首先应予注意的是，欧美话语中，磕头和乾隆皇帝信函两者并未受到同样的关注。譬如，在 19 世纪西方对华关系的叙述中几乎找不到有关这封信的内容，只有 1896 年 E. H. 帕克（E. H. Parker）曾出版过一个摘自《东华录》的版本。而磕头（阅读本书前面部分就可猜想），它在 19 世纪有关中国的英语资料中被谈论得最多。事实上，到 19 世纪 40 年代，它已深入人心②，以至于美国总统约翰·昆西·亚当斯（John Quincy Adams）声称，第一次中英战争的真正原因不是鸦片而是磕头。下一节将解释为什么情况会是这样。

第三节 欧美话语中的磕头问题

皇帝一生都受制于细小繁杂的礼仪，这些礼仪有时揭

---

① 《牛津英语字典》载明，这个术语首次运用见于 Barrow 有关使团的叙述，那时它被称为“Koo - too”（1806：213）。第一次使用“磕头”（Kowtow），见 Kennie（1864：232）。更多的讨论见 Hevia（1995）。

② 我认为欧美人把磕头看得过分神圣了，似乎这表现了一种殖民心态。关于这一术语指中国人行为中的迷信因素，我同意 Pietz（1985）的观点。

示出东方式的想象，有时则仅仅是未开化的表现……没有
比国宴更令人好奇和更滑稽的了……锣声响起，皇帝在侍
从护卫下走进大殿，朝一个低矮的、金制的御座走过去。
在场的大臣们跪拜在地，以示对"天子"的崇拜。首领
太监以三记响鞭为号，开始奏乐，准备侍候皇上的官员便
走进来，拜倒九次，下跪五次 [《文学文摘》20（H11，
1990 年 3 月）：344]。

摘自《文学文摘》（*The Literary Digest*）的这个条目，只
谈到了中国人行为的古怪和可笑，它代表了一种关于中国的表
述。在另一种表述中，中国人则是残忍的、愚昧无知的、未开
化的（MacKenzie 1986a：212）。无论是哪一种表述，在欧美
人的想象中，清廷礼仪都是惹人嘲笑和引人反感的。也许有人
会惊异，为什么一种本可以以幽默之心对待的行为，会引起人
232 们（尤其是北大西洋的外交家们）如此众多的憎恶呢？既然
英国外交家们标榜其行为具有高度理性，既然他们想以最大的
收益和最小的代价追求他们国家的在华利益，那么只要有一线
希望能达到使团的目标，他们就应该在中国皇帝面前磕头。然
而，没有任何一位英国外交家这样做。现在的问题是：为什么
情况会是这样？

在美国前总统约翰·昆西·亚当斯于 1840 年对马萨诸塞
历史学会所做的演讲中，可以找到一种解释。亚当斯认为，中
国人将自己关在排外主义的高墙之内，而将欧洲人的贸易拒之
于门外，这违反了国际法给予每个国家的"道德义务"——
为商业往来创造便利。亚当斯认为，这种义务根植于"自然

法则"和"天意"（Nature's God），亚当斯用形而上学的术语指出了磕头引起的真正的愤怒："我们只对"自然法则和上帝"下跪"（1909～1910：305）。换言之，基督教国家的民众不膜拜凡人。亚当斯说，中国人认为可以在"侮辱和贬低"的基础上与人交往，这种"傲慢和不堪忍受"的态度，正是引起中英冲突的唯一原因。

亚当斯为英国人在中国的行为辩护，清晰地表明了北大西洋外交家们的一个共识，这种共识对它认定的世界其他地方的落后状况日益失去耐心。18世纪以来中国外交与欧洲外交之间的差异，尤其是在身体动作上的差异，不但是一个要害问题，而且直到20世纪仍然是一个令人津津乐道的话题。其要点是在北大西洋民族国家里，公民走进他国，只有家臣和奴隶才下跪。在19世纪后半期，亚当斯所说的中国统治者的"傲慢与不堪忍受的自负"成为欧美日益严重地侵略中国的辩护借口。

但是，为什么要把这样的"自负"与某种行为，如磕头紧密地联系在一起？为什么在亚当斯对已知的中国多方面情况的思考中，磕头占了优先地位？是否仅仅因为厌恶某些行为，这些行为被认为更宜于用在超越现实的而非世俗的领域——如基督教的上帝而非罗马教皇？我认为，尽管像亚当斯那样的评论之中，蕴含着欧洲人对于那些似乎在模仿天主教的行为十分反感，但对磕头如此在意，还有别的原因。

在英国，长久以来，下跪就与服从相联系，到了19世纪，随着日益兴起的资产阶级世界里物质条件的改变，这种联系更承载了新的重要意义。下跪与直立之间的对立，就如

233

同高与低、洁净与肮脏之间的对立一样，它们所反映出的差异，不仅表明 19 世纪社会阶层的高低，城市布局中环境的优劣，而且如斯托利·伯纳斯和怀特（1986）指出的那样，它亦借助跪地清扫的清洁女仆的形象表明劳役的女性化意味。维多利亚时代的绅士和帝国的缔造者们恰恰相反——他们昂然挺立，只有在落入野蛮人之手，受伤或将死之时才会双膝跪地。

伴随上述进展的是关于宫廷礼仪的新观念。这种礼仪把 19 世纪英国君主的活动从政治礼仪领域转移到一个新的领域，这个领域也许可被称为政治戏剧，或者更确切地说，可称为英国帝国主义的壮观表演。戴维·康那丁（David Canadine）认为，到 1820 年，对宫廷礼仪的指责围绕着这一事实，即人类的启蒙已揭示出宫廷礼仪活动的实质不过是一种巧饰，就如同绣花枕套一样，毫无用处，荒唐可笑①。然而，与实用主义者的观念和工具主义的推理可能得出的结论相反，无论是君主制还是礼仪，在英国都没有消失。埃德蒙·伯克那种令人不安的观点预示着理性不明智地暴露了国家政权的机制（见第三章第六节），宫廷礼仪和其他的国家礼仪走向公众，并借此为权力重新披上一层外衣。盛大壮观的场面、国际博览会、为成功的征服举行的庆典、皇室的婚礼或葬礼、纪念碑的落成典礼，诸如此类，全都受到媒体图文并茂的报道，并以商业宣传的形式加以庆贺（Richards，1990），国家权力的表述成为

① Cannadine（1983：101 - 102），有关轻蔑地看待朝廷礼仪的资料见 Vattel（1916，3：367）。John Adams 认为在整个欧洲，外交的商务亦浸没在礼仪之中（1853，8：251 - 259），引自 Crosby（1991）和 Thackary（1991：13）。

大众津津乐道的谈资。统计数字的表述如同装点着新的或旧 234
的国家象征的令人目眩的商品一样，推动了公众对帝国的海
外探险的支持。

　　然而，令人惊讶的是，同一种情感，它可以将等级霸权建
立在将权力展现为壮观表演这样一种能力的基础之上，而对于
欧洲之外的权力形成或方式却少了许多耐心。一个世纪之前，
马嘎尔尼有感于盛大的典礼与壮观的皇室气派，带着相当的尊
敬来思考亚洲相对欧洲宫廷的优越性（《马嘎尔尼日记》，
123-124，131）。一个世纪之后，他的继任者们不但拒绝参与
亚洲的"盛典"，而且开始系统地摧毁"亚洲式"权力结构，
并在同样的基础上建立起新的。

　　这种摧毁式的袭击，其原因并不难发现。它们存在于重建
宫廷礼仪的第二次轨道（trajectory）之中，这次重建是针对国
与国而非国家内部的关系。到 18 世纪末，国际法已对外交礼
仪做了调整。一国首脑与另一国大使礼仪性的会面，成为承认
双方主权平等的第一个场合（参见 Hevia，1989 和 1994b）。实
质上，这样的承认是以条约形式做出的契约性安排所必需的理
性主体。反过来，对于在全球范围内与欧洲人外交相伴相随的
商业交易，条约所起到的规范作用也日益增强。大使们和顾问
们在外交活动中都想方设法地为商人和商品的跨国交易创造便
利。像外交一样，贸易也交织着主权平等、交换和契约等
观念。

　　正是在国际礼仪这一点上，外交和商业的新观念与资产阶
级绅士们所声称的他们可以接受的身体动作结合在一起。到维
也纳会议时，不但主权外交、商业交换等有了详尽的定义和规

范，欧洲宫廷里的外交也标准化了。大使走进觐见殿，在走近君主的过程中，三次鞠躬，直接把国书或信函交到君主手中，轻松愉快地交谈几句，然后如进来时那样退出。他们并不单膝或双膝下跪，而是弯腰致礼。到 20 世纪初，这种承认主权和国与国平等的形式已很"普遍"（Hinsley，1969 和 Jones，1984：20 - 21）。在义和团运动后于 1901 年所签订的协议中，清帝国最终被迫接受了这项强加给全世界的礼仪形式，这时离本部分开头提到的《文学文摘》的出版才过了仅仅一年多的时间。

欧美式的觐见程序被正式强加给清廷，这使这些事件转变成了欧洲的模式。① 它亦标志着磕头作为清帝国与欧洲列强之间的一个活跃的政治议题已寿终正寝。相应地，关于磕头的表述也改变了。无疑，人们依然认为，对西方人而言，磕头是一种耻辱，但一些人开始提出异议，认为对中国人而言，磕头另有含义。曾为慈禧太后画肖像的画家凯瑟琳·卡尔（Catherine Carl）在 1905 年说，下跪和鞠躬并不"意味着任何奴隶式的下属关系"，而是对君主表达感激之情的一种"传统"方式。溥仪的家庭教师雷金纳德·约翰逊（Reginald Johnson）在 20 年后谈到"磕头"时，似乎同意卡尔的看法。他说，应把磕

---

① 从 1902 年新年首次采用这种礼仪到清政府垮台，在乾清宫或新的夏宫一共进行了 33 次全体外交使团觐见活动。更不寻常的是，在同一时期，据我统计，共有 158 次为大使或来访要人举行的个人觐见活动。也许实际次数更多。这些数字来自北京第一历史档案馆收藏的印制的觐见通知。随着觐见次数的增加，大清海关总税务司赫德（Robert Hart）爵士惊呼：应允如此多的觐见，朝廷真是"过分客套了"，皇太后不但接见使臣们的妻子，还接见他们的孩子（引自 Fairbank，1987：139）！

头视为一种行为方式，一种礼貌的举止，如果当时服饰适当，并受过相关训练，在前皇帝生日的时候他一定会磕头的（1934：205）。清廷文化的大众传播者，德龄公主（Princess Derling）在她的回忆录《磕头》（*Kowtow*）中说，当她父亲的秘书造谣中伤她时，她父亲要求他磕头以示道歉（1929：199）。

到20世纪三四十年代，磕头已经历了另外几次转化。费正清在早期的讨论中认为磕头是一种好的方式，并从经济角度谈到它：磕头是为了答谢帝国提供的食宿（1942和1948，后一种解释在1948年以后的版本中删去了）。大约在同一时期，普里查德出版了他关于磕头和马嘎尔尼使团的富于启发性的论文。他基本同意费正清的看法，但他指出，磕头并无任何"羞辱和贬低"的意图。普里查德几近是针对西方人把磕头理解为崇拜，他声称，磕头并不像一般人相信的那样，是表示服从的核心的极致行为。相反，他认为，派遣使团和参加使团的日常活动才是服从。他总结说，"在遵循宗主国和附庸国关系准则的所有其他方面之后，却拒绝磕头，这样做实际上是毫无意义的，反而产生了影响深远的误解……"（1943：197－199）

费正清和普里查德能够以上述方式阐述这一问题，不仅得益于磕头从政治斗争的目标转为历史考察的对象，同样重要的是，他们的修正还受益于社会学和文化人类学这些领域的新概念性工具和新类目。两位学者试图把磕头重新描述为一种处于普遍历史发展模式之中的文化议题，即磕头成为前现代或传统社会的文化结构的一部分。到了20世纪50年代，这样的阐释被引入冷战地区性研究的话语，用于解释中国何以未能按欧洲模式实现现代化，以及社会主义在中国的成功①。

然而，应该记住的是，我上面提到的几位学者均以较为宽厚的心态看待磕头，与此同时还有一些比较负面的表述。换言之，有些学者一方面接受了 20 世纪社会—体制研究方法，另一方面依然把磕头视为令人反感、令人愤慨的中国在前现代时期表现普遍优越感的行为方式。费正清就是一例，他自《中国沿海贸易与外交》（ *Trade and Diplomacy on China Coast* ，1953）一书起，就采用了更为严厉的态度，最终认定磕头是传统中国惯常的"卑下的奴隶的礼仪"（费正清，1988：14）。这种表述的发展脉络与英语"磕头"吻合，这个英语单词依然带有嘲弄和荒唐可笑之含义，从而偏离了磕头作为一种中国行为的原有含义（见 Hevia，1995）。

第四节　乾隆皇帝的信与朝贡体制综合体

> 天朝统治着四海，全力治国，并不看重稀罕之物……（我们）从不看重精巧制品，一点儿也不需要你们国家的制成品。*

研究现代中国的大多数历史学家一眼就能看出，这些话摘

---

① 有关地区研究的理论内容，见 Pletsch（1981）。有关中国研究见 Barlow（1993）。

* 该段汉文原文为：天朝抚有四海，惟励精图治办理政务，奇珍异宝并不贵重……然从不贵奇巧，并无更需而制办物件。《高宗纯皇帝实录》（1435：14a－b）。

自乾隆帝给乔治三世的信，它们也许是中西关系史中最频繁被
引用的语句①。然而，颇具讽刺意味的是，尽管时常引用，但
据目前所知的材料，在 19 世纪英国外交官考虑对华关系时，
无论这封信还是其中的这一小段都不曾引起重视。实际上，马
嘎尔尼回到英格兰之后，这封信相当被忽略，1896 年才由
E. H. 帕克全部译成英文，1914 年巴克豪斯（Backhouse）和
布兰德（Bland）的版本才使它的传布更为广泛。该信出版之
后，就像上部分开头引过的"国宴"一节一样，被视为消遣
和娱乐。这也许就是为什么伯特兰·罗素（Bertrand Russell）
在读过译本之后，认为"直到这封信不再被视为荒谬可笑时，
西方人才会理解中国"（1922：47）。

罗素对信的阐释与同一时期发生的对磕头的表述的改变正   238
相一致，这预示着对乾隆帝的信的看法已从一种观赏喜剧式的
角度转为文化相对主义的研究。这封信言简意赅，很好地代表
了中国传统的文化主义、孤立主义和自给自足感，于是，这封
信，还有马嘎尔尼使团很快被整合进朝贡体系之中，后者定义

---

① 有关乾隆的信见 Parker（1896），Backhouse 和 Bland（1914），Macnair（1923），
Teng 和 Fairbank（1954：19）；Mancall（1963：18）；Cranmer－byng（1963：340），
Hsu（1990：161 － 162），Fairbank、Peischauer 和 Craig（1978：257）；Rozman
（1981：22 －23；和 1990：122 － 123）。Lessing 把《掌故丛编》中给乔治三世的两封
信的部分内容翻译了，见 Hedin（1933：203 －210）。还有未被引用的，见《纽约时
报》有关美国国务卿 Warren Christopher 访华的内容（1994 年 3 月 27 日第 5 版）。它
亦在世界历史教材中占有一席之地，见 Duiker 和 Spie Wogel（1994），他们引用
Cranmer－byng 提到了 Spence。Stearns、Adas 和 Schwartz 复述了信的大部分内容之
后，问学们"从这些摘录你能看出那时中国人对他们自己、对英国人、对更为广
阔的世界有什么看法？他们的看法和态度与实际情况相符吗？为什么这些看法和态
度似乎给中国人带来严重的问题？"我认为确切的答案是中国人沉湎于幻想之中，
最终招致麻烦。然后教材的下一章就讲了鸦片战争。

了传统中国的对外关系和中国的世界秩序观。

由此思路推下去，到 20 世纪 60 年代，许多著者认为传统中国与中华人民共和国之间，在对外关系的许多方面存在着连续性。许多文章认为，美国的政策制定者们应该充分认识到长久以来中国对东亚和东南亚地区的文化影响①。也许正如费正清指出的那样（1982：408），这些有关中国现代性中的传统因素的论述，有助于缓和美国与中国之间的紧张局势，我在此关注的是——把乾隆帝的信表述为文化性实质，表述为最典型的中国孤立主义和（盲目的）优越感的标志——这种行为的效果。

这样的论调不但歪曲了清英两个帝国相遇的性质，而且，即便是眼下世界上的文化史书籍，如果有任何指导意义的话，也只是有助于使"死气沉沉的东方与生机勃勃的西方"这样一种阐释模式永久地存在。结果，一方面中国内部在不断地发展变化，另一方面清的"对外关系"却不顾史实地被冻结在"中国反应"模式的范围之内。

第五节　从帝国常规到民族—国家的叙述性历史

到 20 世纪 30 年代，在有关中西关系史和中国现代化历程的汉语著述中，马嘎尔尼使团已成为一个意义重大的历史事件。譬如，蒋廷黻曾在《清华学报》上发表过一篇文章，题

---

① 见 Mancall（1963）；Cranmer - Byng（1965 - 1966 和 1968 - 1969）；Fairbank（1966）。

为"中国与近代世界的大变局"。在文中，他认为马嘎尔尼使团是失败的。然而，特别耐人寻味的不是这个结论，而是蒋得出这个结论的方式。蒋引用了张德昌的著作，认为自明代以来，中国就把贸易与朝贡联系在一起（1934：526）。1936年在伦敦经济学院做演讲时，他指出，因为独断地相信"只有闭关锁国"和维持宗主国—附属国关系"才能保障国家安全"，所以才有把贸易与外交联系起来的朝贡体制（1936：3-4）。这种体制的结果是中国没有国际关系的概念，没有国家平等的观念。明清两代的中国安稳地待在和平式传统之中，认为自己比世界上其他任何国家都更优越，这种状态一直持续到第一次鸦片战争为止。马嘎尔尼使团并未能改变中国人的观念，相反它证实了中国人绝不会以和平的方式放弃自己的传统观念（1934：548）。

　　蒋认为，马嘎尔尼使团的失败和接下来的19世纪的斗争，都是中西文化差异的产物，这种差异最终表现为传统与现代不可避免的碰撞。蒋的论述中有许多值得强调的地方，尤其是它们依然流传在当代中国国内和国外的表述之中。第一，冲突的实体是文明或文化，而不是有着各自政治目标的特定的帝国构建。换言之，它们是中国与西方，而不是清帝国与英帝国。第二，中国与西方的区别是基于传统世界的一系列缺失：中国没有国际社会或国际法的观念。第三，传统世界是一种封闭的体制，拒斥所有层面上的对外交往，而这些交往对于现代性而言是极为关键的。在清以后的现代知识分子看来，中国拒绝接受外交和商业上的"平等"交往，最大的失误在于无视西方的科学和技术成就。以此论调，蒋不但预示了"中国对西方的

239

回应"理论的出现，而且预示了当代中国学者在参与构建 20 世纪的国际关系史时的立场。并且，蒋的追随者已顺理成章得出结论："中西"冲突是一种文化误解，而不是富于侵略性质的英帝国主义的又一扩张实例（参见王，1993）。

240　　与此相对照，在 1949 年以后的中国，直到最近几年之前，还非常强调在中国现代化历史进程中英帝国主义所扮演的角色。[①] 这种观点通常在封建主义中国与资本主义英国之间划分界限，在对外关系中，前者是被动的和防御性的，而后者是侵略性的。一般认为冲突是不可避免的，但原因并不在于文化误解。相反，冲突是资本主义扩张和西方帝国主义不可避免的产物。在代表这种观点的比较新的阐释中，胡绳（1981）和朱洁勤（1984）强调马嘎尔尼是作为东印度公司的代理人来到中国的。公司的目的是扩大在中国市场的影响，最好是通过获取贸易特许权和专门的经商场所，来达到这个目的。朱认为，长期以来，英国对华实行侵略政策，一有机会就借武力强迫中国接受马嘎尔尼在 1793 年提出的要求。从这个角度来看，乾隆帝和清廷拒绝英国人的要求，这是明智之举。如果答应这些要求，不但会侵犯中国的主权，而且会导致鸦片贸易更快增长（1984：555－562）。

直到最近之前，中国国内一致同意上述观点。但在当前的政治氛围中，出现了一些新的解释，它们并不直接挑战反帝阐释模式，却有了多种解释角度，其中许多都同意一个基本前

---

① 在某种程度上，我在研究中文资料中的马嘎尔尼使团时重点的转变与柯文在对义和团的研究中的转变类似，见（1992）。然而与柯文不同的是，我的焦点不在于使过去成为神话，而在于我们在表述过去的状况时所采用的政治观点。

提：马嘎尔尼使团对双方而言都是失败的。20 世纪 80 年代末，朱雍完成了一项研究，该研究利用了北京的清代档案和 E. H. 普里查德及其他欧美历史学家有关使团的研究。朱反对一味强调清的排外心理和中国的闭关锁国。他认为，马嘎尔尼使团失败的原因，在于清廷的"限关自守"政策，这一政策本身源自"宽严相济"的观念。作为一种务实的考虑，它意味着乾隆皇帝必须保持适中政策，避免走极端。正是这种有限的或控制接触的观念，使马嘎尔尼未能将中国的大门更为全面地向英国敞开（1989：280 - 281）。

同时，在英国的张顺洪即将结束对印度事务部档案的研究工作，并把它们与已出版或未出版的中国资料相结合。他也认为，使团是失败了，但原因是清廷不愿与外面的世界交往。由于这种"闭关"政策，乾隆及其顾问们未能认识到国际局势正在发生翻天覆地的变化。结果，他们错失了赶上西方的良机（1993）。

在戴逸的著作中可以找到第三种新观点（1992）。戴逸对乾隆时代的研究，比较接近蒋廷黻的观点。他认为，清帝国闭关锁国，对现代国际关系懵懂无知（430），注重朝廷礼仪和磕头问题引起的争执，这表现了资本主义西方世界和科学，与中国封建政治秩序和文化制度及意识形态之间的鸿沟。巨大的差异意味着中国必须经历较长时间、经过巨大变化才能融入世界，适应新形势（426）。

朱、张和戴尽管强调了不同的起因，但亦有若干共同点。第一，他们都认为，与其说是清廷失败了，不如说是使团失败了。第二，他们认为是多个而非一个原因造成了清廷的失败。

第三，他们关注较多的不是西方帝国主义对中国的侵略而是中国的现代化问题。马嘎尔尼使团有助于解释为什么中国会"落后"，为什么现在必须"赶上"西方。

1993 年在承德召开了一个纪念马嘎尔尼使团访华 200 周年的国际讨论会，朱、张和戴三位学者与来自中国、英国、美国、法国和德国的学者们进行了交流。在这次会议上，许多中国学者，还有《停滞的帝国》一书的作者阿兰·佩雷菲特都强调清代的"闭关"政策，乾隆皇帝的保守和中国的落后。（杜江，1993，郭成康，1993；刘玉文，1993。）尽管没有明确地讲，但这种观点却暗示，对中国而言，使团来华是一个未能抓住的机会。如果清廷有足够的远见卓识，就会打开国门，接纳欧洲技术和资本主义。这样，中国与西方之间的差距就会在 19 世纪大大缩小。这些论点似乎与时下中国政府的看法一致，自 1980 年以来，中国倡导开放政策，于是，马嘎尔尼使团就成为有教益的警示，中国一定不能重蹈清廷的覆辙。

242

这次会议更为困难的问题是对清廷政策做出解释。没有找出任何特别的理由。学者们强调了各种各样的因素，用以分析清廷对英国人建议的反应，包括被国内政治、经济问题分心，乾隆帝对欧洲人的技术不感兴趣等。还有学者强调中国文化传统中的礼仪（张寄谦，1993 和刘凤云，1993）。顺此思路得出的观点是：闭关政策并不是中国文化的一部分，而是清朝的独特政策（叶凤美，1993）。这些观点中的大多数也强调使团失败的主要原因在于文化误解。

在这些严肃慎重的讨论之中，一些中国学者以国家作为分析角度或最小的分析单位，看来是（有意或无意）翻版了欧美对中西冲突的阐释。这些阐释并不完全相信帝国主义是中西冲突的主要原因。相反，它们突出强调的是文化差异和传统与现代之间不可避免的冲突。那些指出清廷的落后及其盲目的优越感的中国学者，似乎反映了 20 世纪 50 年代和 60 年代美国汉学家的观点。

这些观点的有趣之处，还在于它们远离了此前几十年的反帝式方法，更接近民族主义式的中国学者和美国汉学界的观点。确实，承德会议表明，在一些中国学者以内在而非外在因素解释中国的"落后"时，帝国主义已退为一种背景了。然而，与此同时，反帝式评论并未完全消失。譬如，1991 年郭云静曾撰文指出，把马嘎尔尼使团失败的原因转而归为清廷的闭关政策，这样做存在一系列问题。郭说，这样的阐释减轻了英国对中国的侵略责任并转而谴责清廷（186）。她提醒每个人，不要忘了，正是外国人的行为才使清廷下令终止多个港口的贸易，限定只在广东一地贸易，以便更好地监督外国商人和水手，减少冲突。至于马嘎尔尼使团，郭认为，英国的建议不但使清廷觉察到英国人对中国的更大的野心，而且促使清廷采取一系列措施来与这些野心做斗争（188）。然而，使团的失败使英国人在中国沿岸侵略性增强，这导致嘉庆时代和道光时代实行更为严厉的对外政策。即使这些政策对双方接触做出了某些限制，但其目的在于防御，是完全合情合理的，是在维护国家主权以便保护自己（189）。

郭不失时机地提醒他人注意一些事实，她的观点与 20 世纪 80 年代之前的阐释比较一致。无论如何，在解释"现代"

中国历史时，帝国主义都是一个至关重要的因素，它解释了一个世纪的屈辱，解释了中国现代民族意识的形成。我认为，她的观点的意义不止于此，它与其他迹象一样还使我意识到中国的"改革"产生了有关国家和国家建设的相互竞争、相互冲突的观点（参见 Anagnost，1993）。

第六节　历史的视野

不妨在此赘言，显而易见的是，观点的变化不仅仅因为出现了新证据或是利用了新开放的档案，必定还有其他因素。我们如何解释有关马嘎尔尼使团史学研究中出现的这些迂回曲折的转变？我们如何解释随时间的推移而发生的这些变化？哪种事件在阐释上是可变化的？有无可能或是否有必要把使团及与其相关的史学研究分开？这些问题不易回答，尤其是虑及产生历史知识的通常形式。德·瑟托（de Certeau）认为，历史学家首要任务便是把各种各样的波普尔式的反证法研究中出现的"事实"与"虚构"区分开（1986：199 - 202）。因此，这项工作本身就是否定性的（如它过去那样），旨在净化事件及历史写作，清除其中的虚构成分以便使过去的叙述变得可信。但是，如果净化并非问题的关键所在呢？我们如何使一种完全不同的历史概念化呢？——这种历史较少伪造，而更多的是对同一事件的不同叙述。也许我们可以从马嘎尔尼使团的史学研究中产生的一些概论入手。

19 世纪发生的影响深远的事件以一种耐人寻味的方式移置了马嘎尔尼使团的特点。清帝国在内忧外患之下崩溃了，帝国瓦解了，独特的权力观念也终结了。取而代之的民族—国家，无论多么脆弱、多么不完整，毕竟是由各民族群体和个体公民组成——新的身份认同，新的忠诚，最重要的是新的看待过去的方式。1911年以后的史学研究反映了这些变化。著作里列入了有关民族—国家的形成的叙述、古代文明和当代文明的故事、旧中国与新西方的差异、有关传统与现代之间不可避免的冲突的猜想、民族—国家对知识分子的特殊需求等。

在这类史学研究中，至少有两个突出的时段。第一个，中国思想家以欧美方式重新审视中国的过去，他们接受了时间观念和组织分类，这些与从前存在于中国的任何治史方法完全不同。这个转变是一个更为普遍的中国教育"西化"的一部分（Y. C. Wang）。有关礼仪的形而上学和有关帝国统治模式的话语被淹没在这种变化中。但这些为塑造和排斥清帝国构建提供共同的基础的认知，在整个清代都未发挥作用。半个多世纪以来，知识分子运用"西方"的新话语来解释中国的"落后"，鼓吹社会经济变革。

第二个突出的时段是冷战。从20世纪50年代早期开始，对中国历史的研究，尤其是涉及对外关系的部分，经历了重大变化。第一，这个领域中大多数是美国人，其中大多数居于一些至关重要的机构中。第二，冷战中，社会科学术语被毫无节制地应用于"非西方文明"的研究，并产生了为国家战略服务的区域研究。① 第三，中国的学者继续努力以马克思主义观

---

① 在这一点上，我仅注意后一种看法。地区研究和民族的历史才刚刚开始写，见 Marks（1985）和 Barlow（1993）。对更广泛的有关讨论的出色介绍见 Buxton（1985）关于 Parsons 的讨论。

点来重建中国历史，这项工作始于 20 世纪 20 年代（Dirlik，
1978）。

245

在这些过程之中，"中国"和"西方"的学者都忙于净化
和造伪工作。他们按照界限清晰的时空实体来安排他们的叙
述，把文明和民族作为恒定的历史分析单位；以直线式的因果
关系组织事件，明确地以宗教、政治、经济、文化等类别来界
定社会成分；并将历史发展分割成黑白分明的各个阶段。在不
论是国家、民族，还是真理的某种抽象概念的影响下，学者们
都倾向于把所有这些类型作为实用性学术探索的必须因素。这
些词汇、术语和类型为研究程序提供基础。他们所赞同的对马
嘎尔尼使团的阐释完全是现代化的，并且有违或漠视清廷统治
者的想法和信仰。依然存在的问题是是否存在另外的方式可以
用来介入往昔。

我相信有，并且不需花大力气就能找到它们。理由之一
是，在民族—国家范围之内建立霸权这一历史工程从未完
成——总有太多的社会力量会游离于国家的学术机构或学术
界和公共领域盛行的权威话语之外（譬如 Laclau）。理由之
二，现代史学研究重视划分和净化类目以供分析，却从来没
有完全成功过。这不仅是因为启蒙性知识工程依然不曾完成
（Habermas，1983），而且正如布鲁诺·拉图尔（Bruno
Latour）说的，我们从来就不曾是现代的（1993）。现代主义
试图把世界切割成互无联系的离散本体与完全可知的部分。
但是，混合物（hybrids）不仅从未消失，而且在扩散；当混
合物生成时，跨越界限的渗透已同时发生。马嘎尔尼参加的
帝国觐见就是一例。一方是欧洲人所谓的"主权平等"的自

然化话语，另一方是清帝国的差序包容过程，双方互不让步，因而觐见就是两者的混合物，这足以解释对觐见持续不断的兴趣和关注。

想一想上面引述过的清代以后的中国知识分子。他们采用了殖民者的知识框架，用混合（hybridized）语言来阐释自己的观点，构筑自己的叙述。同一时期欧美的史学研究者也同样受到此等混合的污染。譬如，费正清的朝贡体制就展示了功能派人类学、韦伯—帕森斯社会学、英国帝国主义式史学研究的碎片和中国知识分子想把中国置于全球文明史之中的努力。换言之，污染（pollution）无处不在。

就本书的研究主题而言，混合过程亦值得关注。在这个意义上，很容易理解清的帝国构建。很难想象比清帝国的统治权力观念更为混合的事物了。帝国就像一张不断变化的网，由举行礼仪的地方、江南书院与宗族、天子、欧洲"音乐盒"、朝鲜和廓尔喀使团、转轮王、避暑山庄、神仙菩萨等组成。清统治者似乎不但对宇宙有相当的认识，而且拥有在这个宇宙之内进行运作的方式——这就是模式化话语和丰俭适中的全部内容。

英帝国构建造成了另外一些问题，但它竟然也是混合的。访华使团带有非常明显的现代色彩，更不必说马嘎尔尼甚至向乾隆帝提到主权观念。但是，马嘎尔尼所在的国家本身就是一个帝国的一部分，这个帝国后来号称"日不落帝国"。既然一个遍及全球的英帝国的建立使多样性渗入英国，那么，谈论18世纪末英国存在的纯净形式，就很令人怀疑。到19世纪末，大不列颠已成为一个彻头彻尾的混合国家，高居其上的是一位全新的统治者——英国女王。当然，美国的混合情况就更不必说了。那么，是不是资产阶级歇斯底里的主要症状就涉及污染呢？

我在思考，我们应该怎样对待政治家或历史学家们谈到的国家的独一无二性、国家的本质或者国民的特性。我们应该在多大程度上相信那些以过去为代价来为现在增光添彩的胜利者的历史呢？或者也应该告诉我们其他人在其他时间和地点的疏忽和失败吧？我们还要让我们的研究被那些日益明显的人为划定的，诸如个人、国家和文化这样的分析单位羁绊多久呢？

有了这些想法，也许把另一种完全不同的历史概念化就不再十分困难了。这样的历史，注重的是不同类别的代理人之间的关系网，而不是围绕简单的因果观念形成的互不联系的单位。如果我们确实是这样或那样的混合物，那么，那些假设的过去与现在、我们与他者之间的断裂就只是现代主义的一种特别的虚构。我们必须跨越的不是时间和空间上的鸿沟，而是想象出来的距离。生于一国并说那国的语言并不意味着对当地之过去有着先天的接近能力，还必须转译和阐释。这两者都需要心通意会和想象力。

在某种意义上，介入往昔已成为不断发展的混合化进程的一部分。越过界限我们就可以了解——不管多么短暂——另一些行事的方式和另一些存在于世界的方式，我们也能看到另一些强制因素、另一些限制、另一种形式的权势，它们塑造出和我们自己完全不同的主体性。如果不把过去修剪得与现在一致或者相反，也不断言我们比前人更高明，这样的包容差异的介入，才可能产生另一些形式的评论，它们比迄今为止由启蒙理性想象出来的那些评论更具有人文精神。也许这样的考虑使我们可以开始谈论本节开头提出的那些问题，也许它们亦使我们能够重新去理解规律，而如今不过仅仅看到进步的出现或缺失。

248

附 录

英国使团在热河的日程

1793 年 9 月 8 日

皇帝宴请扈从、王公贵族、高级官员、蒙古王公和青海王公。

一位官员奉命在太庙祭祀。

签发了三道上谕(《高宗纯皇帝实录》,1434:3b－7a)。

1793 年 9 月 9 日

皇帝赐宴,宴会同前一天差不多,但有缅甸国王的使臣参加。

签发了一道上谕,谈到了英国使团的缺点。

各种赏赐(《高宗纯皇帝实录》,1434:7a－8b)。

1793 年 9 月 10 日

一道上谕传给梁肯堂,内容与使团无关(《高宗纯皇帝实录》,1434:8a)。

1793 年 9 月 11 日

一位王公受命祭孔。

签发了一道上谕，再次修正了接待英国使团的计划(《高宗纯皇帝实录》，1434：8a - 9a)。

1793 年 9 月 12 日

帝国王公们奉命祭祖祭孔。

签发一道上谕，另有各种赏赐(《高宗纯皇帝实录》，1434：9a - b)。

1793 年 9 月 13 日

一位官员奉命祭祀皇太极。

签发两道上谕(《高宗纯皇帝实录》，1434：9b - 11a)。

1793 年 9 月 14 日

皇帝坐在万树园御幄里的御座上接见了英使马嘎尔尼勋爵和副使斯当东。

皇帝赐宴，参加者有英国大使、皇帝的扈从、王公贵族、高级官员、蒙古王公和缅甸使臣。

皇帝就英国使团来访作了一首诗(《高宗纯皇帝实录》，1434：11a - b)。

1793 年 9 月 15 日

一位官员奉命祭祀努尔哈赤。

签发三道上谕(《高宗纯皇帝实录》，1434：11b – 14a)。

1793 年 9 月 16 日

皇帝接见了两位亚洲中部国家的贵族并赐宴，参加者还有皇帝的扈从、王公贵族、高级官员和蒙古王公。

签发两道上谕(《高宗纯皇帝实录》，1434：14b – 17a)。

1793 年 9 月 17 日

庆祝皇帝的生日。官员们到太庙及其他 12 个地方祭祀。

皇帝坐在御座上，王公贵族、高级官员、蒙古王公、缅甸和英国使臣及其他人向皇上行礼，恭贺寿辰。

皇帝宴请祝寿之人(《高宗纯皇帝实录》，1434：17a – 18a)。

1793 年 9 月 18 日

签发了三道上谕(《高宗纯皇帝实录》，1434：18a – 20b)。

1793 年 9 月 19 日

皇帝赐宴，宴会与生日那一天差不多。

签发了一道上谕，是关于缅甸使臣的要求的(《高宗纯皇帝实录》，1434：18a，20b – 21b)。

1793 年 9 月 20 日

签发了四道上谕，其中一道是处理英国使臣的请求的(《高宗纯皇帝实录》，1435：1a – 6b)。

1793 年 9 月 21 日

一位王公奉命祭祀。

签发两道上谕(《高宗纯皇帝实录》，1435：6b - 8b)。　　251

参考文献

档案资料

英国伦敦，大英图书馆。

北京，中国第一历史档案馆。

《宫中上谕》（引文标明朝代日期，缩微胶片编号及页码），《朱批奏折》。

英国伦敦，印度事务部资料。

孟加拉政治会议，第114柜，卷63，1792年10月3日、8月2日、11月30日的会议记录。

Cobb，James，1792《中国及遣华使团概述》及《印度事务部马嘎尔尼通信》，卷91。

Col，卡思卡特使团访华，1787～1789，卷90。

《董事会特别委员会关于对东方的出口贸易的第一份、第二份和第三份报告》，《早期议会关于印度的文件，1793》。

《印度事务部阿美士德通信》，阿美士德勋爵使团，1815～1817，卷196～198。

《印度事务部马嘎尔尼通信》，马嘎尔尼勋爵使团，

1787～1810，卷91～93。

　　印度事务部各种文件，1782～1815，卷20。

　　伦敦，公共档案馆：外交档。

外文资料

　　Abdel - Malek, Anouar, 1963,《东方主义的危机》(*Orientalism in Crisis*), Diogenes 42: 103 - 140.

　　Abbott, Jacob, 1843,《中国和英国，或中国人与外国人交往中表现出来的性格与方式》(*China and the English, or the Character and Manner of the Chinese as Illustrated in the History of Their Intercourse with Foreigners*), New York: William Holdredge.

　　Adams, Charles Francis, ed. 1853,《约翰·亚当斯文集》(*The Works of John Adams*), Boston: Little, Brown and Co.

　　Adams, John Q. , 1909 - 1910,《J. Q. 亚当斯论鸦片战争》(*J. Q. Adams on Opium War*), *Massachusetts Historical Society Proceedings*, 43: 295 - 325.

　　Ahmed, Zahiruddin, 1970,《17 世纪的汉藏关系》(*Sino - Tibetan Relations in the Seventeenth Century*), *Rome: Instituto Italiano Peril ed Estremo Oriente*.

　　Allen, B. S. , 1937,《英国品味中的潮流》(*Tides In English Taste*), 2 vols. Cambridge, Mass. : Harvard University Press.

　　Altick, R. , 1978,《伦敦诸景》(*The Shows of London*), Cambridge, Mass. : Belknap Press.

　　Anagnost, Ann, 1993,《国家图景：视野的扩展》(*The Nationscape: Movement in a Field of Vision*), *Positions* 1 (3): 585 - 606.

Anderson, Aeneas, 1795,《记英国使团访华》(*A Narrative of the British Embassy to China*), Basil: J. J. Tourneisen.

《历史、政治和文学年鉴》(*The Annual Register or a View of the History, Politics, and Literature of the Year*), 1797, London: Robert Dodsley.

Appleton, W. W., 1951,《中国时代》(*A Cycle of Cathay*), New York: Columbia University Press.

Asad, Talal., 1993,《宗教系谱》(*Genealogies of Religion*), Baltimore: Johns Hopkins University Press.

Auber, Peter., 1834,《中国：政府、法律和政策概要》(*China: An Outline of Its Government, Laws, and Policy*), London: Partbury, Allen Co.

Backhouse, E., and J. O. P. Bland, 1914,《北京朝廷的历史记载和传略》(*Annals and Memoirs of the Court of Peking*), Boston: Houghton Mifflin.

Baker, K. 1992,《18 世纪法国的公共领域的界定：对哈贝马斯的一个主题的异议》(*Defining the Public Sphere in Eighteenth Century France: Variations on a Theme by Habermas*), in Calhoun 1992: 181 – 211.

Bald, R. C. 1950,《威廉·钱伯斯爵士与中国园林》("Sir William Chambers and the Chinese Garden"), *Journal of the History of Ideas* 11 (3): 287 – 320.

Banno, Masataka, 1964,《中国与西方：1858 ~ 1861》(*China and the West: 1858 – 1861*), Cambridge, Mass.: Harvard University Press.

Barker, Francis, ed. 1985,《欧洲和欧洲的他者》(*Europe and Its Others*), 2 vols., Colchester: University of Essex.

Barlow, Tani, 1993,《战后中国研究的发展状况》(*Career in Postwar China Studies*), *Positions* 1 (1): 224 – 267.

Barrow, John, [1804] 1972,《中国之行》(*Travels in China*), 再版, 台北: 成文出版社。

Bartelett, Beatrice S., 1991,《君与臣: 清代中叶的军机处, 1723 ~ 1820》(*Monarchs and Ministers: The Grand Council in Mid – Ching China, 1723 – 1820*), Berkeley: University of California Press.

Bartelett, Thomas, 1983,《爱尔兰 1769 ~ 1972》(*Ireland 1769 – 1972*), In Roebuck 1983, 66 – 87.

Bawden, Charles R., 1968,《蒙古近现代史》(*The Modern History of Mongolia*), London: Weidenfeld and Nicolson.

——, ed. and trans., 1961,《库伦的哲布尊丹巴·呼图克图》(*The Jebtsundamba Khutukhtus of Urga*), Wiesbaden: Otto Harrassowitz.

Bell, Catherine, 1992,《礼仪的理论与实践》(*Ritual Theory, Ritual Practice*), New York: Oxford University Press.

Bell, John (*of Antermony*), [1762] 1965,《从圣彼德堡到北京的旅程: 1719 ~ 1722》(*A Journey from St. Petersburg to Pekin, 1719 – 1722*), ed. J. L. Stevenson; 再版, Edinburgh: Edinburgh University Press.

Belsey, Catherine, 1980,《批判的实践》(*Critical Practice*), London: Methuen.

Bernal, Martin, 1987,《黑色的雅典娜》(*Black Athena*),

New Brunswick：Rutgers University Press.

Bikers，Robert，ed. 1993a，《礼仪与外交：马嘎尔尼使华 1792～1794》（*Ritual and Diplomacy*：*The Macartney Mission to China 1792 - 1794*），London：The British Association of Chinese Studies and Wellsweep Press.

——，1993b，《历史、传说和关于条约港口的意识形态》（*History*，*Legend and Treaty Port Ideology*），in Bickers 1993a：81 - 92.

——，1993c，《条约港口历史与马嘎尔尼的使命》（*Treaty Port History and the Macartney Mission*），在中英通使二百周年学术讨论会上提交的论文。

Bloch，Maurice，1987，《在马达加斯加的皇家巴斯勋章的授勋礼仪》"The Ritual of the Royal Bath in Madagascar"，D. Cannadine and S. Price，eds.，《皇室礼仪：传统社会中的权力与典礼》（*Rituals of Royalty*：*Power and Ceremonial in Traditional Societies*），271 - 297，Cambridge University Press.

Blue，Gregory，1988，《西方社会思潮中的传统中国》（*Traditional China in Western Social Thought*），Ph. D. diss.，Cambridge University.

Brantlinger，Patrick，1990，《克鲁索的足印：英国和美国的文化研究》（*Crusoe's Footprint*：*Cultural Studies in Britain and America*），New York：Routledge.

Breckenridge，C.，1989，《殖民地收藏品的美学和政治：世界博览会上的印度》（"The Aesthetics and Politics of Colonial Collecting：India at the World Fairs"），《社会与历史的比较研究》（*Comparative Studies in Society and History*），31（2）：195 - 216.

Burke，Edmund，1866，《埃德蒙·伯克文集》（*The Works of Edmund Burke*），12vols. Boston：Little，Brown，and Co.

Burke，Peter，1992，《历史和社会理论》（*History ＆Social Theory*），Ithaca：Cornell University Press.

Buxton，Timothy，1985，《塔克特·帕森斯和资本主义民族国家》（*Talcott Parsons and the Capitalist Nation – State*），Toronto：University of Toronto Press.

Calhoun，Craig，ed. 1992，《哈贝马斯和公共领域》（*Habermas and the Public Sphere*），Cambridge，Mass：MIT Press.

Cameron，Nigel，1970，《夷人与官员》（*Barbarians and Mandarins*），Chicago：University of Chicago Press.

Cammana，Schuyler，1949 – 1950，《班禅喇嘛1780年入清勤见：盎格鲁—西藏关系中的一段插曲》（"The Panchen Lama's Visit to China in *1780*：An Episode in Anglo – Tibetan Relation"），*Far East Quarterly* 9：3 – 19.

——，1953，《明清朝廷笔下的龙袍》（*Presentation of Dragon Robes by the Ming and Ch'ing Courts*），*Sinologica* 3：193 – 202.

Cannadine，Divid，1983，《礼仪的语境、表演及意义：英国君主与传统的革新，c. 1820 ~ 1977》（"The Context，Performance and Meaning of Ritual：The British Monarchy and the 'Invention of Tradition'，c. 1820 – 1977"），in E. Hobsbawm and T. Ranger，eds.，*The Invention of Tradition*，101 – 164，Cambridge University Press.

——，1987，《皇室礼仪：传统社会中的权力与典礼》（*Rituals of Royalty：Power and Ceremonial in Traditional Societies*）一书

的导言，in D. Cannadine and S. Price, eds. , 1 – 19, Crambridge：Cambridge University Press.

Carl, Katherine, 1905,《与中国的慈禧太后在一起》(*With The Empress Dowager of China*), New York：Century Co.

Certeau, Michel de, 1986,《异质性：关于他者的话语》(*Heterologies: Discourse on the Other*), trans. B. Massumi, Minneapolis：University of Minnesota Press.

——, 1988,《历史的写作》(*The Writing of History*), New York：Columbia University Press.

Chan, Wing – tsit, 1963,《一本中国哲学的原始资料》(*A Source Book in Chinese Philosophy*), Princeton：Princeton University Press.

Chang Te – ch'ang, 1974,《清代内务府的经济作用》("The Economic Role of the Imperial Household (Nei – wu – fu) in the Ch'ing Dynasty"), *Journal of Asian Studies* 31 (2)：243 – 274.

Chatterjee, Partha, 1986, 《民族主义思潮与殖民地世界——一种衍生出来的话语》(*Nationalist Thought and the Colonial World – A Derivative Discourse*), London：Zed Books.

Chayet, Anne, 1985,《热河的寺庙及其藏式风格》(*Les temples de Jehol et leurs modeles tibetains*), Paris：Editions Recherche sur les Civilisations.

陈受颐, 1936,《中国园林在 18 世纪的英格兰》,《天下》2 (4)：321 – 339。

Ch'en, Ta – tuan, 1968,《清代对琉球王的赐封仪式》

(*Investiture of Liu'ch'iu Kings in the Ch'ing Period*）, in Fairbank, ed. 1968: 135 – 164.

贾宁, 1992,《清代早期的理藩院》(*The Li – fan Yuan in the Early Ch'ing Dynasty*), Ph. D diss. , Johns Hopkins University.

——, 1993,《清代早期理藩院与亚洲腹地的礼仪 1644 ~ 1795》["The Lifanyuan and the Inner Asian Rituals in the Early Qing (1644 – 1795)"], *Late Imperial China* 14 (1): 60 – 92.

Chun, Allen J. , 1983,《危机的意义与意义的危机：对中英鸦片战争的诠释》("The Meaning of Crisis and the Crisis of Meaning in History: An Interpretation of the Anglo – Chinese Opium War"), *Bulletin of the Institute of Ethnology Academia* 55: 169 – 228.

Chun, Hae – jong, 1968,《清代的中朝关系》("Sino – Korean Relations in the Ch'ing Period"), in Fairbank, 1968: 90 – 111.

Clunas, Craig, 1991,《谁之御座？T. T. Tsui 美术馆里的乾隆御座》(*Whose Throne Is It Anyway? The Qianlong Throne in the T. T. Tsui Gallery*), *Orientations* 22 (7): 44 – 50.

Cohn, Bernard, 1987,《历史学家中的人类学家和其他小品文》(*An Anthropologist among the Historians and Other Essay*), Delhi: Oxford University Press.

Cohen, Paul a. , 1984,《在中国发现历史：美国的中国近代史研究》(*Discovering History in China: American Historical Writings on the Recent Chinese Past*), New York: Columbia University Press.

——，1992，《竞争性的过去：作为历史和神话的义和团》（"The Contested Past: The Boxers as History and Myth"），*Journal of Asian Studies* 51（1）：82 – 113.

The Collected Works of Thu'u bkwan blo bzang chos gyi nyi ma, 1969, Introd. E. Gene Smith, Vol. 1., New Delhi: Ngawang Gelek Demoi.

Collingwood, R. G., ［1946］1977,《历史的观念》(*The Idea of History*), 再版, New York: Oxford University Press.

Comaroff, Jean, 1985,《作为历史实践的躯体变革：现代非洲南部抵制的语义学》（"Bodily Reform as Historical Practice: The Semantics of Resistance in Modern South Africa"），*International Journal of Psychology* 20：541 – 567.

Connor, Patyick and S. L. Sloman, 1981, William Alexander:《中华帝国里的一位英国画家》(*An English Artist in Imperial China*), Brighton: Brighton Borough Council.

Cranmer – byng, J. L. 1957 – 1958,《1793 年马嘎尔尼勋爵出使北京》（"Lord Macartney's Embassy to Peking in 1793"），*Journal of Oriental Studies* 4（1 – 2）：117 – 186.

——，1965 ~ 1966,《中国对对外关系的态度》（"The Chinese Attitude Towards External Relations"), *International Journal* 24（1）：57 – 77.

——，1968 ~ 1969,《中国的世界秩序观》（"The Chinese Perception of a World Order"), *International Journal* 24（1）：166 – 171.

——，1983,《中国，1792 ~ 1794》(*China, 1792 – 1794*), in

Roebuck 1983: 216 – 243.

——, ed. 1963, 《一个访华使团: 1793 ~ 1794 年马嘎尔尼勋爵率团出访乾隆皇帝期间写下的日记》(*An Embassy to China: being the Journal Kept by Lord Macartney during His Embassy to the Emperor Ch'ien – lung, 1793 – 1794*), London: Longmans, Green and Co.

Cranmer – Byng, J. L., and Levere, 1981, 《文化冲突的个案研究: 1793 年马嘎尔尼访华使团的科学仪器》("A Case Study of Cultural Collision: Scientific Apparatus in the Macartney Embassy to China, 1793"), *Annals of Science* 38: 503 – 525.

Crosby, Christina, 1991, 《历史的目标》(*The Ends of History*), New York: Routledge.

Crossley, Pamela, 1985, 《清的基本神话的导论》("An Introduction to the Qing Foundation Myth"), *Late Imperial China* 6 (2): 13 – 24.

——, 1987, 《满洲源流考及满族传统的正式化》("Manzhou Yuanliu Kao and the Formalization of the Manchu Heritage"), *Journal of Asian Studies* 46 (4: 761 – 790).

——, 1990, 《孤儿勇士: 三代满族人与清代的终结》(*Orphan Warriors: Three Manchu Generations and the End of the Qing World*), Princeton: Princeton University Press.

——, 1992, 《中国的统治权》("The Rulerships of China"), *American Historical Review* 97 (5): 1468 – 1483.

Curtis, L. p., and H. W. Liebert, 1963, 《约翰逊和朋友们的俱乐部》(*Esto Perpetua: The Club of Dr. Johnson and His Friends*),

1764 – 1784, Hamden, Conn. : Archon Books.

Das, Sarat Chandra, 1882,《论西藏》（"Contributions on Tibet"）, *Journal of the Asiatic Society of Bengal* 51 : 29 – 43.

Davis, John Francis, 1836,《中国人：中华帝国及其居民概述》（*The Chinese: A General Description of the Empire of China and Its Inhabitants*）, 2 vols. , London: Charles Knight.

Zer Ling, 1929,《磕头》（*Kowtow*）, New York: Dodd, Mead & Co.

Dirks, Nicholas, ed. 1992,《殖民主义与文化》（*Colonialism and Culture*）, Ann Arbor: University of Michigan Press.

Dirlik, Arif, 1978,《革命与历史：马克思主义修史方法在中国的源起, 1919 ~ 1937》（*Revolution and History: Origins of Marxist Historiography in China, 1919 – 1937*）, Berkeley: University of California Press.

Du Halde, Jean Baptiste, 1735,《清朝中国的地理、历史、编年、政治及物理等诸方面的描写》（*Description geographique, historique, chronologique, politique, et physique de l'empire de la Chine et de la Tartarie chinoise*）, Paris: Lemercier.

Duiker, William J. , and Jackson Spielvogel, 1994,《世界历史》（*World History*）, Minneapolis/St, Paul: West Publishing Co.

Durand, Pierre – Henri, 1993a,《官僚主义用语及历史：军机处及马嘎尔尼大使周围的变化》（"Langage bureaucratique et histoire: Variations autour du Grand Consiel et de l'ambassade Macartney"）, *Etudes chinoises* 12 (1): 41 – 145.

1993b,《马嘎尔尼使团被看到和未被看到的方面》（ Seen and Unseen Sides of the Macartney Embassy），在中英通使二百周年学术讨论会上提交的论文。

Durkheim, Emile, 1915, Elementary,《宗教生活的诸种形式》（ Forms of the Religious Life），London：Allen and Unwin.

Duyvendak, J. J. L. 1939,《最后一个出访中国朝廷的荷兰使团》（1794 ~ 1795）（ The Last Dutch Embassy to the Chinese Court 1794 – 1795），T'oung Pao 34（1 – 2）：1 – 116.

Eagleton, Terry, 1990,《美学思想》（ The Ideology of the Aesthetic），Oxford：Blackwell.

Eames, James B., 1909,《在中国的英国人》（ The English in China），London and Dublin：Curzon Press.

Elisseeff, Vadime, 1963,《中央帝国，一个遥远的帝国，一个没有邻居的帝国》（ The Middle Empire, a Distant Empire, an Empire without Neighbors），Diogenes 42：60 – 64.

Elliott, Mark, 1990,《旗人与市民：十九世纪江南的民族冲突》（" Bannerman and Townsman：Ethnic Tension in Nineteenth – Century Jiangnan"），Late Imperial China 11（1）：36 – 74.

——, 1992,《转换用语：从一份 1645 年的寺庙铭文看清代早期的翻译》（ Turning a Phrase：Translation in the Early Qing through a Temple Inscription of 1645），in M. Gimm, G. Stary, and M. Weiers, eds. Aetas Manjurica, 3：12 – 41, Wiesbaden：Otto Harrassowitz.

——, 1993,《外来居民：满族人在中国的经历，1644 ~

1760》（*Resident Aliens*：*The Manchu Experience in China*，*1644 - 1760*），Ph. D. diss.，University of California，Berkely.

Ellis，Henry，1817，《最近一次访华使团的日志》（*Journal of the Proceedings of the Late Embassy to China*），London：John Murray.

Elman，Benjamin，1989，《中华帝国晚期的帝国政治与儒家社会：翰林与东林书院》（"Imperial Politics and Confucian Societies in Late Imperial China：The Hanlin and Donglin Academies"），*Modern China* 15（4）：379 - 418.

——，1990，《古典主义，政治和亲属关系》（*Classicism*，*Politics*，*and Kinship*），Berkely：University of California Press.

《不列颠百科全书》，1911，11th ed. S. V.，《主权》（*Sovereignty*）.

《不列颠百科全书》，1974，15th ed. S. V.，《朝贡体系》（*Tributary System*）.

《社会百科全书》，1934，《朝贡和主权》（*Tribute and Sovereignty*）.

Esherick，Joseph，1972，《哈佛中国研究：帝国主义的辩护》（*Harvard on China*：*The Apologetics of Impe rialism*），Bulletin of Concerned Asian Scholars 4（4）：9 - 16.

1985，《欧洲与中国的皇帝》（*Europa und die Kaiser von China*），Berliner Festspiele Insel Verlag，Berlin：H. H. eeneman GmbH & Co.

Fabian，Johannes，1983，《时间与他者》（*Time and the Other*），New York：Columbia University Press.

Fairbank, John K., 1942,《朝贡贸易与中西关系》（"Tributary Trade and China's Relations with the West"）, *Far Eastern Quarterly* 1（2）：129 – 149.

——, ［1948, 1958, 1971］1979,《美国与中国》（*The United States and China*）, Cambridge, Mass. ：Harvard University Press.

——, 1953,《中国沿海的贸易与外交》（*Trade and Diplomacy on the China Coast*）, Stanford University Press.

——, 1966,《中国的世界秩序观：中国传统的对外关系》（*China's World Order：The Tradition of Chinese Foreign Relations*）, *Encounter*, December, 14 – 20.

——, 1968,《中国世界秩序里的早期条约体系》（*The Early Treaty System in the Chinese World Order*）, in Fairbank, ed. 1968：257 – 275.

——, 1982,《中国疆界》（*China Bound*）, New York：Harper and Row.

——, 1983,《中国历史上的海洋与陆地》（"Maritime and Continental in China's History"）, in J. K. Fairbank, ed., *The Cambridge History of China*, London：Cambridge University Press.

——, 1987,《伟大的中国革命》（*The Great Chinese Revolution*）, New York：Harper & Row.

——, 1988,《生得太迟》（*Born Too Late*）, *New York Review of Books* 35（2）（18 February）.

——, ed. 1968,《中国的世界秩序观：传统中国的对外关系》（*The Chinese World Order：Traditional China's Foreign Relations*）,

Cambridge, Mass. Harvard University Press.

Fairbank, John K., Edwin O. Reischauer, and Albert Craig, 1989,《东亚：传统与变革》(*East Asia: Tradition and Transformation*), Boston: Houghton Mifflin Co.

Fairbank, John K. and S. Y. Teng, 1939,《论清代文件的传送》(*On the Transmission of Ch'ing Documents*), *Harvard Journal of Asiatic Studies* 4: 12 – 46.

——, 1941,《论清代朝贡体系》(*On the Ch'ing Tributary System*), *Harvard Journal of Asiatic Studies* 6: 135 – 246.

Fan, Tsen – Chung, 1945,《约翰逊博士与中国文化》(*Dr. Johnson and Chinese Culture*), London: The China Society.

Farquhar, David M., 1968,《满族蒙古政策的源起》(*The Origins of the Manchus' Mongolian Policy*), in Fairbank, ed. 1968: 198 – 205.

——, 1978,《清帝国统治中作为菩萨的皇帝》(*Emperor as Bodhisattva in the Governance of the Ch'ing Empire*), *Harvard Journal of Asiatic Studies* 38: 5 – 34.

Farquhar, Judith, 1987,《当代中医话语中的知识问题》(*Problem of Knowledge in Contemporary Chinese Medical Discourse*), *Social Science and Medicine* 24 (12): 1013 – 1021.

Farquhar, Judith, and J. Hevia, 1993,《文化与战后美国的中国史研究》(*Culture and Post – War American Historiography of China*), *Positions* 1 (2): 486 – 525.

Fletcher, Joseph, 1968,《中国与中亚：1368 ~ 1884》(*China and Central Asia, 1368 – 1884*), in Fairbank, ed. 1968:

206 – 224.

——, 1978a,《1800 年前后清朝的亚洲腹地》(*Ch'ing Inner Asia c. 1800.*), IN D. Twitchett and J. K. Fairbank, eds, The Cambridge History of China, vol. 10, pt. 1: 35 – 106, London: Cambridge University Press.

——, 1978b,《清在蒙古、新疆和西藏的统治的全盛期》(*The Heyday of the Ch'ing Order in Mongolia, Sinkiang and Tibet*), in Twitchett and J. k. Fairbank, eds. , *The Cambridge History of China*, Vol. 10, pt. 1: 351 – 406.

Foret, Phillipe, 1992,《承德的帝国风景画：满族帝国研究》(*Making an Imperial Landscape in Chengde, Jehol: The Manchu Landscape Enterprise*), Ph. D. diss. , University of Chicago.

Foucault, Michel, 1972,《知识考古学》(*The Archaeology of Knowledge*), New York: Harper Torchbooks.

——, 1977,《语言，反记忆，实践》(*Language, Counter – Memory, Practice*), Ithaca: Cornell University Press.

Francis, Dave, 1987,《伟大的转变》(*The Great Transition*), in R. J. Anderson, J. A. Hughes, and W. W. Sharrock, eds. , Classic Dispute in Sociology 1 – 35, London: Allen & Unwin.

Franke, Herbert, 1978,《从部落酋长到普世皇帝和上帝》(*From Tribal Chieftain to Universal Emperor and God*), Munich: Verlag Der Bayerischen Akademie Der Wissenschaften.

——, 1981,《元代中国的西藏》(*Tibetans in Yuan China*), in John D. Langlois, Jr. , ed. , China Under Mongol Rule, 296 – 328, Princeton: Princeton University Press.

Fraser, T. G. 1983,《1780 ~ 1786 的 印 度》(*India* 1780 – 1786), in Roebuck 1983: 154 – 215.

Fu, lo – shu, 1966,《中西关系史文献汇编（1644 ~ 1820）》[*A Documentary Chronicle of Sino – Western Relations* （1644 – 1820）], 2 vols. , Tucson: University of Arizona Press.

Gardner, Daniel, 1986,《朱熹与大学》(*Chu Hsi and the Ta – hsueh*), Cambridge, Mass. : Harvard University Press.

Geertz, Clifford, 1980, Negara:《19 世纪巴厘的戏剧状况》(*The Theatre State in Nineteenth – Century Bali*), Princeton: Princeton University Press.

《绅士杂志》(*Gentleman's Magazine*), 1794,（London）Vol. 64.

Giddens, Anthony, 1977,《功 能 主 义：较 量 之 后》（"Functionalism: apres la lutte"),《社 会 与 政 治 理 论 研 究》(*Studies in Social and Political Theory*), 96 – 134, New York: Basic Books Inc.

Gingell, William, 1852,《公元前 1121 年中国人对典礼的运用》(*The Ceremonial Usages of the Chinese, B. C. 1121*), London: Smith, Elder, &Co.

Grupper, Samul M. , 1980,《清代早期满族帝国的祭礼》(*The Manchu Imperial Cult of the Early Ch'ing Dynasty*), Ph. D. diss. , Indiana University.

——, 1984,《清 代 前 期 满 族 的 庇 护 与 藏 传 佛 教》(*Manchu Patronage and Tibetan Buddhism During the First Half of the Ch'ing Dynasty*), *Journal of the Tibetan Society* 4: 47 – 75.

Guha, Ranajit, and G. Spivak, 1988,《若干命题研究》（*Selected Subaltern Studies*）, New York: Oxford University Press.

Gutzlaff, Charles, ［1834］1968,《三次旅程：1831, 1832～1833 和 1834 年沿中国海岸航行》（*Journal of Three Voyages along the Coast of China in 1831, 1832&1833, 1834*）, 再版, 台北: 成文出版社。

Guy, R. Kent, 1987,《皇帝的四个宝贝: 乾隆时代晚期的学者与国家》（*The Emperor's Four Treasuries: Scholars and the State in the Late Ch'ien - Lung Era*）, Cambridge, Mass. : Harvard Council on East Asian Studies.

Habermas, Jurgen, ［1962］1989,《公共领域的结构性转型》（*The Structural Transformation of the Public Sphere*）, trans. T. Burger and F. Lawrence, Cambridge, Mass. : MIT Press.

——, 1983,《现代性——一项未完成的工程》（*Modernity - An Incomplete Project*）, in H. Foster, ed. , The Anti - Aesthetic, 3 - 15, Port Townsend, Wash. : Bat Press.

Hansen, Valerie, 1990,《中世纪中国里变化不定的上帝, 1127～1276》（*Changing Gods in Medieval China, 1127 - 1276*）, Princeton: Princeton University Press.

Haraway, Donna, 1989,《首要观点》（*Primate Visions*）, New York: Routledge.

Hay, John, 1983a,《主流艺术》（*Arterial Art*）, Stone Lion 11: 70 - 84.

——, 1983b,《人的躯体——书法中宏观世界价值的微观来源》（*The Human Body as a Microcosmic Source of Macrocosmic*

Values in Calligraphy）, in S. Bush and C. Murck, eds., Theories of Art in China, 74 - 102, Princeton：Princeton University Press.

——, 1994,《中国画里无形的内容?》（ *The Body Invisible in Chinese Art?*）, In A. Zito and T. Barlow, eds., Body, Subject &Power in China. 42 - 77, Chicago：University of Chicago Press.

Hebdig, Dick, 1988,《藏在灯光里》（ *Hiding in the Light*）, London：Routledge Hedin Dick, 1933, Jehol City of Emperors, New York：E. P. Dutton.

Herbert, Christopher, 1991,《文化与失范》（ *Culture and Anomie*）Chicago：University Of Chicago Press.

Hevia, James, 1989,《多主制：清廷礼仪与 1793 年的马嘎尔尼使团》（ *A Multitude of Lords*：*Qing Court Ritual and the Macartney Embassy of 1793*）, *Late Imperial China* 10（2）：72 - 105.

——, 1990a,《周锡瑞关于义和团运动解说中的几个问题》（ "Some Problems in Esherick's Interpretation of the Boxer Movement"）,《义和团研究会通讯》（ *Boxer Studies Society newsletter*）, 13（October）：5 - 8.

——, 1990b,《使中国"完全平等"》（ *Making China "Perfectly Equal"*）, *Journal of Historical Sociology* 3（4）：380 - 401.

——, 1992,《给中国打下烙印：义和团运动之后中传教士的话语》（ *Leaving a Brand on China*：*Missionary Discourse in the Wake of the Boxer Movement*）, *Modern China* 18（3）（July）：304 - 332.

——，1993a，《中西关系史上的马嘎尔尼使团》（*The Macartney Embassy in the History of Sino - Western Relations*），in Bickers 1993a：57 - 79.

——，1993b，《喇嘛、皇帝和礼仪：清帝国礼仪的政治含义》（*Lamas, Emperors, and Rituals: Political Implications of Qing imperial Ceremonies*），*Journal of the International Association of Buddhist Studies* 16（2）：243 - 278.

——，1994a，《掠夺物的命运：劫掠经济与掠自"中国颐和园"的珍品的道德生命》（*Loot's Fate: The Economy of Plunder and the Moral Life of Objects "From the Summer Palace of the Emperor of China"*），*History and Anthropology* 6（4）：319 - 345.

——，1994b，《统治权与主体：清帝国中权力关系的构建》（*Sovereignty and Subject: Constructing Relations of Power in Qing Imperial Ritual*），in A. Zito and Barlow, eds., Body, Subjectivity, and Power in China, 181 - 200, Chicago: University of Chicago Press.

——，1994c，《东方习俗与思想：第一个英国访华使团的策划与实施》（*Oriental Customs and Ideas The Planning and Execution of the First British Embassy to China*），paper presented at the SMFBM, *Chinese Social Science Review* 7（spring）：135 - 157, also presented at SMFBM 1993.

——，1994d，《帝国流浪汉与大游戏：托马斯·弗朗西斯·韦德在中国》（*An Imperial Nomad and Great Game: Thomas Francis Wade in China*），paper presented at the American Historical Association Annual Meeting, San Francisco, California, 9 January

1994.

——，1995，《不平等耻辱》（ *The Scandal of Inequality* ），positions（forthcoming）.

Hinsley, F. H. , 1969，《主权观念与国家之间的关系》（ *The Concept of Sovereignty and the Relations Between States* ），in W. J. Stankiewicz, ed. ,《保卫主权》（ *In Defense of Sovereignty*, 275 - 288），New York：Oxford University Press.

——，1986，《主权》（ *Sovereignty* ），Cambridge：Cambridge University Press.

Hirst, Paul, and P. Woolley, 1982，《社会关系与人类特性》（ *Social Relations and Human Attributes* ），London and New York：Tavistock Publications Ltd.

Hobsbawm, Eric, and T' Ranger, eds. , 1983，《传统的发明》（ *The Invention of Tradition* ），Cambridge：Cambridge University Press.

Hocart, A. M. 1952，《宾客的神性》（ "The Divinity of the Guest" ）, *in The Life Giving Myth and Other Essays*, 76 - 85, London：Methuen.

Holman, James, 1835，《环球航行》（ *A Voyage Round the World* ），4 vols. London：Smith, Elder, and Co.

Hopkins, Jeffrey, 1987，《空灵的瑜伽》（ *Emptiness Yoga* ），Ithaca：Snow Lion Publication.

Horn, David B. , 1961，《英国外交机构，1689 ~ 1789》（ *British Diplomatic Service, 1689 - 1789* ），Oxford：Oxford University Press.

Hsu, Immanuel, 1960，《中国进入国际大家庭》（ *China's*

Entrance into the Family of Nations）, Cambridge, Mass. : Harvard University Press.

——, 1990,《现代中国的崛起》（*The Rise of Modern China*）, New York and London: Oxford University Press.

Hume, D. , 1898,《小品文：道德，政治和文学》（*Essays Moral, Political, and Literary*）, ed. T. Green and T. Grose, London: Longmans, Green, and Co.

Humuel, Arthur, 1943,《清代名人录》（*Eminent Chinese of the Ch'ing Period*）, Washington: United States Government Printing Office.

Hunt, Michael, 1984,《从历史角度看中国对外关系》（*Chinese Foreign Relations in Historical Perspective*）, in H. Harding, ed. ,《八十年代中国对外关系》（*China's Foreign Relations in the 1980s*）, 1 - 42, New Haven and London: Yale University Press.

Inden, Ronald, 1990,《想象中的印度》（*Imagining India*）, London: Blackwell.

Ishihama, Yumiko, 1992,《达赖喇嘛获赐的印玺和头衔研究》（ "A Study of the Seals and Titles Conferred by the Dalai Lamas"）,《西藏研究：国际西藏研究学会第五次研讨会记录》（*In Tibetan Studies: Proceedings of the 5th Seminar of the International Association for Tibetan Studies*）, Narita 1989, 2: 501 - 514, Narita: Naritasan Shinshoji.

Iyer, Raghavan, 1983,《功利主义及其他》（*Utilitarianism and All That*）, London: Grove Press.

Jagchid, Sechin, 1974,《满族统治时期蒙古喇嘛教徒的半封建主义》（"Mongolian Lamaist Quasi – Feudalism During the Period of Manchu Domination"），*Mongolian Studies* 1：27 – 54.

Jochim, Christian, 1979,《清代帝国觐见礼仪》（"The Imperial Audience Ceremonies of the Ch'ing Dynasty"），Bulletin of the Society for the Study of Chinese Religions 7：88 – 103.

Johnston, Reginald, ［1934］1985,《紫禁城的黄昏》（*Twilight in the Forbidden City*），reprint, Oxford：Oxford University Press.

Jones, D. V. , 1984,《辉煌的相遇》（*Splendid Encounters*），Chicago：University of Chicago Libraries.

Jones, W. , 1807,《威廉·琼斯爵士文集》（*The Works of Sir William Jones*）。13 vols. , ed. Lord Teignmouth, London：Stockdale and Walker.

Judovitz, Dalia, 1988,《笛卡儿思想中的主观性和表述》（*Subjectivity and Representation in Descartes*），Cambridge：Cambridge University Press.

Kahn, Harold, 1971,《皇帝眼中的君主：乾隆时代的想象与现实》（*Monarchy in the Emperor's Eyes*：*Image and Reality in the Ch'ien – lung Reign*），Cambridge, Mass：Harvard University Press.

Kant, I. , 1987,《判断的批判》（*Critique of Judgement*），indianapolis：Hackett。

Kantorowicz, Ernst, 1957,《国王的两个躯体》（*The King's Two Bodies*），Princeton, N. J. ：Princeton University Press.

Kessler, Lawrence, 1969,《清代省级大员的民族构成》（"Ethnic Composition of Provincial Leadership during the Ch'ing Dynasty"），*Journal of Asian Studies* 28（3）：489 – 511.

Kim，Key – Hiuk，1981，《东亚世界秩序的最后阶段：朝鲜，日本和中华帝国，1860 ~ 1882》（*The Last Phase of the East Asian World Order：Korea，Japan，and the Chinese Empire，1860 – 1882*），Berkeley：University of California Press.

Kuhn，Philip，1990，《叫魂：1768 年中国妖术大恐慌》（*Soulstealers：The Chinese Sourcery Scare of 1768*），Cambridge Mass.：Harvard University Press.

Lachs，Phyllis S.，1965，《查尔斯二世和詹姆斯二世的外交使团》（*The Diplomatic Corps of Charles II and James II*），New Brunswick，N. J.：Rutgers University Press.

Laclau，E.，1990，《社会之不可能性》（*The Impossibility of Society*），自《对我们时代革命的新反思》（*In New Reflections on the Revolutions of Our Time*），89 – 92，London：Verso.

Lam，Truong Buu，1968，《中越关系的革新与朝贡1788 ~ 1790》*Intervention versus Tamb*，Alistair，1958，《1793 年马嘎尔尼勋爵在巴达维亚》（*Lord Macartney in Batavia，March 1793*），*Journal of South Seas Society* 14：57 – 68.

Lange，Laurence de，1763，《彼得一世驻北京的代表德·蓝格的日志，1721 ~ 1722》（*Journal of the Residence of Mr. De Lange，Agent of His Imperial Majesty of All the Russias，Peter the First，at the Court of Peking，during 1721 and 1722*），自《从圣彼得堡到亚洲各地的旅程》（*Travels from St. Petersburg to Diverse Parts of Asia*），In *John Bell of Antermony*，1716，1719，1722，vol. 2，Glasgow：Robert and A. Foulis.

Latour，Bruno，1993，《我们从不曾现代过》（*We Have*

Never Been Modern），Cambridge，Mass：Harvard University Press.

Lattimore，Owen，1934，《满洲的蒙古人》（*The Mongols of Manchuria*），New York：John Day.

Legge，James 译，1967，《礼记》，ed.，Ch'u Chai and Winberg Chai，New Hyde Park，N. Y.：University Books.

Lessing，Ferdiand，1942，《雍和宫：喇嘛庙画像研究及神话与膜拜注释》（*Yong - ho - kung: An Iconography of the Lamaist Cathedral in Peking with Notes on Lamaist Mythology and Cult*），*Sino - Swedish Expedition Publications* 18，vol. 1，Stockholm.

Levenson，Joseph，1968，《儒教中国及其现代命运》（*Confucian China and Its Modern Fate*），Berkley：University of California Press.

Levy，Antia，1991，《其他妇女》（*Other Women*），Princeton：Princeton University Press.

Lindsay，H. H，1833，《阿美士德勋爵号在中国北部港口航行的记录》（*Report of the Proceedings on a Voyage to the Northern Ports of China in the Ship Lord Amherst*），London：B. Fellowes.

《文学文摘》（*The Literary Digest*），1900.

Lloyd，Genevieve，1984，《理性人》（*The Man of Reason*），London：Methuen.

Lowe，Donald，1982，《资产阶级观念的历史》（*History of Bourgeois Perception*），Chicago：University of Chicago Press.

Luce，G. H，1925，《18 世纪中国对缅甸的侵略》（*Chinese Invasion of Burma in the 18th Century*），Journal of the Burma Research Society 15（2）：115 - 128.

Lutz, Catherine, and Jane Collins, 1991,《作为目光焦点的照片：以国家地理为例》(*The Photograph as Intersection of Gazes: The Example of National Geographic*), *Visual Anthropology Review* 7 (1)：134 – 148.

Lynch, Michael, and S. Woolgar, eds. , 1990,《科学实践中的表述》(*Representation in Scientific Practice*), Cambridge, Mass. ：MIT Press.

Mackenzine, John, 1986a,《宣传与帝国：英国舆论的操纵，1880 ～ 1960》(*Propaganda and Empire: The Manipulation of British Public Opinion*, 1880 – 1960), Manchester：Manchester University Press.

——, ed. , 1986b,《帝国主义与大众文化》(*Imperialism and Popular Culture*), Manchester：Manchester University Press.

——, ed. , 1992,《流行帝国主义与军事》(*Popular Imperialism and the Military*), Manchester：Manchester University Press.

Macinair, Harley F. , [1923] 1967,《中国现代史选读》(*Modern Chinese History: Selected Readings*), reprint, New York：Paragon.

Malone, Carroll B. , 1934,《清代颐和园史》(*History of the Peking Summer Palaces under the Ch'ing Dynasty*), Urbana：University of Illinois Press.

Mancall, Mark, 1963,《中国对外关系中传统的持续》("The Persistence of Tradition in Chinese Foreign Policy"), *Annals of the American Academy of Political and Social Science* 349：

14 – 26.

——, 1968, 《简析清代朝贡体系》(*The Ch'ing Tribute System: An Interpretive Essay*), in Fairbank, ed. 1968: 63 – 89.

——, 1971,《俄国与中国：1728 年以前的外交关系》(*Russia and China: Their Diplomatic Relations to 1728*), Cambridge, Mass. : Harvard University Press.

Mani, Lata, 1985,《官方统计的十九世纪早期孟加拉的殉夫自焚》(*The Production of an Official Discourse on Sati in Early Nineteenth – Century Bengal*), in Barker 1985, 1: 107 – 127.

——, 1992,《文化理论，殖民地文件：读目击者关于烧死寡妇的叙述》(*Cultural Theory, Colonial Texts: Reading Eyewitness Accounts of Widow Burning*), in Lawrence Grossberg et al. , eds. , *Cultural Studies*, 392 –405, New York: Routledge.

March, Andrew, 1974,《中国观念》(*The Idea of China*), New York: Praeger Publishers.

Marks, Robert, 1985,《中国领域及其研究状况》(*The State of the China Field, or the China Field and the State*), *Modern China* 11 (4): 461 – 509.

Marshall, Peter, and G. William, 1993,《十八世纪晚期的中国与英国》(*Britain and Chinese in the Late Eighteenth Century*), in Bickers 1993a: 11 –30, 亦为中英通使二百周年学术讨论会上提交的论文。

Mashall, Peter, and G. Williams, 1982,《人类的大地图》(*The Great Map of Mankind*), London: J. M. Dent.

Martens, Georg Friedrich von, 1795,《以现代欧洲国家的条

约与习俗为基础的国际法》（*Summary of the Laws of Nations Founded on the Treaties and Customs of the Modern Nations of Europe*），trans.，William Cobbett，Philadelphia：Thomas Bradford Sons Ltd.

Martin，Dan，1990，《Bonpo 教义与耶稣会士教义：乾隆帝 1771～1776 第二次征讨金川中的派别因素——主要以西藏资料为基础》（*Bonpo Canons and Jesuit Cannons：On Sectarian Factors Involved in the Ch'ien - lung Emperor's Second Goldstream Expedition of 1771 - 1776 Based Primarily on Some Tibetan Sources*），*The Tibetan Journal* 15（2）：3 - 28.

Masuzawa，Tomoko，1993，《追逐黄金时代》（*In Search of Dreamtime*），Chicago：University of Chicago Press.

Matheson，James，1836，《英国对华贸易的现状与前景》（*The Present Position and Prospects of the British Trade with China*），London：Smith，Elder，and Co.

Millward，James，1993，《山口之外：1759～1864 在新疆的商业，种族特征和清帝国》（*Beyond the Pass：Commerce，Ethnicity and the Qing Empire in Xinjiang，1759 - 1864*），博士学位论文，Stanford University.

——，1994，《乾隆朝的一个维吾尔族穆斯林：香妃的意义》（*A Uyghur Muslim in Qianlong's Court：The Meanings of the Fragrant Concubine*），*Journal of Asian Studies* 53（2）：427 - 458.

Mitchell，Timothy，1991，《殖民埃及》（*Colonizing Egypt*），Berkley：University of California Press.

Mohatanty，Chandra T.，A. Russo，and L. Torres，1991，《第三世界的妇女与女权政治》（*Third World Woman and the Politics of Feminism*），Bloomington：Indiana University Press.

Montesquieu，C.，［1748］1949，《论法的精神》（*The Spirit of the Laws*），Trans，T. Nugent，New York：Hafner Press.

Morse，H. B.，［1926］1966，《东印度公司对华贸易历史》（*The Chronicles of the East India Company Trading to China*），vol. 2. of 5，reprint，Taipei：Ch'eng - wen Publishing Co.

——，1910 ~ 1918，《中华帝国的国际关系》（*The International Relations of the Chinese Empire*），3 vols.，London：Longhams，Green，and Co.

Moses，Larry，1976，《唐与亚洲腹地部族的朝贡关系》（*Tang Tribute Relations with the Inner Asian Barbarians*），in J. C. Perrry and B. L. Smith，eds.，essays on T'ang Society，60 - 89，Leiden：E. J. Brill.

Myers，Ramon，1991，《现代中国经济是如何发展的——一篇评论》（"How Did the Modern Chinese Economy Develop? ——A Review Article"），*Journal of Asian Studies* 50（3）：604 - 628.

Namier，Lewis，1930，《美国革命时期的英格兰》（*England in the Age of the American Revolution*），London：Macmillan and Co.

——，1965，《乔治三世即位时的政治结构》（*The Structure of Politics at Accession of George* Ⅲ），London：Macmillan and Co.

Naquin，Susan，1992，《从北京到妙峰山的朝圣：宗教组织与圣地》（"The Peking Pilgrimage to Miao - feng Shan：Religious Organizinations and Sacred Site"），in S. Naquin and Chun - Fang Yu，eds.，*Pilgrims and Sacred Sites in China*，337 -

377，Berkely：University of California Press.

Naquin，Susan，and Evelyn Rawski，1987，《十八世纪的中国社会》（*Chinese Society in the Eighteenth Cetury*），New Haven：Yale University Press.

Nash，John，1991，《皇家园林综观》（*Views of the Royal Pavilion*），New York：Cross Rivers Press.

Needham，Joseph，1969，《社会变化史：西方发展理论面面观》（*Social Change History：Aspects of the Western Theory of Development*），Oxford：Oxford University Press.

Palace Museum，eds.，1983，《紫禁城中的皇帝与皇后》（*Life of the Emperors and Empress in the Forbidden City*），Peking：China Travel and Tourism Press.

Parker，E. H.，1896，《从中国皇帝到乔治三世》（*From the Emperor of China to King George the Third*），nineteenth Century，July，45 – 54.

Parsons，Talcott，1966，《社会》（*Societies*），2 vols.，Englewood Cliffs，N. J.：Prentice Hall.

Peck，James，1969，《雄辩之本：美国的中国观察家的职业思想》（*The Roots of Rhetoric：The Professional Ideology of America's China Watchers*），Bulletin of Concerned Asian Scholars 2（1）：59 – 69.

Petech，Luciano，1950，《18 世纪早期的中国与西藏：中国在西藏建立保护关系的历史》（*China and Tibet in the Early 18th Century：History of the Establishment of the Chinese Protectorate in Tibet*），Leiden：E. J. Brill.

Peterson, Willard, 1975,《方以智：西方知识与"对事物的探索"》(Fang I – chih: Western Learning and the "Investigation of Things"), in William T. De Bary. ed. ,《对新儒学的研究》(*The Unfolding of Neo – Confucianism*, 169 – 411), New York: Columbia University Press.

Peyrefitte, Alain, 1991,《一次文化撞击》(*Un Choc de Cultures: La Vision des Chinois*), Paris: Fayard.

——, 1992,《停滞的帝国》(*The Immobile Empire*), trans. J. Rothschild, New York: Knopf.

——, 1994,《中国的保护主义与盎格鲁 – 撒克森的自由贸易》(*Chinese Protectionism versus Anglo – Saxon Free – Trade*), *Chinese Social Science Quarterly* 7 (spring): 123 – 134, Paper also presented at the SMFBM.

Phillips, C. H. , 1940,《东印度公司，1784~1834》(*The East India Company 1784 – 1834*), Manchester: Manchester University Press.

Pietz, William, 1985,《拜物教的问题》(*The Problem of the Fetish*, I) Res 9: 5 – 17.

Pindar, Peter, 1794 ~ 1795,《彼得·平达文集》(*The Works of Peter Pindar*, Esq. 4 vols.), London: John Walker.

Pletsch, Carl E. , 1981,《三个世界，或科学的社会劳动分工，约1950~1975》("The Three Worlds, or the Division of Social Scientific Labor, circa 1950 – 1975"),《社会与历史的比较研究》(*Comparatives Studies of Society and History*) 23 (4): 565 – 590.

Polachek, James, 1992,《内部的鸦片战争》(*The Inner Opium War*), Cambridge, Mass. : Council on Fast Asian Studies, Harvard University.

Pozdneyev, Aleksei, 1977,《蒙古与蒙古人》(*Mongolia and the Mongols*), Bloomington: Indiana University Press.

Pritchard, E. H., 1929,《17 ~ 18 世纪盎格鲁 - 中国关系》(*Anglo - Chinese Relations during the Seventeenth and Eighteenth Centuries*), Urbana: University of Illinois Press.

——, 1935,《来自北京传教士的有关马嘎尔尼使团的信(1793 ~ 1803)》 [*Letters from Missionaries at Peking Relating to the Macartney Embassy (1793 – 1803)*], T'oung Pao 31: 1 – 57.

——, 1936,《早期盎格鲁 - 中国关系的关键时期, 1750 ~ 1800》(*The Crucial Years of Early Anglo - Chinese Relations, 1750 – 1800*), *Research Studies of the State College of Washington* (Pullman, Washington) 4: 3 – 4.

——, 1938,《就使团访华事务东印度公司给马嘎尔尼的建议及马嘎尔尼的报告, 1792 ~ 1794》("Instructions of the East India Company to Lord Macartney on His Embassy to China and His Report to the Company, 1792 – 1794"), *Journal of the Royal Asiatic Society*, pt. 1: 201 – 230; pt. 2: 375 – 396; and pt. 3: 493 – 509.

——, 1943,《1793 年马嘎尔尼使团访华中的磕头问题》(*The Kotow in the Macartney Embassy to China in 1793*), *Far East Quarterly* 2 (2): 163 – 201.

Proudfoot, William, 1868,《詹姆斯·丁威迪回忆录》

（ *Biographical Memoir of James Dinwiddie* ），Liverpool：Edward Howell.

Rahaul，R.，1968～1969，《喇嘛在中亚政治中的地位》（"The Role of Lamas in Central Asian Politics"），*Central Asiatic Journal* 12：207 – 227.

Raphael，Vincete，1993a，《收缩的殖民主义》（ *Contracting Colonialism* ），Durham：Duke University Press.

——，1993b，《白种人之爱：美国在菲律宾殖民地的统治与民族主义者的反抗》（"White Love：Surveillance and Nationalist Resistance in the U. S. Colonization of the Philippines"），in A. Kaplan and D. E. Pease，eds. ，*Cultures of United States Imperialism*，185 – 218，Durham：Duke University Press.

Rawski，Evelyn，1991，《清帝国的联姻与统治权问题》（ *Ch'ing Imperial Marriage and the Problems of Rulership* ），自《中国社会的婚姻与不平等现象》（ *Marriage and Inequality in Chinese Society* ），in R. Watson and P. Ebrey，eds. ，170 – 203，Berkeley：University of California Press.

Reiss，Timothy J. ，1982，《现代主义的话语》（ *The Discourse of Modernism* ），Ithaca and London：Cornell University Press.

Rennie，D. F. ，1864，《在中国北部和日本的英国兵器：1860 年的北京，1862 年的鹿儿岛》（ *The British Arms in North China and Japan：Peking 1860；Kagoshima 1862* ），London：John Murray.

Richards，Thomas，1990，《维多利亚时期英国的商业文化》（*The Commodity Culture of Victorian England*），Stanford：Stanford University Press.

——，1993，《帝国档案》（*The Imperial Archive*），London：Routledge.

Rockhill, W. W. , ［1905］1971，《中国朝廷里的外交觐见》（*Diplomatic Audiences at the Court of China*），reprint，Taipei：Cheng Wen Publishing Co.

——，1910，《拉萨的达赖喇嘛及其与中国满族皇帝的关系，1644~1908》（*The Dalai Lamas of Lhasa and Their Relations with the Manchu Emperors of China, 1644–1908*），T'oung Pao 11：1–104.

Roebuck, Peter, ed. , 1983，《利桑罗尔的马嘎尔尼，1737~1806：传记中的小品文》（*Macartney of Lisanoure, 1737–1806：Essays in Biography*），Belfast：Ulster Historical Foundation.

Rorty, Richard, 1979，《哲学与自然之镜》（*Philosophy and the Mirror of Nature*），Princeton：Princeton University Press.

Rosenau, Pauline M. , 1992，《后现代主义与社会科学：洞察，消蚀与侵入》（*Post–Modernism and the Social Sciences：Insights, Inroad, and Intrusions*），Princeton：Princeton University Press.

Rossabi, Morris, 1970，《明代与亚洲腹地的茶和马匹的贸易》（*The Tea and Horse Trade with Inner Asia During the Ming*），Journal of Asian History 4（2）136–167.

——，1975，《中国与亚洲腹地：从1368年到现在》（*China and Inner Asia：From 1368 to the Present Day*），New York：Pica Books.

——，1988，《忽必烈可汗：他的生活和时代》（*Khubilai Khan*：*His Life and Times*），Berkeley：University of California Press.

——，ed.，1983，《匹敌者中的中国：10～14 世纪的中国及其邻国》（*China Among Equals*：*The Middle Kingdom and Its Neighbors*，*10th - 14th Centuries*），Berkely：University of California Press.

Rowe，William，1993，《清代中期经济思想中的国家与市场：以陈宏谋为例》（*State and Market in Mid - Qing Economic Thought*：*The Case of Chen Hongmou*），*Etudes Chinoises* 12（1）：7 - 39.

Rozman，Gilbert，ed.，1981，《中国的现代化》（*The Modernization of China*），New York：Free Press.

Ruegg，D. Seyfort，1991，《Mchod yon，yon mchod，and mchod gnas/yon gnas：论西藏宗教 - 社会和宗教 - 政治观念的史学研究和语义学》（*Mchod yon*，*yon mchod*，*and mchod gnas/yon gnas*：*On the Historiography and Semantics of a Tibetan Religio - Social and Religio - Political Concept*），in Ernst Steinkellner，ed.，《西藏的历史和语言》（*Tibetan History and Language*），441 - 453，Vienna：Arbeitskreis für Tibetische und Buddhistische Studien Universitat Wien.

Russell，Bertrand，1922，《中国问题》（*The Problem of China*），London：George Allen&Unwin.

Ryan，Michael，1982，《马克思主义与解构：一种批判性的见解》（*Marxism and Deconstruction*：*A Critical Articulation*）and

London：Johns Hopkins University Press.

Rydell, Robert, 1984,《全世界是一个交易市场》（*All the World's a Fair*）, Chicago：University of Chicago Press.

Said, Edward, 1978,《东方主义》（*Orientalism*）, New York：Vintage Books；Sakai, Robert K., 1968,《作为萨摩采邑的琉球》［*The Ryukyu（Liu - ch'iu）Islands as a Fief of Statsuma*］, in Fairbank, ed. 1968：112 - 134.

Serruys, Henry, 1960,《关于 1570 ~ 1571 中 - 蒙和平的四份文件》（*Four Documents Relating to the Snio - Mongol Peace of 1570 - 1571*）, *Monunmenta Serica* 19：1 - 66.

——, 1967,《明代中期的中 - 蒙关系：朝贡体制与外交使节（1400 ~ 1600）》（*Sino - Mongol Relations During the Ming Ⅱ：The Tribute System and Diplomatic Missions 1400 - 1600*）, *Melanges Chinois et Boddiques*, vol. 14, Brussels：Institut Belge Des Hautes Etudes Chinoises.

Singer, Aubrey, 1992,《狮与龙：1792 ~ 1794 第一个英国使团访问北京乾隆帝的朝廷》（*The Lion and the Dragon：The Story of the First British Embassy to the Court of the Emperor Qianlong in Perking 1792 - 1794*）, London：Barrie&Jenkins.

Sinor, Denis, 1972,《亚洲腹地历史上的马与草场》（*Horse and Pasture in Inner Asian History*）, *Oriens Extremus* 19（1 - 2）：171 - 183.

Skocpol, Theda, 1985,《溯至过去：当前研究的分析方法》（*Bringing the State Back In：Strategies of Analysis in Current Research*）, in P. B. Evans, D. Rueschemeyer, and T. Skocpol, *eds.*，*Bringing the State Back In*，3 – 37，Cambridge：Cambridge University Press.

Smith，Adam，1976，《国民财富的性质和原因的研究》(*An Inquiry into the Nature and Causes of the Wealth of Nations*)，2 vols. Ed. R. H. Cambell，A. S. Skinner，and W. B. Todd，reprint，Indiannapolis：Liberty Press，1982.

——，1978，《论法学》(*Lecture on Jurisprudence*)，eds. R. L. Meek，D. D. Raphael，and P. G. Stein，reprint，Indianapolis：Liberty Press，1982.

Smith，Anthony D.，1973，《社会变迁观念：评功能主义者的社会变迁理论》(*The Concept of Social Change：A Critique of the Functionalist Theory of Social Change*)，London：Routledge & Kegan Paul.

Smith，Arthur，[1894] 1970，《中国人的特性》(*Chinese Characteristics*)，reprint，Port Washington，N. Y.：Kennikat Press.

Smith，Richard J.，1993，《清代中国的占卜术》(*Divination in Ch'ing Dynasty China*)，in R. J. Smith and D. W. Y. Kwok，eds.，Cosmology，Ontology，and Human Efficacy，141 – 178，Honolulu：University of Hawaii Press.

Snellgrove，David L.，1959，《密教的君权神授观念》(*The Notion of Divine Kingship in Tantric Buddhism*)，in *The Sacarl Kingship*，204 – 218，Leiden：E. J. Brill.

——，1987，*Indo – Tibetan Buddhism*，2 vols.，Boston：Shambala.

Spence，Jonathan，1966，《曹寅与康熙皇帝》(*Ts'ao Yin*

and the K'ang – hsi Emperor： Bondservant and Master），New Haven：Yale University Press.

——，1992，《中国人的委婉措辞》（Chinese Roundabout），New York：W. W. Norton & Co.

——，1990，《探索现代中国》，（In Search of Modern China），New York：W. W. Nrton.

Spence, Jonathan, and John E. Wills, Jr. , eds. , 1979，《从明到清：17世纪的征服，地区和延续》（From Ming to Qing：Conquest, Region, and Continuity in Seventeenth – Century China），New Haven and London：Yale University Press.

Sperling，Elliot，1983，《明代早期对西藏的政策》（Early Ming Policy toward Tibet），Ph. D. diss. , University of Indiana.

Spivak，Gayatri S. , 1987，《在其他的世界里》（In Other Worlds），New York：Methuen.

——，1990，《后殖民主义评论》（The Post – Colonial Critic），New York：Routledge.

Stallybrass，Peter, and A. White，1986，《过失的政治与诗意》（The Politics and Poetics of Transgression），Ithaca：Cornell University Press.

Staunton，George L. , 1797，《关于英王陛下遣往访问中国皇帝的使团的真实叙述》（An Authentic Account of an Embassy from the King of Great Britain to the Emperor of China），3 vols. , London：G. Nichol.

Sterns，Peter，M. Adas, and S. B. Schwarts，1992，《世界文明》（World Civilizations），New York：Harper – Collins.

Steegman，J.，1936，《品味的规则，从乔治一世到乔治四世》（*The Rule of Taste，From George I to George IV*），London：Macmillan.

Steele，John，1917，《礼仪与典礼之书》（*Book of Etiquette and Ceremony*），London：Probsthain & Co.

Steuart，James，1966，《政治经济学原理》（*An Inquiry into the Principles of Political Economy*），2 vols.，ed. A. S. Skinner，Edinburgh：Olive & Boyd.

Steuart，Susan，1994，《写作的罪过：由遏制表述而产生的问题》（*Crimes of Writing：Problems in the Containment of Representation*），Durham：Duke University Press.

Stokes，Eric，1959，《英国功利主义者与印度》（*The English Utilitarians and India*），Oxford：Oxford University Press.

Stoler，Ann，1989，《使帝国值得尊重：20 世纪殖民主义文化的种族政治与性道德》（*Making Empire Respectable：The Politics of Race and Sexual Morality in 20 - century colonial Cultures*），*American Ethnologist* 16（4）：634 - 660。

Tambiah，S. J.，1976，《世界征服者与世界抛弃者》（*World Conqueror and World Renouncer*），London，New York，Melbourne：Cambridge University Press.

Taussig，Michael，1987，《萨满教、殖民主义和野蛮人》（*Shamanism，Colonialism，and the Wild Man*），Chicago：University of Chicago Press.

Teignmouth，John Shore，ed.，1807，《威廉·琼斯爵士日记，作品及通信集》（*Memoirs of the Life，Writings，and Correspondence of Sir William*），Jones，13 vols.，London：J. Hatchard.

Teng, Ssu – yu, and J. K. Fairbank, ［1954］1957,《从 1839 ~ 1923 的有关文件看中国对西方的反应》(*China's Response to the West*: *A Documentary Survey 1839 – 1923*), Cambridge, Mass.: Harvard University Press.

Thackeray, W. 1991,《亨利·埃德蒙兹先生的历史》(*The History of Henry Edmonds, esq*), Oxford: Oxford University Press.

Thoms, Mathias, 1794,《1794 中国乾隆皇帝致大英国王乔治三世的信》(*The Imperial Epistle from Kien Long Emperor of China to George the Third King of Great Britain in the Year 1794*), London: R. White.

Thomas, N. Forthcoming,《特许的好奇: 18 世纪英国的人种论和科学的政治学》(*Licensed Curiosities*: *Ethnographic Collecting and the Politics of Science in Eighteenth Century Britain*), in R. Cardinal and J. Elsner, eds., *The Cultures of Collecting*, London: Reaktion Books.

Torbert, Preston M. 1977,《清代内务府: 组织与主要功能, 1662 ~ 1796》(*The Ch'ing Imperial Household Department*: *A Study of Its Organization and Principal Functions, 1662 – 1796*), Cambridge, Mass,: Harvard University Press.

Tribe, Keith, 1978,《土地, 劳动力和经济论说》(*Land, Labour and Economic Discourse*), London: Routledge & Kegan Paul.

Tsiang, T'ing – fu, 1936,《中国与欧洲的扩张》(*China and European Expansion*), *Politica* 2: 1 – 18.

Turner, Ernest S., 1959,《圣·詹姆斯宫廷》(*The Court of St. James*) London: Michael Joseph Ltd.

Turner, Graeme, 1990,《英国文化研究导论》(*British Cultural Studies: An Introduction*), Boston: Unwin Hyman.

Turmer, Victor, 1969,《礼仪进程》(*The Ritual Process*), Ithaca: Cornell University Press.

Van Gennep, Arnold, [1909] 1960,《途经某国的礼仪》(*Rites of Passage*), Chicago: University of Chicago Press.

Vattel, Emmerich de, 1916,《国际法或适用于国家和君主行为与事务的自然法则》(*The Law of Nations or the Principles of Natural Law Applied to the Conduct and to the Affairs of Nations and of Sovereigns*), 3 vols. , trans. , Charles G. Fenwick. Washington: Carnegie Institution.

Virphol, Sarasin, 1977,《朝贡及其利益：中国 – 暹罗贸易 1652 ~ 1853》(*Tribute and Profit: Sino – Siamese Trade, 1652 – 1853*), Cambridge, Mass, : Harvard University Press.

Viswanathan, Gauri, 1989,《征服的面具：文学研究与英国在印度的统治》(*Masks of Conquest: Literary Study and British rule in India*), New York: Columbia University Press.

Wakeman, Frederic, 1970,《清代全盛时期：1683 ~ 1839》(*High Ch'ing: 1683 – 1839*), in J. B. Crowley, ed. , *Modern East Asia: Essays in interpretation*, 1 – 28, New York: Harcourt Brace.

——, 1975,《中华帝国晚期的冲突及其控制》的"导论"(Introduction), in F. Wakeman and C. Grant, eds. , *Conflict and Control in Late Imperial China*, 1 – 25, Berkeley: University of California Press。

Waley, Arthur, 1958,《方法及其权力》(*The Way and Its*

Power），New York：Grove Press.

Waley – Cohen, Joanna, 1993，《18 世纪晚期中国与西方技术》（*China and Western Technology in the Late Eighteenth Century*），*American Historical Review* 98（5）：1525 – 1544.

Wang, Tseng – Tsai, 1971,《觐见问题：外国代表与中国皇帝 1858 ~ 1873》（"The Audience Question：Foreign Representatives and the Emperor of China, 1858 – 1873"），*Historical Journal* 14（3）：617 – 633.

——, 1933,《马嘎尔尼的使命：二百年回顾》（*The Macartney Mission：A Bicentennial Review.*），in Bickers 1993a：43 – 56.

Wang, Y. C. , 1966,《中国知识分子与西方, 1872 ~ 1949》（*Chinese Intellectuals and the West, 1872 – 1949*），Chapel Hill：University of North Carolina Press.

Watson, J. Steven, 1960,《乔治三世时代, 1760 ~ 1815》（*The Reign of George III, 1760 – 1815*），Oxford：Clarendon Press.

Wechsler, Howard, 1985, 《礼物：玉与丝绸》（*Offerings of Jade and Silk*），New Haven：Yale University Press.

White, Hayden, 1978,《话语的回归线》（*Tropics of Discourse*），Baltimore：Johns Hopkins University Press.

Williams, S. Wells, ［1895］1966,《中国》（*The Middle Kingdom*），reprint, New York：Paragon Books Reprint Corp.

Wills, John E. , Jr. , 1968,《清与荷兰的关系, 1662 ~ 1690》（*Ch'ing Relations With the Dutch, 1662 – 1690*），225 – 256, in Fairbank, ed. , 1968：225 – 256.

——，1974，《胡椒粉、货物和谈判：荷兰东印度公司与中国，1622～1681》（ *Pepper, Guds and Parleys: The Dutch East India Company and China 1622 – 1681* ），Cambridge，Mass.：Harvard University Press.

——，1979a，《中国边疆史上的海防：从王奇（音）到施琅》（ *Maritime China from Wang Chih to Shih Lang: Themes in Peripheral History* ），Bulletin of the Society for the Study of Chinese Religions 7：46 – 57.

——，1979b，《中华帝国晚期的国家礼仪：关于讨论框架的若干注解》（ *State Ceremony in Late Imperial China: Notes for a Framework for Discussion* ），Bulletin of the Society for the Study of Chinese Religions 7：46 – 57。

——，1984，《使团与幻觉：访问康熙的荷兰和葡萄牙使节，1666～1687》（ *Embassies and Illusions: Dutch and Portuguese Envoys to Kang – his, 1666 – 1687* ），Cambridge，Mass.：Harvard University Press.

1988，《朝贡、防御和依附：有关清代中期对外关系的一些基本观念的用处和局限》（ "Tribute, Defensiveness, and Dependency: Uses and Limits of Some Basic Ideas About Mid – Ch'ing Foreign Relations" ），*American Neptune* 48：225 – 229.

——，1993，《1500～1800 的海上亚洲：与欧洲霸权的相互影响》（ "Maritime Asia, 1500 – 1800: the Interactive Emergence of European Domination" ），*American Historical Review* 98（1）：83 – 105.

Willson，Beckles，1903，《诱饵与剑》（ *Ledger and Sword* ），

2 vols. , London：Longmans, Green, and Co.

Woodside, Alexander, 1971,《越南与中国模式：阮文绍与 19 世纪前期清代文治政府的比较研究》(*Vietnam and the Chinese Model：A Comparative Study of Nguyen and Ch'ing Civil Government in the First Half of the Nineteenth Century*), Cambridge, Mass. ：Harvard University Press.

Wu, Silas, 1970,《中国的交通与帝国控制》(*Communication and Imperial Control in China*), Cambridge, Mass. ：Harvard University Press.

Wylie, Turrell V. , 1978,《轮回转世说：藏传佛教的一项政治改革》(*Reincarnation：A Political Innovation in Tibetan Buddhism*), in Louis Ligeti, ed. , *Proceedings of the Csoma De Koros Memorial Symposium*, 579 – 586, Budapest：Academiai Kiado.

——, 1980,《明代的喇嘛觐见》(*Lama Tribute in the Ming Dynasty*), In Michael Aris and Aung San Suu Kyi, eds. , *Tibetan Studies in Honor of Hugh Richardson*, 335 – 340, Warminster, England：Aris & Phillips Ltd.

Young, Marilyn, 1973,《致编撰者的信函》(*Letter to the Editors*) *Bulletin of Concerned Asian Scholars* 5 (2)：34 – 35.

Young, Robert, 1990,《白色神话：历史写作与西方》(*White Mythologies：Writing History and the West*), New York：Routledge.

Zelin, Madeleine, 1984,《地方官的银两》(*The Magistrate's Tael*), Berkely：University of California Press.

Zhang Shunhong, 1993,《历史性的错误：清廷对马嘎尔尼使团的认知与反应》（*Historical Anachronism The Qing Court's Perception of and Reaction to the Macartney Embassy*），in Bickers 1993a：31 – 42.

Zito，Angela，1984，《表述祭祀：宇宙秩序与文本编撰》（*Re – presenting Sacrifice：Cosmology and the Editing of Texts*），Ch'ing – shih wen – t'i 5（2）：47 – 78。

——，1987，《中华帝国晚期的城市偶像、孝道和统治权》（*City Gods，Filiality，and Hegemony in Late Imperial China*），*Modern China* 13（3）：333 – 371。

——，1989，《作为文献/表演的大祭祀：18 世纪中国的礼仪与著作》（*Grand Sacrifice as Text/Performance：Ritual and Writing in Eighteenth Century China*），University of Chicago.

——，1993，《礼仪化的礼：对权力和性别的研究的含义》（*Ritualizing Li：Implications for Studying Power and Gender*），*Positions* 1（2）：321 – 348.

Forthcoming，《编撰者的目光与皇帝的躯体：在 18 世纪中国作为文献/表演的大祭祀》（*The Editor's Gaze and the Emperor's Body：Grand Sacrifice as Text/ Performance in Eighteenth Century China*），Chicago：University of Chicago Press.

中文资料

陈庆英，马连龙，1988，《章嘉国师若必多杰传》，北京：民族出版社。

《大清会典》，1904，北京：故宫版。

《大清会典事例》，1899，北京：故宫版。

《大清会典图》，1818，北京：故宫版。

《大清通礼》，1756，《四库全书》，第 8 辑，卷 125 ~ 130。

《大清通礼》（DQTL），［1824］1883，北京：故宫版。

《大唐开元礼》ca. 732，《四库全书》，第 8 辑，卷 99 ~ 108。

戴逸，1992，《乾隆帝及其时代》，北京：人民大学出版社。

杜江，1993，《英使承德之行的回顾》，中英通使二百周年学术讨论会（SMFBM）提交的论文。

《高宗纯皇帝实录》，1964，台北：华文书局。

郭成康，1993，《乾隆皇帝的西洋观》，中英通使二百周年学术讨论会（SMFBM）提交的论文。

郭云静（音），1991，《试论清代并非闭关锁国》，中外关系史学会编，《中外关系史论丛》3：182 ~ 195，北京：世界知识出版社。

胡绳，1981，《从鸦片战争到五四运动》，北京：人民出版社。

《皇清职贡图》，［1761］1796，《四库全书》第 3 辑，卷 170 ~ 171。

《皇朝通典》，1785，北京：故宫版。

《皇朝通志》，1785，北京：故宫版。

《皇朝文献通考》，1785，北京：故宫版。

《廓尔喀纪略》，1793，北京：故宫版。

《礼部则例》，1820，北京：故宫版。

刘凤云，1993，《论十八世纪中英通使的礼节冲突》，中英通使二百周年学术讨论会提交的论文。

刘玉文，1993，《乾隆朝外事及对外政策刍议》，中英通使二百周年学术讨论会提交的论文。

《明吉礼》，1530，《四库全书》第 8 辑，卷 113～114。

《钦定大清会典》，1761，北京：故宫木刻版。

《清嘉庆朝外交史料》，1932，北京。

《清代外交史料·嘉庆朝》，1932，北京：北平故宫博物院。

《清史稿》，1928，北京：北京历史学会。

《钦定热河志》，[1781] 1934，辽东大连：文海书社。

《圣主仁皇帝实录》，1964，台北：华文书局。

《高宗御制诗文十全集》，1962，台湾：合记书局。

《世祖章皇帝实录》，1964，台北：华文书局。

《四库全书》，[1970] 1982，纪昀总编，1779 年初版，台北商务印书馆重印。

蒋廷黻，[1934] 1965，《中国与近代世界的大变局》，《蒋廷黻选集》3：519～569，台北：世界图书公司重印。

王家鹏，1990，《故宫雨花阁探源》，《故宫博物院院刊》，1：50～62。

王之春，[1879] 1989，《清朝柔远记》，北京：中华书局重印出版。

《卫藏通志》，1937，上海：盛誉（音）出版社。

《文献丛编》，1930～1937，北京：故宫博物院。

《五礼通考》，1761，《清会典》。

叶凤美，1993，《马嘎尔尼使团对中英关系的影响》，中英通使二百周年学术讨论会提交的论文。

《掌故丛编》，1928～1930，北京：故宫博物院。

张寄谦，1993，《历史的迷惑——从马嘎尔尼使团看18世纪的中英关系》，中英通使二百周年学术讨论会提交的论文。

朱杰勤，1984，《英国第一次使团来华的目的和要求》，《中外关系史论文集》，548～562，河南：河南人民出版社。

朱雍，1989，《不愿打开的中国大门》，南昌：江西人民出版社。

索　引

图书在版编目（CIP）数据

怀柔远人：马嘎尔尼使华的中英礼仪冲突／（美）
何伟亚（James L. Hevia）著；邓常春译． --2版． --
北京：社会科学文献出版社，2019.8
（思想会）
书名原文：Cherishing Men from Afar：Qing Guest
Ritual and the Macartney Embassy of 1793
ISBN 978 - 7 - 5201 - 4762 - 0

Ⅰ.①怀… Ⅱ.①何… ②邓… Ⅲ.①外交礼节 - 中
英关系 - 国际关系史 - 研究 - 清代 Ⅳ.①D829.561

中国版本图书馆 CIP 数据核字（2019）第 076384 号

・思想会・

怀柔远人：马嘎尔尼使华的中英礼仪冲突

著　　者／〔美〕何伟亚（James L. Hevia）
译　　者／邓常春

出 版 人／谢寿光
责任编辑／刘学谦
文稿编辑／李婕婷

出　　版／社会科学文献出版社・当代世界出版分社（010）59367004
　　　　　　地址：北京市北三环中路甲 29 号院华龙大厦　邮编：100029
　　　　　　网址：www. ssap. com. cn
发　　行／市场营销中心（010）59367081　　59367083
印　　装／北京盛通印刷股份有限公司

规　　格／开 本：787mm × 1092mm　1/16
　　　　　　印 张：12.875　插 页：0.375　字 数：283 千字
版　　次／2019 年 8 月第 2 版　2019 年 8 月第 1 次印刷
书　　号／ISBN 978 - 7 - 5201 - 4762 - 0
著作权合同
　　　　　／图字 01 - 2012 - 4662 号
登 记 号
定　　价／78.00 元